磯城《しき》島の大和の国

大陸王朝の国史につながる『日本書紀』神代紀・神武天皇紀

公益財団法人
大平正芳記念財団理事
大平 裕
HIROSHI OHIRA

はじめに

筆者は、これまで十五年にわたり、卑弥呼（天照大神）以前の倭国の五百年間の歴史、卑弥呼の時代、神武天皇から欠史八代を経て神功皇后《じんぐうこうごう》による新羅《しらぎ》征討など朝鮮半島との関係、「倭の五王」の解明、さらには白村江の戦いまで、日本の古代史に関する著作を刊行してきました。

その集大成というわけではありませんが、一万六千年前、日本列島に進出した縄文人の祖先から説き起こし、弥生時代と神代を経て大和朝廷へと至る道筋を、さまざまな史料を渉猟してたどってみました。大陸の通貨、鏡、銅鐸《どうたく》の原型などの移入、大陸の史書『史記』『山海《せんがい》経』『前漢書王莽《おうもう》伝』『後漢書』『三国志魏書倭人伝』（『魏志倭人伝』）および百済王から倭国へ贈られた「七枝刀《しちしとう》」、朝鮮半島の『三国史記』（高句麗本紀《こうくりほんぎ》・百済《くだら》本紀・新羅本紀・列伝）と、高句麗の「広開土王《こうかいどおう》碑」などなどです。そして、『古事記』『日本書紀』『風土記』をはじめ『先代旧事《せんだいくじ》本紀』などから浮かび上がってきた、日本の古代の年代、暦の解明に挑戦してみました。

なお驚くべきことに、本年（二〇二四年七月）、大阪府和泉市教育委員会ならびに同泉大津市教育委員会と国立歴史民俗博物館などからなるグループにより、これまで紀元前五二年とされていた河内の池上曽根遺跡の大型掘立柱建物における柱の年代再調査が行われ、その結果、同じ建物の中に、さらに七〇〇年も古い柱が含まれていたことが発見され、公表されました。

このような発見によって、我が国の歴史はこれまで考えられていた年代よりもさらに遡ることが証明されつつあるのです。事実すでに『魏志倭人伝』は執筆にあたって、我が国を一国として取り上げていますが、同時期の百済（馬韓）は、五四カ国、新羅（弁韓）は二四カ国に分かれていたと記されています。このことからも、当時の倭国の国力は、百済、新羅に比べて隔絶に強大で、経済・社会・文化面でも高い位置にあったと思われます。にもかかわらず、残念なのは、大陸・朝鮮半島に比べて、倭国の存在を矮小化して考える歴史学者がいまだに多いことです。

また、『魏志倭人伝』の時代には、後世の任那《みまな》といわれた弁韓が、現在の釜山を河口とする洛東江に、一二カ国におよぶ小国に分かれて倭の傘下にあったことを忘れてはならないのです。なお、この任那の地名については、現在の大韓民国および北朝鮮の国史では一切触れていません。そして残念なことに、我が国の歴史学界でもその存在が無視されている現状です。

本書では、約一千年にわたる我が国の歴史を通観するために、多くのテーマを取り上げ、細部にわたる考察が疎かになった憾《うら》みはありますが、これまでの研究者が問題としてこなかったわが国の古代を、年代をキーワードにまとめてみました。大陸の燕王朝（紀元前二二〇年滅亡）から三百余りの小国乱立の時代、北九州奴国の後漢朝への朝貢（五七年）、一〇七年の大倭王（帥升《すいしょう》等）の朝貢、男王の七、八十年におよぶ統治、そして倭国大乱を経て女王卑弥呼（天照大神）へと連綿と続いてきた日本の古代を描けたのではないかと思っています。

なお、第七章に、本題とは関係のない日本の古代史を彩った「悲劇の皇子たち」と題した章を設け、これまであまり知られることのなかった『日本書紀』が伝えるエピソードをもとに、その実像をよみがえらせました。

さらに最後の第八章では、二〇一八（平成三十）～二〇二三（令和五）年にわたり、全国邪馬台国連絡協議会発行の「邪馬台国新聞」に寄稿した原稿のなかから、「邪馬台国北九州説の崩壊Ⅰ・Ⅱ」を転載しました。「邪馬台国北九州説の崩壊Ⅲ」は掲載には至らなかったのですが、本書で発表することにしました。

磯城《しき》島の大和の国

——目次

第二章　倭国統一への道

第三章　『日本書紀』神代紀　上下巻の意味すること

第四章　初代神武天皇からの大和朝廷

第二節　実在を疑問視される景行天皇と成務天皇
──宮都はともに高穴穂宮──　151

第三節　武内宿禰の登場——170

第五章　大和朝廷の朝鮮半島進出

第六章　『日本書紀』の成立・構成と暦の採用

第三節　大友皇子

第八章　「邪馬台国新聞」への寄稿

［本書について］

・「邪馬台国」の読み方は、筆者の見解により、すべて「やまとこく」とする。
・引用内の下線はすべて筆者による。
・フリガナ表記は、拗音および促音などの通常小さくする文字については視認性を考慮し、小さくしない（但し、方言の読み方については例外とする）。引用においても同様の表記に直した。なお、朝鮮語の読み方については諸説あるためフリガナ表記はしない。
・天皇の代数は、明治三年（一八七〇）、和風諡号弘文天皇が贈られ、第三九代天皇として新たに歴代天皇に列せられた大友皇子については、原則数えない。三九代以降、現代の歴代天皇一覧における代数と異なるのはそのためである。

序章

よみがえる縄文・弥生時代と遺跡の実像

人類揺籃《ようらん》の地アフリカから、広大なユーラシア大陸へと足を踏み入れた人類は、初めはユーラシア大陸の中南部から、東南アジアを経て中国大陸へと移動を続けた。そのルートは、大陸南岸伝《づた》いの南方ルートのほかに、ヒマラヤの北、あるいはシベリア南部をかすめる北方ルートに分かれ、日本列島にまで到達し、そして北方ルートでは、シベリアの後期旧石器人たちが生み出した細石刃《さいせきじん》文化が一万八〇〇〇～一万四〇〇〇年前に、北のサハリン経由、あるいは朝鮮半島経由で日本列島に流入、急速に広がっていったのです。一方、南方ルートでは、琉球列島で、約一万八〇〇〇年前の縄文人の祖先、更新世《こうしんせい》の人類である沖縄港川《みなとがわ》の人骨が、その後、石垣島でも二万年前の人骨が発見されています。

およそ二万年前頃をピークに地球は温暖化に向かい、海面の上昇によって、今から一万三〇〇〇年前頃になると、日本列島は大陸とのつながりが絶たれ現在の形になり、大陸から流入した人々は列島内にとどまり、人と文化の面で独自性を強めていくようになります。そして今から一万六〇〇〇年前の世界最古の土器が、長崎県福井洞穴、青森県大平《おおだいら》山元Ⅰ遺跡《やまもといち》から出土、中国長江流域の南部、ロシアアムール川流域でも同時期の土器が発見されています。

これらの土器の出現を契機として縄文時代が始まったと考えられ、縄文時代の大規模な集落としては、鹿児島県上野原遺跡（約一万七〇〇〇～一万四〇〇〇年前、縄文早期まで遡る多数の竪穴式集落跡が発見されている）、青森の三内丸山《さんないまるやま》遺跡（約五〇〇〇年前、縄文前期中頃〜中期末）が近年発見され、縄文文化が日本列島に広く行き渡っていたことが証明されたのです。

縄文文化の遺跡分布を見ると、圧倒的に東日本に多くかたよっていますが、その要因として、東日本には冬に葉が落ちる落葉広葉樹林が多く、西日本に多い緑葉で被《おお》われた照葉樹林に比べると、居住空間として快適なうえに、狩猟採集にも有利で、また、クルミ、どんぐり、トチなどの主要食料としての森の植物資源が多彩で豊富であったことによると考えられます。その後一万年余り、縄文人たちは、北海道から沖縄までそれぞれ独自の文化を育んできたのですが、その間、大陸との関係がまったくなかったのではなく、例えば福井県の鳥浜貝塚からは、中国江南地域が起源といわれる漆製品や玦状《けつじょう》耳飾りが出土、山形県の三崎山《みさきやま》遺跡では、中国の商（殷《いん》。紀元前一七〇〇〜紀元前一一〇〇年）時代の殷墟《いんきょ》出土の青銅器と同じ成分率の青銅製刀子《とうす》（一九五四年出土、最古の青銅刀子）が発見されるなど、日本海沿岸では大陸系の遺物が出土しています。そして、紀元前十世紀頃に縄文時代が終焉、次の弥生時代を迎えることになります。弥生時代といえば水田稲作文化ですが、一部縄文時代にはスタートしており、さらに高度化した灌漑《かんがい》、水路を備えた方形《ほうけい》の水田での耕作が行われるようになっていきました。

ところで、稲作文化が最初に大きく開花したといわれる長江流域から、水田稲作がどのようなルートで日本、北部九州に伝えられたのでしょうか。これまで、①長江流域から華北を北上、遼東半島もしくは渤海湾《ぼっかいわん》の北から朝鮮半島を南下する北回り、②長江流域から山東半島経由、あるいは直接朝鮮半島西岸から北部九州への朝鮮半島経由、③長江流域から九州へ入る直接ルート、という三つのルートが考えられてきました。

しかし、①のルートは、アワ、キビなどの耕作地域を通ってくるので、まず考えられにくいこと、②の朝鮮半島経由も、半島のほとんどが水田耕作地域ではないことから否定され、逆に半島南部には、九州北部から稲作が伝播《でんぱ》した可能性があります。したがって、③のルートが最有力と筆者は考えています。このことは、のちに述べますように、秦《しん》時代（紀元前二二一～紀元前二〇六年）の通貨半両銭《はんりょうせん》、漢時代（紀元前二〇二～二二〇年）の五銖《ごしゅ》銭《せん》、新《しん》時代（八～二三年）の王莽銭《おうもうせん》が、中国本土から直接大量に（朝鮮半島経由ではなく）日本列島にもたらされていることからも分かるのです。

水田耕作は、北九州の玄界灘沿岸地域から始まりました。具体的には、福岡県の板付《いたづけ》遺跡、比恵《ひえ》・那珂《なか》遺跡、雀居《ささい》遺跡、そして佐賀県の菜畑《なばたけ》遺跡などが挙げられます。その後、それまでアワ、キビなどを栽培してきた中国、四国、近畿、東海、関東地方には、約二百年をかけて伝播していきました。さらに、東北地方にも伝播したのですが、東北地方

菜畑遺跡

では気候変動により水田が砂地化して、三、四百年間休耕を余儀なくされたところもあったようです。水田耕作は、西の地域から渡来人を含めた人々の移動によって拡大、伝播していったと考えられます。このことは、山口県下関市豊北町《ほうほくちょう》の土井ヶ浜遺跡で発見された約三〇〇体の人骨が、山東省の遺跡で発見された漢代の人骨と同系統なことから、稲作文化をもたらした、中国大陸からの渡来人の墓であることが判明しています。それらのことなどからも、水田耕作は、③のルートによってもたらされたことが傍証されます。

そして、水田耕作にともない人口が増大、また耕作地をめぐっての争いが頻繁に起こるなど、人々の暮らしにも変化がみら

唐古・鍵遺跡出土の土器に描かれた楼閣

藤田三郎著『ヤマト王権誕生の礎となったムラ　唐古·鍵遺跡』（新泉社）より

れるようになりました。その一つが、周囲に濠《ほり》を巡らせた環濠《かんごう》集落の出現です。その代表的なものが、佐賀県の吉野ヶ里《よしのがり》遺跡、大阪府の池上曽根遺跡、奈良県の唐古《からこ》・鍵《かぎ》遺跡です。大和地方には二十余りの環濠集落がみられ、その最大規模である唐古・鍵遺跡では、出土した土器に描かれた絵画から、当時としては珍しい、多層階の建物があったことが判明、現在遺跡内に復元されています。そしてこの唐古・鍵遺跡は、近くにある古墳時代の纒向《まきむく》遺跡へとつながる、弥生時代最後の環濠集落でした。

弥生時代から古墳時代への移行期（二～三世紀）、これまで四百年間安定していた気候が変動し、西暦一二七年は過去二千六百年間（現代から弥生前期中頃に相当する期間）の中で、飛びぬけて降水量が多かった年であったと、最近の調査で判明しています。これは朝鮮半島、中国大陸でも洪水と旱魃《かんばつ》がたびたび起こり、このため後漢末の中国大陸では、鮮《せん》

奴国の推定範囲

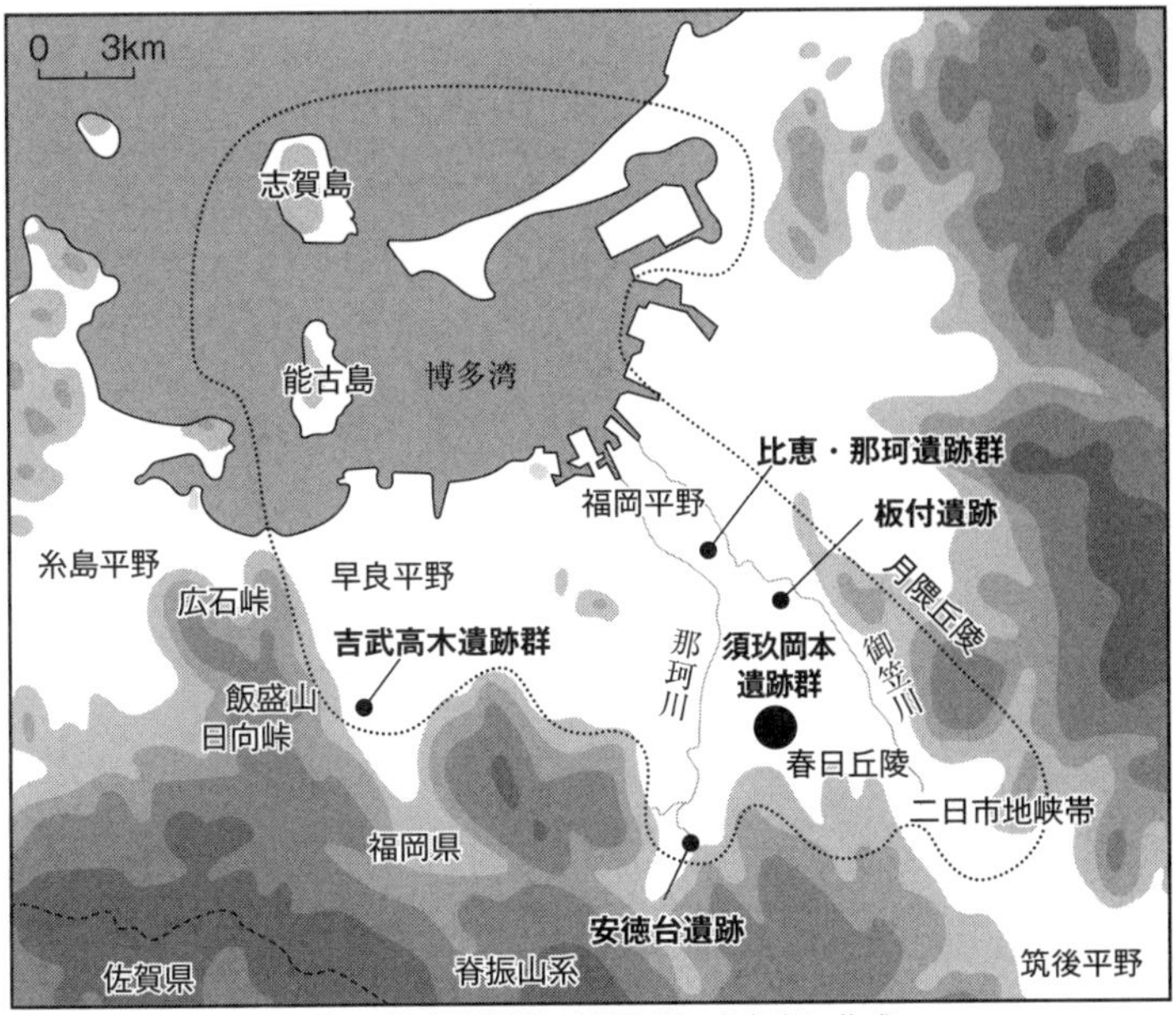

井上義也著『奴国の王都　須玖遺跡群』（新泉社）を参考に作成

卑《ひ》をはじめとする北方異民族の南下が起こっていたのでした。

当時の倭国の状況はといいますと、奴《な》国の中心地は多《た》鈕細《ちゅうさい》文鏡《もんきょう》が出土した福岡市の西、早良《さわら》平野の中央を流れる室見《むろみ》川の左岸に立地する、紀元前三〇〇年頃と考えられる吉武高木《よしたけたかぎ》遺跡から、青銅器製作工房跡が発見された福岡県春日市岡本の須《す》玖《ぐ》岡本遺跡、そして博多駅のすぐ南の福岡市博多区の那珂《なか》川と御笠《みかさ》川にはさまれた比恵・那珂遺跡へと移っていきました。比恵・那珂遺跡では運河がつくられ、奴国の工業地帯として、青

比恵・那珂遺跡の道路跡

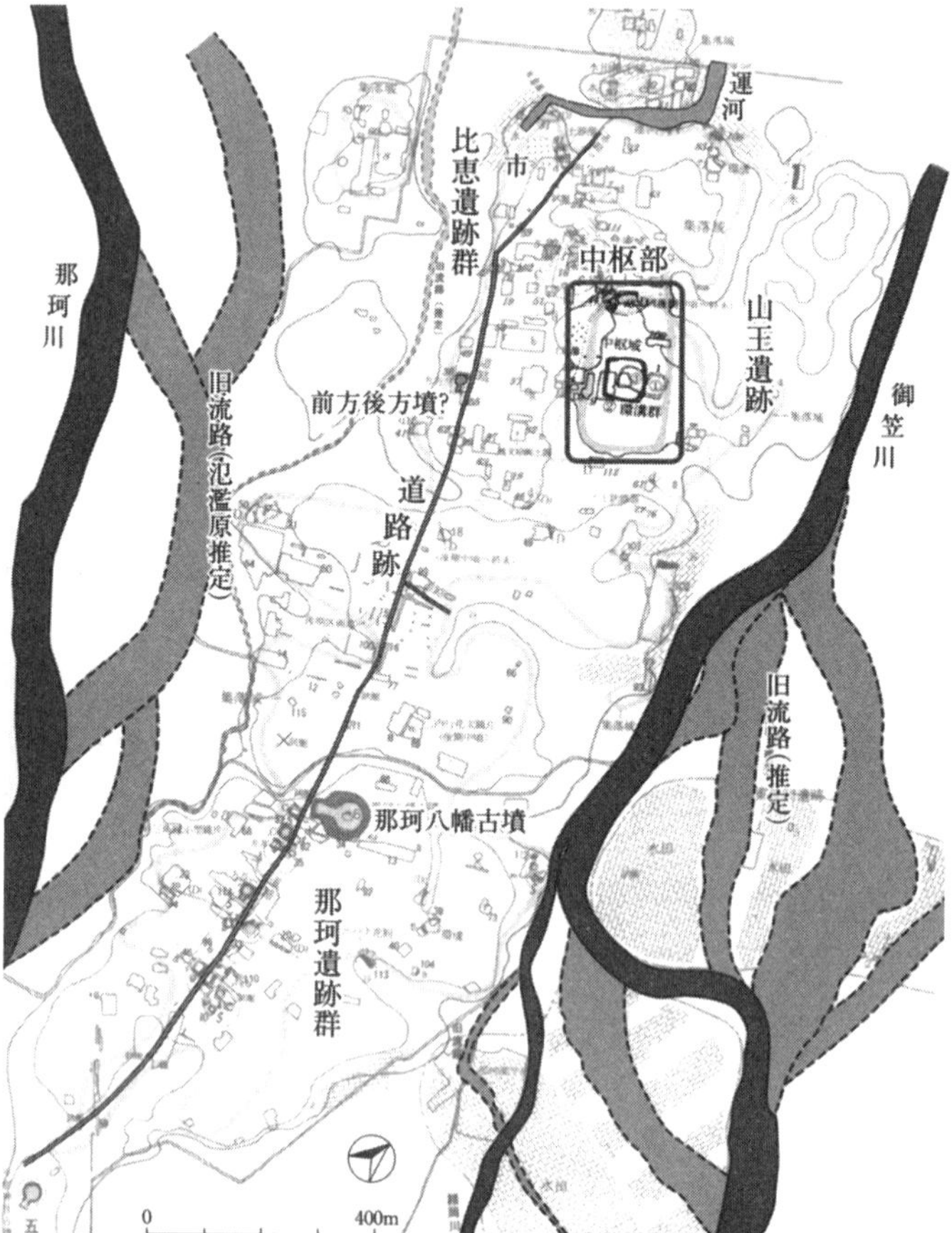

石野博信他編『研究最前線　邪馬台国』（朝日新聞出版）より

銅器やガラスを製造した工房、舶載《はくさい》された鉄素材を基にした鉄器製作工房や外来（吉備・讃岐・伊予などの瀬戸内土器を中心に、列島各地）の土器が増加、また、幅五〜九メートル、長さ一・五キロメートルの道路が敷設《ふせつ》されるなど、紀元前二世紀以降、五百年以上にわたって奴国の中心センターとして機能していたのです。また、博多湾に近い立地から、交易・外交の窓口としての役割に重点が置かれていたとも考えられます。

第一章

春秋・戦国および秦・漢と倭国

第一節　倭は燕に属す（『山海経』より）

燕国とは

『古寺巡礼』『風土』などの名著で知られる和辻哲郎《わつじてつろう》は、大正九年刊行の『日本古代文化』（岩波書店）のなかで、倭人の一部が、これまで考えられていた以上に、古くから大陸、朝鮮半島と接触していたのではないかと主張し、その最も古い記録として、中国古代の『山海経《せんがい》』「海内北経」に記された、

蓋国在鉅燕南、倭北。倭属燕。

（蓋国は鉅燕の南面、倭の北面にある。倭は燕に属す）

を取り上げています。燕《えん》国は、秦の始皇帝《しこうてい》の存在があまりにも大きかったことと、その国土の位置が秦から一番遠かったからなのか、長年無視され、我が国ではあまり知られて

燕国版図

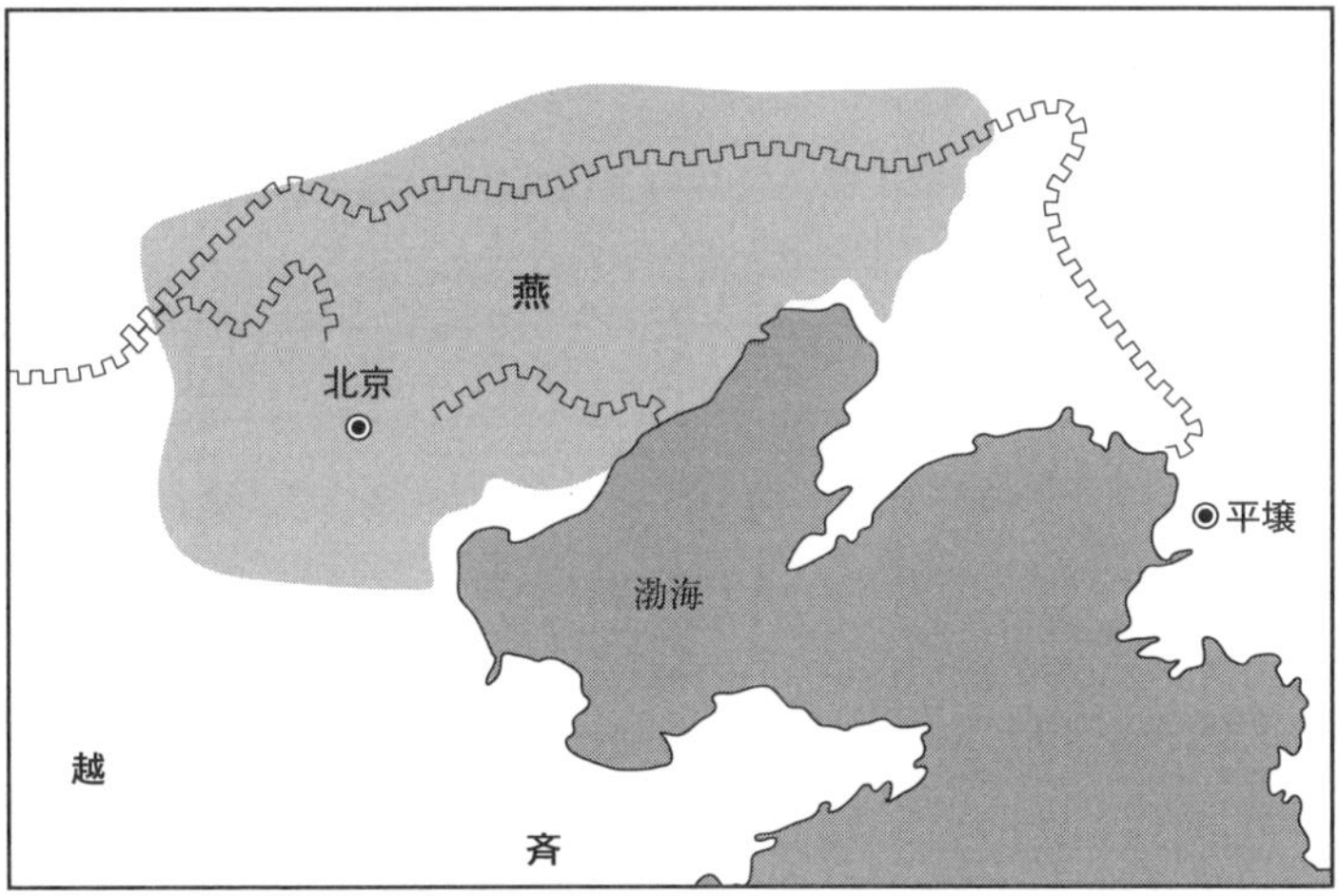

『西周燕都遺址博物館』（博物館 図録）を参考に作成

いません。しかし、燕については燕の滅亡（紀元前二二二年）後、秦の時代を経て二十年後、その土地を領土とした前漢（紀元前二〇六～八年）の『漢書地理志』（分野誌）では次のように記しています。

燕地は、尾と箕《き》の分野である。〔周の〕武王は、殷を平定〔した（前一一二二）後〕、召公を燕に封じた。その後、〔燕は〕三十六世の時、（秦・韓・魏・趙・楚・斉）とともに王を称した（前三二三）。〔燕地は〕東に漁陽〔郡〕・右北平〔郡〕・遼西〔郡〕・遼東〔郡〕があり、西には上谷〔郡〕・代郡・雁門〔郡〕があり、南では涿郡の易〔県〕・容城〔県〕・范陽〔県〕・北新城〔県〕・故安〔県〕・涿県・良郷〔県〕・新昌〔県〕を含み、勃海〔郡〕の安次〔県〕に及んでいる。これらが、みな燕地の範囲である。楽浪〔郡〕と玄菟〔郡〕もまた燕地に入れるのがよいであろう。

燕が王を称するようになってから十（七の誤記か）世の時、秦が六国を滅ぼそうとした。そこで燕王〔喜〕の太子である丹は、勇士荊軻《けいか》を派遣した。〔荊軻は〕西に行き、秦王〔政〕を刺殺しようとした（前二二七）が失敗し、〔秦王政により〕殺されてしまった。〔このことから〕秦はついに出兵して燕を滅ぼした（前二二二）。（中略）

そして、最後に「それ、楽浪〔郡〕の海のなかに倭人が住んでいて、分かれて百余の国をつくり、毎年〔楽浪郡に〕使者を送り、献見しているとのことである」という記事があります。

『山海経』については、荒唐無稽《こうとうむけい》な記述が多く、史料として取り上げるのを否定する学者が多いのですが、東洋史家の植村清二《うえむらせいじ》は『神武天皇』（中公文庫）のなかで、「その中には先秦の所伝ではないかと思われる記事もあって、無下には棄て去れない」とし、「倭人の一部はかなり早い時代から、半島南部、恐らく海岸の地方に、分布していたといわなければならない」と述べています。

『山海経』は戦国時代から秦朝、漢代の中国各地の動植物、鉱物などを記した地理書です。そのなかには珍獣、妖怪、神話といった空想的なものなどが含まれていることから、奇書扱いされていますが、古代中国の自然観や神話を研究する資料として、現在も重要視されている書物です。日本にも九世紀末に伝来、江戸時代には和刻本が出版された記録があり、現在は、平凡社から高馬《こうま》三良《みよし》の抄訳が、平凡社ライブラリーとして刊行されています。

かねてより和辻の歴史観に共感している筆者は、燕国の通貨明刀銭《めいとうせん》や多鈕細文鏡《たちゆうさいもんきよう》が、日本の各地から出土していることから、倭国と大陸との交流の始まりとその後の経過を、青銅器時代に鋳造《ちゆうぞう》された古銭、銅鏡、銅鐸を通してたどってみることにしました。

明刀銭の出土地

春秋・戦国時代（紀元前七七〇～紀元前二二一年）には、刀の形状をした青銅の貨幣（貨泉《かせん》）が通貨として用いられていました。燕・斉《せい》・越《えつ》などでは、その形状から、尖首刀《せんしゆとう》、斉刀《せいとう》、明刀（方首刀《ほうしゆとう》）、円首刀《えんしゆとう》の四種類が流通し、趙《ちよう》・魏《ぎ》・楚《そ》などでは布銭《ふせん》、蟻鼻銭《ぎびせん》、秦では円銭（半両銭）が用いられていました。

燕国で通用した明刀銭は、一五センチメートルほどの長さの刀身に、「明」に似た文字が鋳出していることから明刀銭と呼ばれています。中国では燕本国（北京および河北省）から四点、燕本国東北領（遼寧省《りようねい》）から七点、燕直轄植民地（朝鮮半島平安北・南道、慈江道）から一四点、朝鮮半島南西部（全羅南道）から二点、計二七点が出土しています。先年、筆者は北京の首都博物館の青銅器展示室で、ずらりと並んだ明刀銭（燕刀銭）が展示されているのを目にすることができました。

一方、日本では佐賀県唐津市、広島県広島市、京都府京丹後市久美浜町と沖縄県の二カ所から出土しています。唐津市と広島市に関しては、残念ながら出土の記録が残されていませんが、沖縄県の二カ所と京丹後市久美浜に関しては次のようことが判明しています。

①　城岳《ぐすくだけ》貝塚出土の明刀銭
発見地……那覇市楚辺《そべ》
発見者……樺山資隆《かばやますけたか》
発見時期……大正十二年九月
所蔵……東京大学考古資料室

②　具志頭城《ぐしちゃんじょう》（北東崖下）洞穴の明刀銭
発見地……島尻郡具志頭村《ぐしかみそん》大字具志頭小字須武座原《すんざばる》洞穴

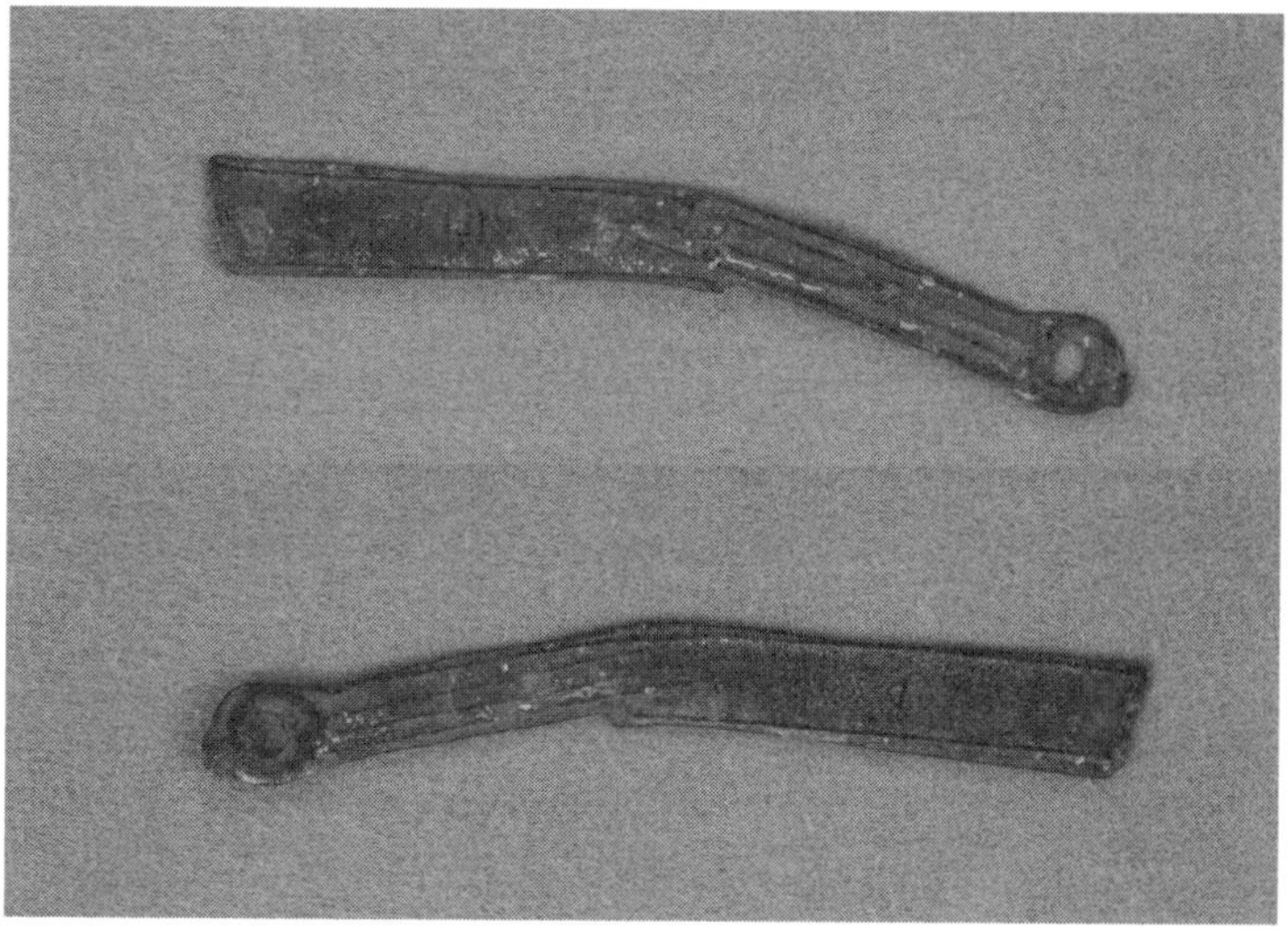

具志頭城洞穴出土の明刀銭（沖縄県立博物館・美術館所蔵）

発見者……米国人 Dave D. Davenport
所蔵……沖縄県立博物館・美術館

③ 京都府京丹後市久美浜町函《はこ》（箱）石《いし》浜《はま》遺跡
京丹後市商工会久美浜支所発行の「久美浜百珍」によると、明刀銭と王莽《おうもう》時代の貨泉（詳細は後述）がそれぞれ二点出土。
・明刀銭は近くの神谷《かみたに》太刀宮《たちのみや》が所蔵
・貨泉は京都大学博物館が所蔵

燕国は紀元前二二二年に滅亡しますので、その時点で亡国の貨幣である明刀銭の価値はなくなってしまい、流通は止まり、改鋳されることも多かったと思われます。

それだからこそ明刀銭は、年代を特定するうえで、大変な価値を持っていることになり、日本で出土したこれらの明刀銭は、倭国と燕国（紀元前一一〇〇年頃～紀元前二二二年、春秋・戦国時代まで存続）との交流を裏付けてくれるのです。

多鈕細文鏡

明刀銭と並んで、燕国と倭国の関係をたどれる資料として、燕国が北方民族対策のために製作した多鈕細文鏡があります。多鈕細文鏡は、朝鮮半島から北部九州と本州にかけて分布、その祖型は、中国東北地方の多鈕粗文鏡《たちゅうそもんきょう》で、遼東半島では遼寧式銅剣にともなって出土しています。多鈕細文鏡は、鏡の背面に二つ以上の鈕《つまみ》があり、衣服に吊り下げる際に、重量を分散する機能を備えていたと考えられ、鏡面はゆるく窪《くぼ》んだ凹面になっています。これは「太陽の光を集めて発火させる機能のなごり」といわれ、文様が髪の毛のように、細密幾何学文様で埋め尽くされています。

これらの特徴を備えた鏡を、多鈕細文鏡と名づけたのが、戦前、在野の考古学者として活躍した森本六爾《もりもとろくじ》です。森本六爾について松本清張は、短編小説「断碑《だんぴ》」の中で、「彼の『多紐細文鏡研究』はその結果の発表である。多紐細文鏡などという名前も彼が命名したのである。それまでは学界は、『細紐鋸歯文鏡《さいちゅうきょしもんきょう》』といっていた。名称を創作することも彼の反逆であった」と記しています。文中の彼とは、この地で発掘、調査研究に情熱を燃やし、三十四歳という若さで、結核で病死した森本六爾のことです。この小説では、森本の考古学にかける凄《すさ》まじい思いと、考古学界との軋轢《あつれき》を見事に描いています。

多鈕細文鏡の日本での出土数は、一一カ所一二面、長崎県壱岐市原《はる》の辻、平戸市里田《さとた》原《ばる》、佐賀県大和町本村籠《ほんそんごもり》、唐津市宇木汲田《うきくんでん》、福岡県福岡市吉武高木、小郡《おごおり》市若山（二面）、山口県下関市梶栗浜《かじくりはま》、大阪府柏原市大県《おおがた》、奈良県御所《ごせ》市名柄《ながら》、長野県佐久市社宮寺《しゃぐうじ》の各地からそれぞれ一面が出土しています。

吉武高木遺跡出土の多鈕細文鏡（福岡市博物館所蔵）

このような日本列島での分布を見ますと、小郡市若山遺跡の二面を除くと、出土地はバラバラなことが分かります。これはその後、前漢後期（紀元前一〇八～七年）に漢鏡が大量に流入した奴国、伊都国《いとこく》の国王たちが周辺諸国鎮撫《ちんぶ》のために配布、寄贈したのとは違い、日本列島の小国群が、朝鮮半島南部の国々との交易・交流を通して入手したからではないでしょうか。

中国古代銅鏡の起源

中国銅鏡の起源は、これまでの通説の殷代を遡り、斉家《せいか》文化期であることが、最近の発掘調査で判明しています。孔祥星、劉一曼著、高倉洋彰《たかくらひろあき》、田崎博之《たさきひろゆき》、渡辺芳郎《わたなべよしろう》訳『図説中国古代銅鏡史』（海鳥社）には、「一九七五年、甘粛《かんしゅく》省広河《こうが》斉家坪《せいかへい》で素鏡一面が、翌七六年青海《せいかい》省貴南《きなん》朶馬台《のばだい》で七角星文鏡一面が発掘された。いずれも殷代に先立つ斉家文化期のもので、甘粛省の素鏡は直径約六センチの円形で、厚さ〇・三センチ、光沢あるも鏡背は無文様。中央に一個のアーチ状の環鈕を持ち、鈕高は約〇・五センチという」とあります。

そして、青海省出土の七角星文鏡は、「直径八・九センチの円形、厚さ〇・三センチ、重さは一〇九グラムという。鏡背には凸状の圏縁を二周めぐらし、その間に不規則な七角星形の図文が配される。星形の外側を斜線文でかざっている。鈕はすでに欠損していた。縁部に二個の梨型の小孔がある。両孔の間には鈕ずれの痕がみられることから、その孔は鈕を通して吊していたのであろう。青銅器の用途から鏡の上部に二つの孔を持ち吊すということはめずらしく、この青海省出土の一面をもって『吊るす』という役を持った鏡は、後の多鈕鏡にしか伝わらないもので注目される七角星文鏡であり、またその青海省という出土地である」と、記しています。さらに、同書では、多鈕鏡の流行時期を、春秋時代中期から戦国時代末期までとしています。

第二節　秦の始皇帝と倭国――伝説ではなくなった徐福の来日

秦の半両銭

紀元前二二一年、韓・趙・魏・楚・斉・燕の六国を滅ぼし、中国初の統一王朝秦を建国したのが、始皇帝（在位紀元前二二一～紀元前二一〇年）です。始皇帝は、度量衡《どりようこう》や貨幣の統一、全国の道路網や万里の長城の整備、阿房宮《あぼうきゆう》はじめ壮大な宮殿の建設などのさまざまな事業を行い、巨大な権力を握るに至りました。そのうちの一つが、半両銭の鋳造です。半両銭は、秦の時代から前漢にかけて使われた貨幣で、重さが半両（約八グラム）であることから半両銭と称されています。

これまで判明した半両銭の日本本土での出土地と枚数は、

熊野市波田須《はだす》神社……二枚

福岡県志摩町松原遺跡……一枚

福岡県志摩町新町《しんまち》遺跡……一枚

山口県下関市武久浜《たけひさはま》遺跡……一枚
山口県宇部市沖ノ山遺跡……一七枚
でした。

そして、驚くべきことに、昨年（二〇二三年）十一月三日、群馬県前橋市総社《そうじゃ》町の総社村東03遺跡から、三三四枚の古銭が発掘され、そのなかに半両銭が一枚あったとの新聞（「朝日新聞デジタル」）報道がありました。これは、全国的に半両銭が通用、または宝物として保管されていたことを証明する一大発見だと筆者は考えています。

半両銭（清田泰興氏所蔵）

徐福伝説と半両銭

地上の第一人者にのぼりつめた秦の始皇帝にとって、最大の関心事は、人間以上の存在になること、不老不死の薬を手に入れたいという願い、神仙への憧れでした。そのために、宮廷に四〇〇〇人におよぶ方士《ほうし》を抱えていました。方士たちは医術、錬金術、卜術《ぼくじゅつ》などを専《もっぱ》らとし、二つの法術（例えば医術と卜術）を兼ねることは許されず、験《げん》が無ければ死罪という厳しい掟がありました。
『史記』の「秦始皇帝本記」には、

秦始皇二十八年（前二一九年）
斉人と徐市等上書して言う。海中に三神山有り、名づけて蓬莱《ほうらい》・方丈《ほうじょう》・瀛洲《えいしゅう》と曰う。僊人之に居る。請う、斎戒して、童男女と与に之を求むることを得ん、と。是に於いて徐市をして童男女数千人を発し、海に入りて僊人を求めしむ。
秦始皇三十五年（前二一二年）
徐市等は費すこと巨万を以って計《かぞ》うれども、終《つい》に薬を得ず。徒《いたずら》に姦利をもて相告ぐること日に聞ゆ。
秦始皇三十七年（前二一〇年）
方士徐市等海に入りて神薬を求め、数歳なれども得ず。費《ついえ》多し。譴《せ》められんことを恐れ、乃ち詐《いつわ》りて曰く、蓬莱の薬得べし。然れども常に大鮫魚の苦しむ所と為る。故に至ることを得ざりき。願わくは善くは射るものを請ひて与に倶にせん。見《あら》わなれば、即ち連弩《ど》を以て之を射ん、と。

と記されているように、東方の三神山（蓬莱山《ほうらいさん》・方丈《ほうじょう》・瀛州《えいしゅう》）に「長生不老の霊薬」があると、始皇帝に上申した方士の一人徐福《じょふく》が、数千人の男女を引き連れ、山東半島の琅邪《ろうや》から東方の日本へ向かったことを記しています。ほかにも、同じく『史記』の「准南衡山《わいなんこうざん》列伝」と「封禅書《ほうぜんしょ》」にも「徐福東渡」のことが記されています。

ところが、この「徐福東渡」の記事は、日本の学者たちには、荒唐無稽と無視されていますが、次のような歴史的事実から、無視できないものと筆者は考えています。

まず、徐福らが妙薬を求めて東へと向かった出発地の有力候補地、山東半島の琅邪の地へは、始皇帝が生涯で三度も行幸していることです。そして琅邪の地では徐福の上申を受け、半信半疑ながらも巨費を投じていること、また、『史記』の著者司馬遷《しばせん》も、琅邪がある山東半島を訪れています。

始皇帝は、秦の統一に最後まで抵抗していた燕・斉・越の旧地を巡り、帝威を誇示した一方で、港湾の整備、海上交通路の発展、沿岸防衛網の確立につとめ、琅邪では三万戸の人民を移住させ、十二年にわたる免税措置を行うなど、琅邪港の拡充を行っています。司馬遷は、百年前の始皇帝の事蹟の地を目のあたりにし、「徐福東渡」の話についても疑問視することなく、それを記しています。

日本の史家が「徐福東渡」に違和感があるのは、方士、仙人、不老長寿の薬といった、怪しげなおとぎ話めいたことに関してなのでしょうが、当時としては当たり前の話で、始皇帝は盧生《ろせい》・侯生《こうせい》・韓衆それに徐福といった方士（学者・医者と妖術師の中間といった存在）を重用《ちょうよう》・寵愛していました。始皇帝のほかにも前漢の武帝なども、李少君《りしょうくん》、少翁《しょうおう》などの方士を優遇し、重用していました。地上の第一人者にのぼりつめた始皇帝や武帝にとって、残された最大の関心事は、人間以上の存在になることだけでした。神仙への憧れ、不老長寿の秘薬をどうしても手に入れたいという願いは否定できません。

さらに、徐福伝説を裏付けてくれるのが、日本各地に伝わる徐福伝説、徐福を祀《まつ》る神社と祠《ほこら》の存在です。日本には、徐福を祀る神社は、青森県津軽半島の中泊町《なかどまりまち》、山梨県富士山麓、愛知県東部、和歌山県新宮市と三重県熊野市、京都府与謝《よさ》郡伊根《いね》町、佐賀県吉野ヶ里遺跡近辺、最南端の鹿児島県串木野《くしきの》ほか十数カ所におよんでいます。ここで問題となるのが、始皇帝時代の通貨半両銭が、日本の各地から出土していることです。特に注目されるのが、昭和四十五年頃、熊野市波田須《はだす》神社から、参道の修復中に七、八枚の小銭が出土、その内の一枚が中国の学者の鑑定の結果、半両銭であることが判明したのです。

徐福像（提供：新宮市観光協会）

徐福の墓（提供：新宮市観光協会）

三重県熊野市波田須神社から発見された半両銭

直木賞作家安部龍太郎が、『日本はこうしてつくられた』（小学館）に次のような一文を載せています。

徐福の宮は海を望む小高い丘に建っていた。

赤い鳥居の奥に小さな社《やしろ》があり、背後に巨大な楠《くすのき》が立っている。徐福の墓だという石碑もある。

波田須の地名は秦《しん》の人たちが住んだ「秦住《はたす》」が変化したものだし、近くの釜所《かまどころ》は徐福たちが陶器の焼き方や製鉄の技術を伝えたことに由来するという。（中略）

黒潮による海の幸、気候の恵みというだけでなく、南方系の人々は黒潮に乗ってこの国に渡来し、土着して日本人になった。

神武天皇も徐福もそうである。民族のＤＮＡに刻まれたその記憶が、この地を魂のふるさとだと思わせるのではないか……。

そんなことを考えていると、お宮を管理している方が話を聞かせて下さるという。

さっそくお宅にうかがうと、驚くべきものを見せていただいた。

「これは徐福の宮のある丸山から発掘された半両銭《はんりょうせん》です」

半両銭は秦の時代に流通した銅銭で、重さが半両（約八グラム）なので半両という文字が刻んである。

直径三センチほどの円形方孔《えんけいほうこう》の貨幣で、秦の始皇帝《しこうてい》の中国統一以後に中国全土で使用されるようになった。

見せていただいた半両銭は、昭和四十五年（１９７０）頃に徐福の宮を整備していた時に見つかったもので、当初は七、八枚あった。

平成十四年（２００２）に中国の学者に鑑定してもらい、秦代のものに間違いないことが分かったが、どうした訳かその時に五、六枚が紛失した。

現在残っているのは、この一枚と新宮《しんぐう》市立歴史民俗資料館に保管されている一枚だけだという。

我々はにわかに色めき立った。

秦の始皇帝に不老不死の仙薬を探すように命じられた徐福が、三千人の童男童女をつれて航海に出たことはよく知られている。

仮に五十人が乗れる船だとしても六十隻の船団になったわけで何組かに手分けして行動したのか、あるいは航海の途中で嵐にあって四散したのだろう。

日本列島の各地に徐福来航伝説が残っているのは、その船が各地に漂着したためだったと思われる。

我々も南の薩摩半島や北の権現崎《ごんげんざき》（青森県）などで、そんな伝説に遭遇《そうぐう》してきたが、それを実証する史料と出会ったのは初めてだった。

徐福来航を伝説ではなく史実として論じる手がかりと、ようやく出会えたのである。

「凄いものを見せていただきましたが、少し慎重になったほうがいいですよ」

移動の車の中で、藤田教授が釘《くぎ》を刺された。

歴史研究者としての長年の経験から、ぴたりと平仄《ひょうそく》が合う時には、誰かが仕組んだのではないかと疑った方がいいと学ばれたという。

なるほど、そんなこともあるかも知れないと思いながらも、私の興奮は冷めなかった。

徐福かその一行が残した足跡が、半両銭という形で明確に残っている。

しかも薩摩半島の場合と同じように、神武天皇と徐福の上陸地がすぐ隣り合っているのである。

（両者が同一人物だという説は、案外正しいのではないだろうか）そんな小説家的な空想にふけりながら、車窓に広がる太平洋をながめていたのだった。

半両銭が日本各地から出土していることから、秦と倭国の少なからぬ関係が窺われるのです。

第三節　前漢・後漢と倭国

五銖銭

秦は紀元前二〇六年に滅び、紀元前二〇二年、楚の項羽《こうう》との戦いで勝利した高祖 劉邦《りゅうほう》は漢王朝を建国、都を長安に置き、以後新《しん》に滅ぼされるまで十四代二百十年間存続します。特に第七代武帝（在位紀元前一四一～紀元前八七年）は、朝鮮半島、ベトナムまで版図を拡大するなどの積極的な政策により、国力は最盛期を迎えることになりました。この武帝の頃の倭国について、『漢書地理志』は、「それ、楽浪〔郡〕の海のなかに倭人が住んでいて、分かれて百余国をつくり、毎年〔楽浪郡に〕使者を送り、献見しているとのことである」と伝えています。

秦の滅亡後も秦の通貨半両銭は、前漢に継承されたのですが、度重なる遠征で財政が逼迫《ひっぱく》した武帝は、半両銭に代わって五銖銭《ごしゅせん》の鋳造に踏み切りました。五銖銭は、半両銭の形をほぼ継承しながら、重さが五銖（約三・三五グラム）と、半両銭より軽量で利便性に優れていたので、以後唐代まで七百年余り流通することになったのです。それなのに、五銖銭の日本での出土地は限られていて、弥生時代中期（紀元前一世紀）の遺跡である北九州市守恒《もりつね》遺跡はじめ北九州に多く、ほかには大阪府堺市黄金塚《こがねづか》古墳、美濃市瑞龍寺《ずいりようじ》山頂墳丘墓、そして半両銭が一七枚出土した山口県宇部市沖ノ山遺跡からは、七八枚出土しています。また、明刀銭が二点出土している琉球諸島に限られています。

五銖銭が日本列島での出土地が少ないことについては、次のようなことが考えられます。それは、衛氏朝鮮の存在です。紀元前二二二年、秦に滅ぼされた燕出身の衛満《えいまん》は、同志千余人を連れ亡命、鴨緑江、清川江を渡り、秦代以降空白になっていた地に居住して、次第に真番《しんばん》、楽浪郡をまとめ、王儉《おうけん》（平壌）を都に定め、紀元前一九五年頃には、衛氏朝鮮を建国したのでした。その後約八十年にわたり、紀元前一〇八年前漢の武帝に滅ぼされるまで、北朝鮮全域を支配することになったのです。そこで漢の遼東太守は衛満を外臣とし、辺境を侵盗《しんとう》しないこと、諸蛮夷の君長《くんちょう》で入朝をして天子に

五銖銭（清田泰興氏所蔵）

拝謁したいと思う者を、禁止しないことを約束させたのです。遼東太守まで朝貢に参じる君長とは、どのような国があったのでしょうか。当時扶餘《ふよ》と高句麗は直接遼東太守へ向かうことは可能ですが、倭のほか日本海沿いにある把婁《ゆうろう》、東沃沮《とうよくそ》、濊などの諸国は、衛氏の妨害を直接受けることになりました。その後、衛満の孫の右渠《うきょ》は、漢に朝貢しないばかりか、倭の諸国ほか異民族の、漢への朝貢を妨害するようになったので、漢の武帝は二年にわたり王倹城を包囲、衛氏朝鮮を滅ぼしたのです。

日本各地で大量に出土している王莽銭

西暦八年、前漢第十四代平帝（在位元～五年）から実権を簒奪《さんだつ》して新王朝を興した王莽《おうもう》は、十五年という短い治世の間に、前漢時代の通貨五銖銭に代わり、大泉五十《たいせんごじゅう》、契刀《けいとう》、錯刀《さくとう》ほか次々と新しい貨幣を鋳造したのですが、複雑になりすぎ混乱を招いた結果、五銖に相当する王莽銭（貨泉）と二五銖相当の貨布《かふ》の二種類に整備されました。

王莽銭（清田泰興氏所蔵）

日本で貨布の出土例は、福岡県大野城《おおのじょう》市仲島《なかしま》遺跡と大阪府柏原市と藤井寺市にまたがる船橋遺跡からの二枚と、長崎市城栄町《じょうえいまち》の護国神社社殿前で拾われた一枚のみです。一方、王莽銭（貨泉）は、北は北海道から南は沖縄まで、全国で出土しています。主な分布地は、長崎県から福岡県にかけての北九州地方で、それも一度に複数枚が出土することはまれで、岡山県高塚古墳出土の二五枚が最多で、多くは墓地の副葬品としてではなく、海辺の集落から出土しているのです（兵庫県立考古博物館「兵庫県考古資料集成13」より）。王莽銭の出土の多い地は、北九州の奴国と、伊都国を主とした沿岸諸国と、瀬戸内の有力国であったことが窺われます。

倭国と新との関係を、『漢書王莽伝』は、「東夷の王、大海を渡りて、国珍を奉す」と記しています。日本各地での王莽銭の出土数が多いことからも、この頃の倭国と大陸との交流の実態が窺えるのではないでしょうか。

貨布（清田泰興氏所蔵）

一方、新の時代の王莽銭を除いて、燕国の明刀銭、秦の半両銭、前漢の五銖銭の日本での出土数が少ない点に関して、日本ではこれらの貨泉は、通貨としてではなく、宝物として、埋葬の際のお供え物として扱われていたのではないかと筆者は考えています。

前漢鏡と後漢鏡

前漢七代武帝による衛氏朝鮮征討によって、漢への朝貢の障害が取り除かれたことで、楽浪郡と朝鮮半島南部や倭国との交流が、再び頻繁に行われることになり、倭国からは大陸の文物を求め黄海を北上、楽浪郡（平壌近郊）へ向かったと思われます。そこで政治外交上重視したのが、銅鏡の下賜《かし》でした。倭国側も漢王朝の支援を誇示するために、神秘的で太陽信仰に深く結びついた鏡を必要としたのでしょう。そうした背景から、日本列島から出土した前漢・後漢、三国時代の鏡は、三角縁神獣鏡《さんかくぶちしんじゅうきょう》を含めると一〇〇〇面近くにのぼっています。その数の多さから、倭国ではこれらの鏡を求め、大陸と頻繁に交流していたことが窺われます。

『三角縁神獣鏡《さんかくぶちしんじゅうきょう》の時代』（岡村秀典著、吉川弘文館）によれば、漢代（前漢・後漢）の鏡を、文様・銘文などから次のように七期に分類しています。

漢鏡１期（ＢＣ二世紀前半、前漢前期）

漢鏡２期（ＢＣ二世紀後半、前漢中期前半）

漢鏡３期（ＢＣ一世紀前半から中頃、前漢中期後半から後期前半）

漢鏡４期（ＢＣ一世紀後葉から一世紀はじめ、前漢末から新の王莽の時代）

漢鏡出土数の変遷

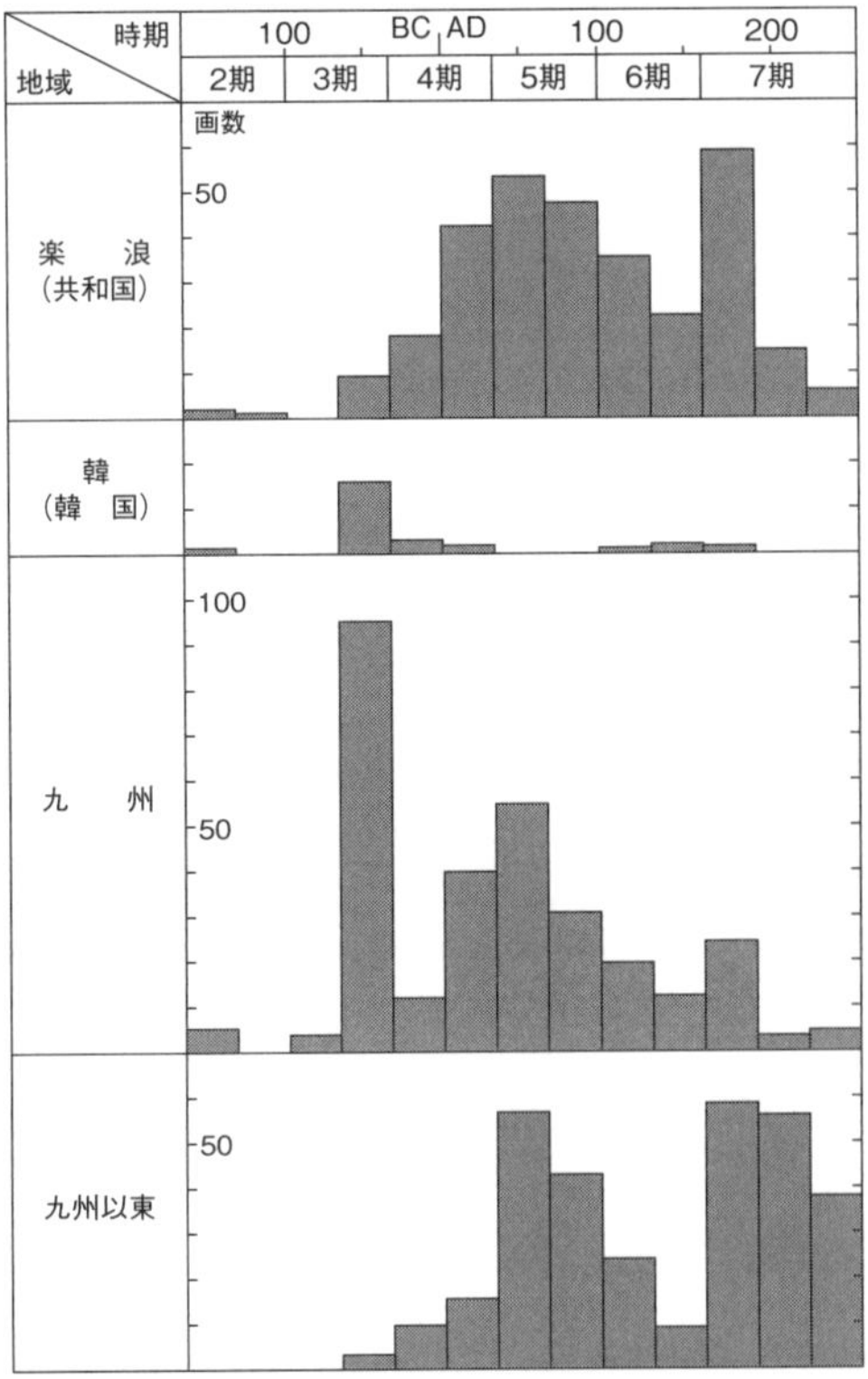

岡村秀典著『三角縁神獣鏡の時代』（吉川弘文館）より

漢鏡5期（一世紀中頃から後半、後漢前期）

漢鏡6期（二世紀前半、後漢中期）

漢鏡7期（二世紀後半から三世紀はじめ、後漢後期）

これに、三世紀の三角縁神獣鏡をはじめとする魏鏡を加え、漢・三国時代の鏡を八期に大別しています。

一番古い漢鏡1期の鏡は、朝鮮半島の一面を除き倭国でも出土していませんが、漢鏡2期（紀元前一五〇～紀元前一〇〇年）は、

- 楽浪郡（梧野里）……大型蟠螭《ばんち》文鏡（径二二・一センチ）　一面
- 須玖《すぐ》岡本（奴国）……大型草葉文鏡（復元径二三余センチ）　三面

・三雲南小路《みくもみなみしょうじ》（伊都国）……大型重圏彩画鏡《じゅうけんさいが》（二七・三センチ）　一面
四乳羽状地文鏡《しにゅううじょうち》（一九・三センチ）　一面

が出土しています。

福岡県の須玖岡本遺跡から出土した大型草葉文鏡ですが、大型鏡は、漢王朝でも高位の者に贈られるもので、広陵王や中山王、長沙王といった皇子クラスの諸侯王や列侯などの墓から以外出土していないことから、漢王朝が王侯に相当する待遇として、特別に贈与したと考えられます。

須玖岡本遺跡は、福岡平野のほぼ中央、春日《かすが》丘陵の先端に位置し、この遺跡からは漢鏡3期に属する鏡が、二三面出土していますので、漢鏡2期の大型草葉文鏡三面は、なんらかの理由で伝世し、漢鏡3期の鏡と一緒に埋納されたと考えられます。したがって、この遺跡は、およそ紀元前一世紀の奴国王の王墓と想定されます。

そして、三雲南小路遺跡（福岡県前原《まえばる》市）からは、漢鏡2期の大型重圏彩画鏡一面と、四乳羽状地文鏡一面のほか、漢鏡3期の鏡が五三面も随伴して出土していることから、この遺跡は伊都国の首長墓とみなすことができます。須玖岡本と三雲南小路遺跡の出土品のうち、漢鏡とガラス璧、金銅四葉座金具が中国からの輸入文物なのですが、楽浪郡や朝鮮半島南部では、同時期の文物が副葬された墓が発掘されているものの、大・中型の鏡、ガラス璧、金銅四葉座金具のいずれも、未だに出土していません。これらのことからも、『漢書地理志』の「毎年〔楽浪郡に〕使者を送り、献見している」漢王朝から、政治・外交上、儀礼的な配慮から贈与されたものと考えられます。王としての処遇ではなかったものの、海路はるばる朝貢してきた倭人と倭の諸国に対する、破格の待遇であったと理解できるのではないでしょうか。ちなみに、福岡県飯塚市の立岩《たていわ》遺跡からは、前漢鏡が一〇面出土しているので、不弥《ふみ》国の王墓ではないかとの説もあります。このほか、福岡県朝倉市筑前町の東小田峰《ひがしおだみね》遺跡などからも、漢鏡3期の鏡が出土しています。

奴国の首長が埋葬された、紀元前五〇年頃から五十年が経過した前漢平帝の統治下、『漢書王莽伝』に、東夷の王は大海を渡って国の珍宝をたてまつったという記事があります。東夷の諸族のなかで海を渡って朝貢したといえば、倭人である可能性が高く、それも奴国の首長であったと考えられます。そして奴国について、『後漢書倭伝』は、「〔後漢の光武帝の〕建武中元二年（五七）、倭の奴国《な》〔王が遣使して〕貢物を奉り朝賀した。使者は大夫《たいふ》と自称した。〔奴国は〕倭の最南端の国である。光武帝は〔奴国王に〕印綬を与えた」と記しています。

王莽が建てた新王朝は二三年に滅亡、二五年に光武帝が洛陽で即位、漢王朝を再興します。これに応じて、

・三二年　高句麗王が朝貢
・四四年　韓の廉斯《れんし》の人蘇馬提《そまし》が朝貢、韓廉斯邑君《むらぎみ》に冊封される
・四九年　扶余王が朝貢、これより毎年続く
・五七年　倭奴国王が朝貢、「漢委奴国王《かんのわのなのこくおう》」の印綬を賜う

と、朝貢が活発化します。

この頃の漢鏡の出土は、伊都国の首長墓とされる平原《ひらばる》遺跡からは、漢鏡4期の鏡が二面、漢鏡5期の鏡が三二面出土しています。ほかにも漢鏡4期の鏡は、三雲南小路遺跡に隣接する井原鑓溝《いわらやりみぞ》遺跡から一八面、唐津市 桜馬場《さくらのばば》甕棺墓《かめかんぼ》から王莽時代の鏡が二面、佐賀県神埼町三津《みつ》永田《ながた》遺跡から三面が出土しています。そして、漢鏡5期の出土数の半数が九州以東へ移行し、北九州から北陸、東海におよぶ広い地域と、畿内が次第に中核的な位置を占めるようになっていき、この頃北九州と九州以東の逆転状況が起こりました。

漢鏡6期（一〇〇〜一五〇年）、倭国では北九州、九州以東ともに出土数は減少してきますが、これは後漢と楽浪郡の衰退により、鏡の供給量が減少してしまったことと、朝鮮半島・大陸への交易ルートをめぐり、北九州勢と畿内・瀬戸内諸国が、抗争を繰り返していたことが、原因と考えられます。これは、瀬戸内海の山上・台地・高地に多く見られる、高地性集落の存在が証明しています。こうした抗争が長期間続き、徐々に軍事上、畿内勢

力が優位となり、「倭国大乱」を迎えることになったのです。

漢鏡7期（一五〇～二五〇年）になると、九州では漢鏡の数は回復することなくそのまま退潮しますが、九州以東関東まで広く出土数は飛躍的に増大しました。これは当時の倭国の文化の中心が、北九州以東から移動していく格好の現象として考えられるのです。

倭国独自の銅鐸文化

小銅鐸（糸島市浦志出土、伊都国歴史博物館所蔵）

弥生時代は前方後円墳の出現によって終わりを告げますが、それを証拠づけるのが、銅鐸の終焉に重なることです。銅鐸は、紀元前一八世紀、中国河南省二里頭《にりとう》遺跡で発見された、青銅製の鈴と石の舌が起源といわれ、人の腰につける鳴り物として用いられたようです。その後、中国の商（殷）代を経て漢代には、家畜を守るため、牛や羊の首につけられた青銅製の鈴は、朝鮮半島では、神との交感を行う呪術に用いられるようになりました。そしてこれらの小型の銅鈴（小銅鐸）は、弥生時代中期前半（紀元前三世紀末～二世紀頃）には、朝鮮半島を経由して、北九州に伝わったとみられます。

その時期と経路は、稲作文化の本格的な波及と連動してもたらされたと考えられます。小銅鐸はことのほか倭人の好みにあい、次第に大型化した一方、愛玩用《あいがん》として小型のものも製造されていました。銅鐸は一部の小型を除いては、世界唯一、最大の鋳造器であり、我が国では地域・年代によって「聞く銅鐸」「見る銅鐸」の二種類の使い方、サイズ、製作年代が次のように判明しています。

聞く銅鐸（サイズは小さい）
最古段階（Ⅰ式、菱環鈕《りょうかんちゅう》式）　紀元前三〜紀元前二世紀
古段階（Ⅱ式、外縁付鈕式）　紀元前二〜紀元前一世紀
中段階（Ⅲ式、扁平鈕式）　紀元前一〜一世紀
新段階（Ⅳ式－①、突線鈕式）　一〜二世紀
見る銅鐸（サイズは大きい・多量埋納）
三遠式　新段階（Ⅳ式－③④、突線鈕式）　二世紀
近畿式　新段階（Ⅳ式－②〜⑤式、突線鈕式）　一〜二世紀

銅鐸の主な発掘地、出土数は、

・南あわじ市松帆《まつほ》台遺跡……七個（最古段階Ⅰ式一点と古段階Ⅱ式六点、紀元前四～二世紀前半の植物片が付着）
・島根県加茂岩倉遺跡……三九点（古段階Ⅱ式と中段階Ⅲ式が大半を占める。大半は出雲での製作と考えられるが、一部近畿での製作のものも）
・神戸市桜ヶ丘遺跡……一四点（古段階Ⅱ式四点、中段階Ⅲ式一〇点）
・野洲《やす》市大岩山《おおいわやま》遺跡……二四点（「聞く銅鐸」と「見る銅鐸」、三遠式と近畿式が出土）
・浜松市都田川《みやこだがわ》流域と浜名湖北岸三方原《みかたはら》台地一四地点……一六個（三遠式）

です。ここで注目すべきは、『魏志倭人伝』『古事記』『日本書紀』には銅鐸についての言及がまったくないことです。ちなみに、銅鐸が日本の文献に登場するのは、神武天皇から堀河天皇までの仏教関係の記事を中心とした通史『扶桑略記《ふそうりやくき》』に、天智七年、滋賀県大津市の崇福寺《すうふくじ》建立の際に、宝鐸が発見されたという記事です。次いで、平安初期に編纂された『続日本紀《しょくにほんぎ》』の和銅六年（七一三）七月六日の条に、大和の宇陀《うだ》で銅鐸が見つかり献上したという記事があります。この時献上された銅鐸は、「高さ三尺、口径一尺、その造りは普通とは異なり、音色は律呂《りつろ》（楽のきまり）にかなっている」とありますので、かなり大きな、見事なつくりだったのでしょう。『日本書紀』『古事記』などに銅鐸の記述がないということは、大和朝廷とその前身である政権が、銅鐸文化を継承していなかったことを、物語っているといえるのです。

さらに、『古事記』『日本書紀』の出雲平定においても、銅鐸に関する記述が一切ないことです。これは、出雲の大国主命《おおくにぬし》の政権が、大和朝廷に敗北した際、先祖から受け継いできた銅鐸を丁重に埋納あるいは廃棄したということではないでしょうか。尊んでいなかったということであれば、出雲征討イコール銅鐸の終焉を意味しているのではないかと思います。

第二章

倭国統一への道

第一節　奴国王と倭国王の後漢への遣使

奴国王五七年、後漢朝光武帝へ遣使

『後漢書倭伝』が、「〔前漢の〕武帝（在位前一四一—前八七年）が〔衛氏〕朝鮮〔王朝〕を滅ぼした（前一〇八）後、通訳を連れた使者を漢に通わせた国は、〔そのうち〕三十ばかりである。〔それらの〕国〔の首長〕はみな王と称して、代々その系統を伝えている。〔それら諸王の王である〕大倭王《だいわおう》は邪馬臺国《やまと》に居住している」と伝えているとおり、倭国は平穏で、それぞれの国は前漢・後漢の楽浪郡、朝鮮半島南西部、南岸地方とは、交易・交流を深めていました。

そして西暦五七年の奴国王の後漢朝への朝貢を迎えます。それが、『後漢書倭伝』が伝える、「〔後漢朝の光武帝の〕建武中元二年（五七）、倭の奴国《な》〔王が遣使して〕貢物を奉り朝賀した。使者は大夫《たいふ》と自称した。〔奴国は〕倭の最南端の国である。光武帝は〔奴国王に〕印綬を与えた」という記事です。

遣使朝貢を果たした奴国王は、近隣諸国に後漢への遣使朝貢と、光武帝から下賜された金印を広めたことでしょう。ちょうどその頃畿内に勢力を張っていた邪馬台国《やまと》の大倭王も、全国統一を考え、大陸との交流を企図していた矢先に、奴国が先行して後漢朝への遣使を敢行したのですから、当然のこと、大倭王は快く思うはずはありません。大陸へのルートを確保すべく、畿内をはじめ瀬戸内諸国を糾合して、奴国とそれを支持する諸国と戦いを交えることになったことは言うまでもありません。その時期は、五七年の奴国の朝貢と大倭王による一〇七年の朝貢を考えると、中間の七五～七六年頃になるのではないかと、筆者は考えています。戦いの結果は、伊都国が大倭王側についたこともあって、水戦での経験を積んだ瀬戸内勢を味方につけた大倭王軍の軍事力に敵《かな》うはずはなく、奴国側は敗退、金印は志賀島《しかのしま》に埋没させられる結果となったのです。

倭国王帥升等一〇七年、後漢朝安帝へ朝貢

後漢朝への奴国の朝貢から五十年後の、「安帝の永初元年（一〇七）、倭国王帥升《すいしょう》らが、生口百六十人を献上して、皇帝の接見を願い求めた」と、『後漢書倭伝』は伝えています。この時の貢物は生口《せいこう》（壮丁・兵士）一六〇人という厖大なものでした。この一六〇という人数は、後に女王卑弥呼の朝貢の際は、男四人、女六人を合わせて一〇人、台与《とよ》の時

の男女三〇人に比べても桁違いで、その意気込みが伝わってきます。

その時に使用した外洋船ですが、外洋の航海に耐える大型船を、何隻か用意しなければならなかったでしょう。一隻の乗組員を二五人、飲料水と糧食は、北九州からの往路だけでも二十日分を、搭載しなくてはなりません。当然、風待ち・潮待ち、物資補給のため、一〇カ所程度は途中の港に寄港したことでしょう。いずれも、生口を運ぶ水夫（漕ぎ手）も、一六〇〇人は必要だったとすると、約二〇隻、四〇〇〇人近い大船団を用意しなくてはならなかったでしょう。

話が飛びますが、平成十八年（二〇〇六）、大阪府高槻市の継体天皇（在位五〇七～五三一年）陵といわれる今城塚《いましろづか》古墳で発見された馬門石《まかどいし》で造られた石棺と、それを運ぶ修羅の復元が、馬門石の産地熊本県宇土市で完成し、古代船で運ぶ実験が行われました。その古代船「海王」の実測図と、航海の様子を撮影した写真が掲載された、読売新聞西部本社大王のひつぎ実験航海実行委員会編『大王のひつぎ海をゆく』（海鳥社）が刊行されています。時代としては、後漢朝安帝への朝貢から約三五〇年を下りますが、当時の船の概要を知る手がかりとして、「海王」の実測図と実験航海の写真を紹介しました。

しかし、『後漢書安帝紀』には、「永初元年『冬十月、倭国遣使奉献』」とあるのみで

当時の航海を再現（読売新聞西部本社　大王のひつぎ実験航海実行委員会編『大王のひつぎ海をゆく』〈海鳥社〉より。写真提供：読売新聞西部本社）

古代船「海王」実測図

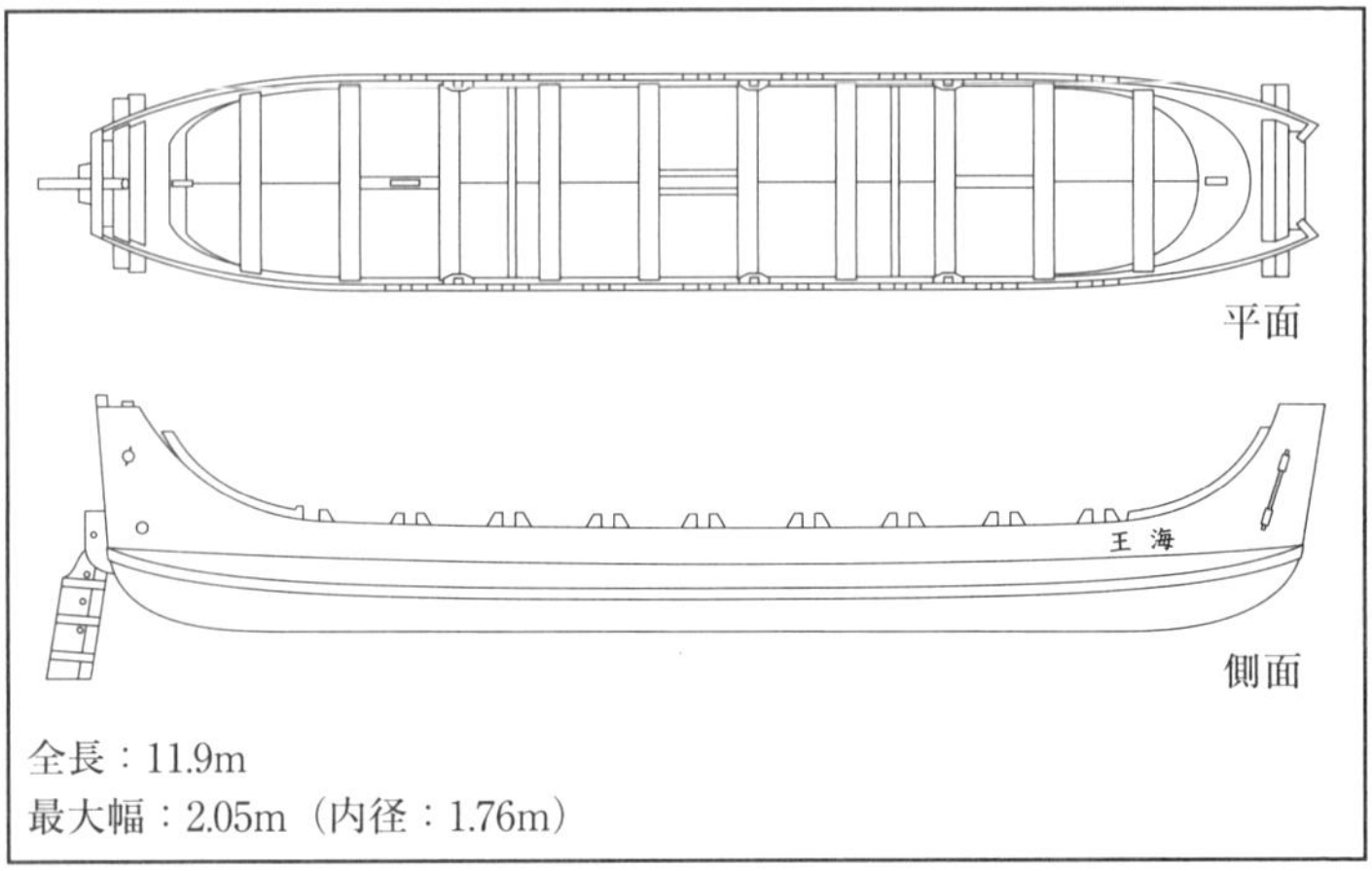

読売新聞西部本社　大王のひつぎ実験航海実行委員会編『大王のひつぎ海をゆく』（海鳥社）を参考に作成

す。後漢朝も最盛期を過ぎ、混乱状態にあったのか、皇帝への接見があったのか、後漢朝の待遇ははっきりしません。

倭国大乱

『後漢書倭伝』には、「〔後漢末の〕桓帝・霊帝の治世（一四七―一八九）に、倭国はたいへん混乱し、たがいに戦い、何年もの間〔倭国の〕主なき有様であった」と、また、『魏志倭人伝』には、「其國本亦以男子爲王。住七八十年、倭國亂、相攻伐歴年」とあります。藤堂明保・竹田晃・影山輝國全訳注の『倭国伝』（講談社学術文庫）では、「其《そ》の国、本《もと》亦《ま》た男子を以《も》って王と為《な》す。住《とど》まること七、八十年、倭国《わこく》乱れて、相《あい》攻伐すること年を歴《へ》たり」とあるように、「其の国も、もとは、男を王としていた。男が王となっていたのは七、八十年間であったが国は乱れて、攻め合いが何年も続いた」と、七、八十年間も、倭国は厳しい情勢が続いていたことを伝えています。なお、『魏略』による『梁書』『北史』では「倭国大乱」を霊帝の光和年間（一七八〜一八四年）のこととしています。倭国王は、一〇七年に朝貢していますが、それ以前に、奴国をはじめ北九州諸国との抗争で勝利後も、王位の交代はあったものの、王統は継続していたと筆者は考えます。この大乱が後漢朝にも伝えられ、一、二年間の短いものではなく、十年近くにおよんだと考えられます。

倭国、公孫氏に属す

朝鮮半島では、楽浪郡は名目上、後漢朝最後の皇帝献帝（在位一八九〜二二〇年）の統治下にあったのですが、遼東太守となった公孫度《こうそんたく》（在位一九〇〜二〇四年）が遼東王を僭《せん》称《しょう》し、皇帝と同様の祭祀を行うなど、後漢朝からの自立を闡明《せんめい》にします。倭国から後漢朝への朝貢ルートは、公孫氏の勢力下に入ってしまいました。公孫氏は熹《き》平《へい》年間（一七二〜一七八年）から遼寧省西北部で盛大な勢力となり、建安一三年（二〇四）には、公孫康《こうそんこう》が楽浪郡の屯有《とんゆう》県（黄海北道黄州郡）以南の非支配地域に帯方《たいほう》郡を立て、それ以降は倭も韓も、帯方郡に属することになったと、『三国志韓伝』は記しています。

倭国にとっては、末期状態の後漢本国への道が絶たれてしまっては、公孫氏が治める襄《じょう》平《へい》・楽浪、帯方郡へ向かうほかなくなったのです。馬韓・韓・弁辰諸国の首長たちはもちろん、倭国の卑弥呼も毎年のように帯方郡を訪れ、帯方郡からも公孫氏の使者がやってきたと思われます。

公孫氏は二三八年に滅亡するまでの約五十年間、遼西・遼東・楽浪・帯方と、山東半島の営州にまで覇を唱えていたので、倭国にとって公孫氏は、宗主国としての存在でした。公孫氏の都があった襄平城の北方には、遼陽壁画墓群があり、後漢から魏・晉《しん》代にかけての壁画墓が多数発掘されています。現在、出土品は遼陽市の博物館に展示されていますが、墓室に描かれた彩色壁画は見事で、後漢から公孫氏・魏・晉時代の華やかだった、襄平の街を再現しています。奴国王、倭国王、卑弥呼の使者たちは、本国にその壮麗さを報告したはずです。

公孫氏系図

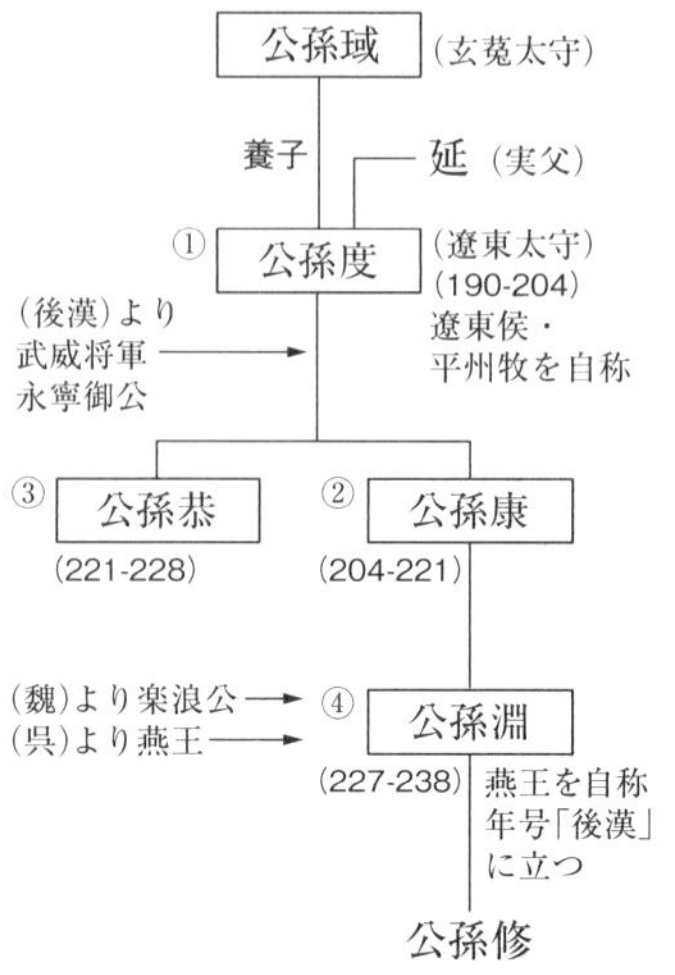

公孫氏は王を僭称し、末期には「紹《しょう》漢《かん》」という年号まで持ち、行政機構も整備されていたので、倭国や朝鮮半島諸国の首

長たちとの、外交・通商の記録なども保存されていたと考えられますが、二三八年の魏による総攻撃で、すべて失われてしまったのです。後の晋の高祖司馬懿《しばい》は、襄平の落城に際し、文武の官吏二千人余を殺害、十五歳以上の男子七千余人を殺し、京観《けいかん》（死体を積み上げその上に盛土をしたもの）を築いたと伝えています。楽浪郡・帯方郡も同じような運命をたどったのでしょう。これによって、倭国や朝鮮半島諸国の外交・通関記録などが、戦火によって焼失したと思われます。なお、襄平陥落の翌年、二三九年には、卑弥呼は魏朝へ、使節難升米《なんしょうまい》らを遣わしています（『魏志倭人伝』は景初二年〈二三八〉と記しているが、景初三年〈二三九〉の誤り）。

倭国王の王都　唐古・鍵遺跡

大和盆地の中央に位置するのが、唐古・鍵遺跡です。この遺跡は、吉野ヶ里（佐賀県）、池上曽根（大阪府）両遺跡を凌駕《りょうが》する日本一の環濠集落で、縄文時代から連綿と時代を刻み、弥生時代を生きのび、出土した土器や建物跡から、いわゆる倭国の首都であった可能性が大であると筆者は考えています。その国は一〇七年には、後漢の安帝の時に、倭国王帥升等が生口一六〇人を献上していますが、七、八十年後の後漢末に治世に乱れを見せ、いわゆる「大乱」をむかえてしまうのです。その終わりに、近くの清水風《しみずかぜ》遺跡へのがれ、前王朝に関連のある一女子を立て、新天地、古墳時代の幕開けとなる、纒向遺跡に移動したと考えられます。

この唐古・鍵遺跡は、大和（奈良県）盆地の真ん中、それも河内（難波・住吉）から三〇キロメートルほどの距離に位置しています。かつては、弥生時代の人々（渡来人）が水のある、平らなこの地を目指してやってきたのでした。この盆地には、弥生時代の遺跡が六〇〇カ所、その内中核となる環濠などをともなった拠点が、二〇カ所以上あったということです。紀元前一〇〇〇〜紀元前九〇〇年、すでに河内平野は水田耕作を進め、やや遅れてやってきた渡来人たちは、生駒《いこま》山系を望みながら大和川沿いに新天地、唐古・鍵遺跡を目指したのでした。

この地域が、政治・経済も含め、全国の遺跡群を圧倒している点は、次のように考えられます。

- まず、すでに述べたように、唐古・鍵遺跡は、卓越した地理・地勢上の最高の適地に存在しているうえに、自然の農業用水に加え、大和川の本・支流を使うことによって、河内（難波・住吉）と経済の一体制の確保に成功していることです。
- また、この遺跡からは複数階の楼閣《ろうかく》が描かれた絵画土器が出土したことで有名です

奈良盆地のおもな弥生遺跡

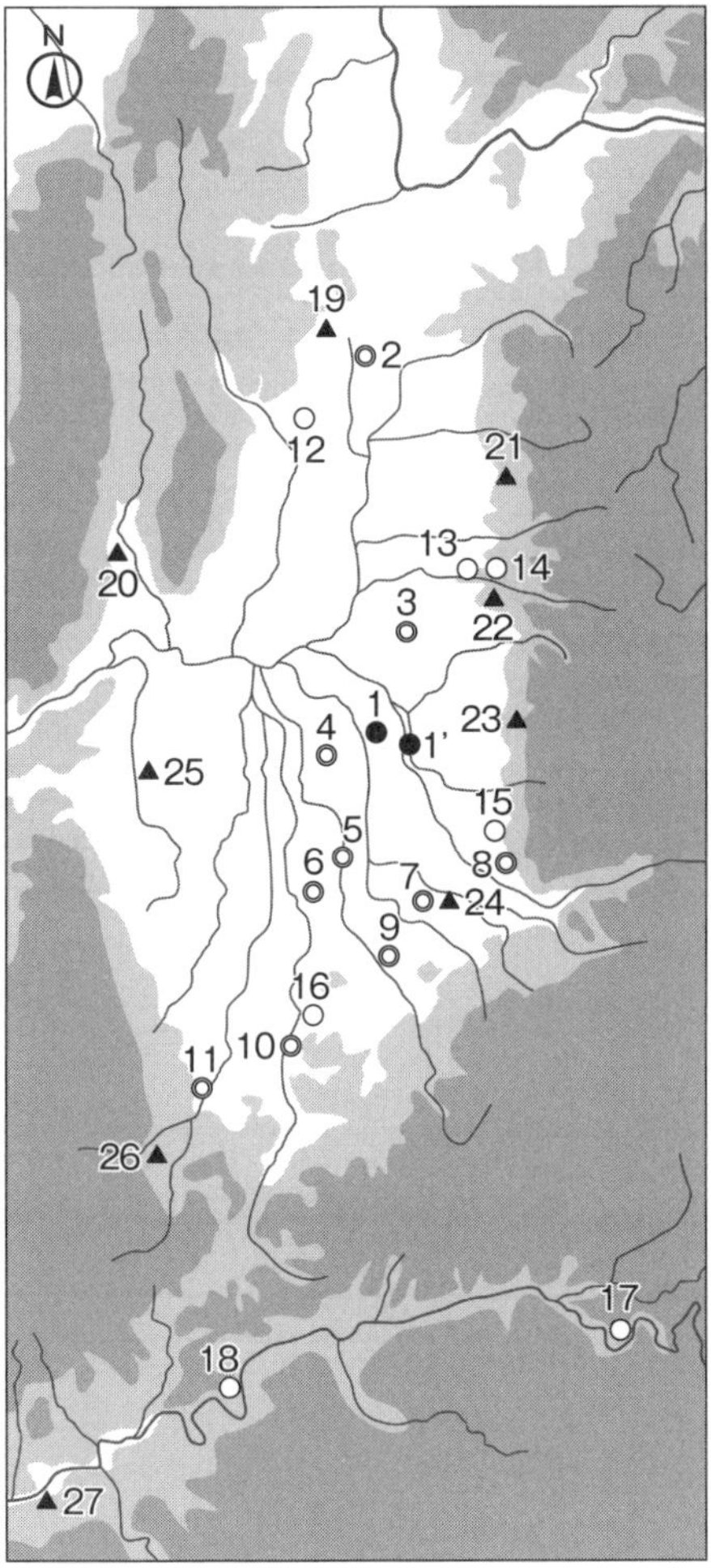

1. 唐古・鍵遺跡
1'. 清水風遺跡
2. 佐紀遺跡
3. 平等坊・岩室遺跡
4. 保津・宮古遺跡
5. 多遺跡
6. 中曽司遺跡
7. 坪井・大福遺跡
8. 芝遺跡
9. 四分遺跡
10. 一町遺跡
11. 鴨都波遺跡
12. 六条山遺跡
13. 長寺遺跡
14. 東大寺山遺跡
15. 纒向遺跡
16. 忌部山遺跡
17. 宮滝遺跡
18. 原遺跡
19. 秋篠銅鐸出土地
20. 初日山銅鐸出土地
21. 山町銅鐸出土地
22. 石上銅鐸出土地
23. 竹ノ内銅鐸出土地
24. 大福銅鐸出土地
25. 観音山銅鐸出土地
26. 名柄銅鐸出土地
27. 火打野銅鐸出土地

◎ 拠点集落
○ 短期集落
▲ 銅鐸出土地

藤田三郎著『ヤマト王権誕生の礎となったムラ　唐古・鍵遺跡』（新泉社）を参考に作成

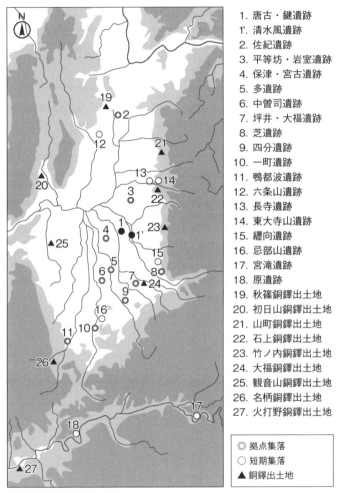

が、出土した絵画土器は一、二点ではなく、日本で出土した絵画土器の九〇％がこの地から出土しています。そのおびただしい絵画土器からは、当時唐古・鍵遺跡に実在した、二、三階建ての楼閣の存在が目に浮かんできます。現在二階建ての楼門らしき建物が唐古池の畔《ほとり》に復元されていて、公園の中ではひときわ目をひきますが、筆者にとっては、芸術性に乏しく、もう少しなんとかならなかったのかと、残念でなりません。これらの絵画土器は、大陸の技術者が渡来してきたこと、そして少なくとも唐古・鍵の地から楽浪郡に出向いて、同地での多層楼閣を実際に見てきた人が複数存在していたことを物語っています。

もっとも重要なのは、唐古・鍵遺跡が、縄文末期から弥生時代全期を生きのび、その文化を、古墳時代に引き継いでいることです。そしてすでに、吉備からは特殊器台・大壺、伊勢地方からは各種の土器が、この唐古・鍵の地に集まってきていることです。これと同じことは、すぐ西隣りの纒向遺跡（古墳時代の幕開けとなった遺跡）にもいえます。東海（伊勢・尾張）を中心に、各地からの土器が集まっています。これは二つの遺跡が縁続きであることを示しています。筆者は、「倭国大乱」で弱体化した邪馬台国《やまと》の残存勢力が纒向の地に移転し、新しい邪馬台国《やまと》をつくったのではないかと考えています。唐古・鍵遺跡に近い清水風遺跡からは、邪馬台国《やまと》で唯一の前漢鏡の破片が見つかっていますが、弥生時代の最末期、唐古・鍵遺跡をあとにした人々が、清水風遺跡または纒向遺跡に移ったという痕跡を裏付けてくれています。

このあたりが、日本の古代史の最大の謎の一つですが、そろそろ本格的に遺跡の個別ではなく横断的（年代的・地域的）な研究が、早急に求められるところです。ましてや、前漢のはるか昔、秦の始皇帝の前代にあたる、燕国の鏡である多鈕細文鏡がこの地の近く、大阪府柏原市大県と奈良県御所市名柄から出土しています。これらの遺跡は、多鈕細文鏡が出土している、日本最古の王墓といわれる福岡県の吉武高木遺跡とは、少なくとも同じ時代の遺跡であることに間違いありません。

先に多鈕細文鏡のところで触れました森本六爾は、この唐古池で採取した土器の底に籾《もみ》の跡を発見、それによって、弥生時代に稲作農耕が行われていたことを主張したのですが、在野の研究ということで、当時の学界では受け入れられませんでした。彼の功績は、これらの研究のほか、雑誌「考古学」を発刊、それに寄稿した仲間との交流を通じて、後世、多くの研究者を世に送り出したことです。藤森栄一《ふじもりえいいち》、杉原荘介《すぎはらそうすけ》、岩宿《いわじゅく》遺跡の発見者相沢忠洋《あいさわただひろ》ら、著名な考古学者たちが名を連ねています。死後、『日本農耕文化の起源』などの著作が刊行されています。

大型建物跡の柱配置図

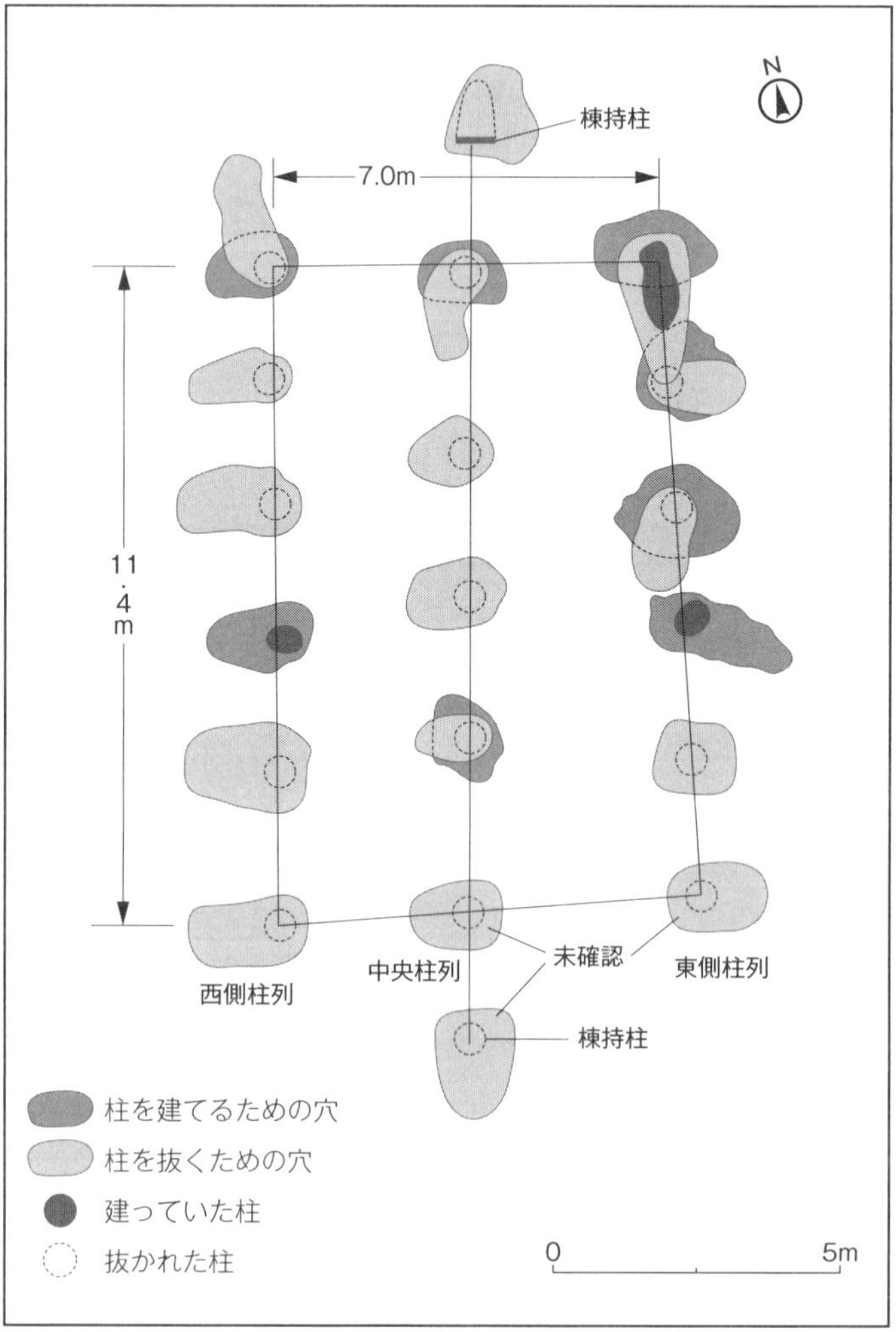

藤田三郎著『唐古・鍵遺跡　奈良盆地の弥生大環濠集落』（同成社）を参考に作成

唐古・鍵遺跡の中心と考えられる大型建物（神殿・宮殿）について、藤田三郎著『唐古・鍵遺跡　奈良盆地の弥生大環濠集落』（同成社）には、「西地区において注目される遺構は、弥生時代で最も古い『総柱』の大型建物である。この建物は南端の一部が調査区外のため、その全容は明らかにできないが、梁行二間（七メートル）桁行五間以上（一一・四メートル以上）の南北に長い建物で、建物の妻《つま》の外側に独立棟を持つ構造になっており、検出されている規模で床面積は約八〇平方メートル、畳にすれば約四八畳もある。柱列が東側・中央・西側の三列あり、この中央の柱列、すなわち床下にも柱列をもつことが『総柱』建物の特徴である」と、説明しています。

筆者も、残存した太い柱を見ますと、円形には削られてなく、節が目立っていて、しかも直体とはいえず、逆にそれが次の池上曽根遺跡の大型建物（紀元前五二年）よりさらに古い建物ではなかったかと考えられ、「二二〇〇年前に立っていた大型建物跡」と、案内板には記されていました。

重ねて強調したい点としては、唐古・鍵遺跡は、①縄文より弥生前期を生きた日本一の大環濠集落であること、②奈良盆地の大和川全域の要《かなめ》にあり、難波とは指呼《しこ》の間にある要衝の地であること、③纒向遺跡の原型とも考えられること、④いうまでもなく、河内とは一体であり、東海、近江経由北陸、山城から但馬と、唐古・鍵遺跡の後背地は厖大なもので、全国統一の要となる地にふさわしいこと、などが挙げられます。

卑弥呼（天照大神《あまてらすおおみかみ》）が共立された邪馬台《やまと》の地にはかつて男王がいて、王統は七、八十年続いたが、倭国は乱れ、長年にわたって互いに攻撃し合っていたとあります。「倭国大乱」です。「倭国大乱」で収束のつかなかった邪馬台《やまと》の地に、一人の女性「卑弥呼」が共立されることになります。この女性は、少なくとも倭国王政権の縁戚か、唐古・鍵の地で名が知られた、神性をおびた女性であったと考えられます。

第二節　卑弥呼（天照大神）の共立・即位

卑弥呼（天照大神）

『後漢書倭伝』は、倭国大乱の記事の後、「〔時に〕一人の女子がいた。その名を卑弥呼《ひみこ》といい、すでにかなりの年かさでありながら未婚で、鬼神道を用いてよく人を妖惑していた。そこで〔攻伐していた人々は〕共に〔卑弥呼を〕立てて王としたのである」と、大乱後の卑弥呼（天照大神）の擁立を記しています。

同じく『魏志倭人伝』も、「そこで、〔国々は〕相談の結果、一人の女子をたてて王とした。〔彼女は〕名を卑弥呼《ひみこ》といい、鬼道に仕え、〔その霊力で〕能く人心を惑わしている。すでにかなりの年齢であるが、夫をもたず、彼女の弟がいて政治を補佐している」と、卑弥呼（天照大神）の共立・即位を伝えています。

筆者は、現在日本の古代史は、どの年表を見ても、『魏志倭人伝』が取り上げた卑弥呼一人が浮き彫りになっているだけで、本来あるべき我が国古代社会の、本当の姿は見えてこないことを、大変残念に思っています。

その理由は、卑弥呼（天照大神）の正体が不明であることにつきます。卑弥呼は発音からすれば日御子《ひみこ》、姫御子《ひめみこ》とも推測され、『日本書紀』の伝える天照大神、日神《ひめかみ》・大日孁《おおひるめ》という呼称も考えられ、本来の姿として浮かび上がってきます。すると一九〇～二五〇年の時代は一気に、『日本書紀』『古事記』が伝える、卑弥呼（天照大神）の時代に近づいてくるのです。

日本神話に描かれた卑弥呼(天照大神)の姿

天照大神（卑弥呼）は、伊奘諾尊《いざなぎのみこと》と伊奘冉尊《いざなみのみこと》の間に生まれた、「記紀神話」の最高神で、太陽神としての面と、高祖神としての二つの面をかね備えています。両親である二人の尊（伊奘諾尊と伊奘冉尊）から、高天原《たかまがはら》を知らしめよといわれ、高皇産霊尊《たかみむすひのみこと》とともに高天原を統治しますが、海原の統治を任された弟の素戔嗚尊《すさのおのみこと》の乱心にあい、一時天《あま》の岩屋に隠れるなどといった事件を経ながらも、倭国統一という大事業を指揮しています。この大事業を支えたのが、天照大神（卑弥呼）の第一子正哉吾勝勝速日天忍穂耳尊《まさかあかつかちはやひあまのおしほみみのみこと》の正妃栲幡《たくはた》千千《ちぢ》姫の父高皇産霊尊です。

出雲平定と、九州南部の狗奴《くぬ》国征討という大事業には、第二子の天穂日命《あまのほひ》を出雲に、皇孫の天津彦彦火瓊瓊杵尊《あまつひこひこほのににぎのみこと》（以下、瓊瓊杵尊）を狗奴国に派遣しますが、天穂日命は出雲国造として土着化して、現在に至っていますが、皇孫瓊瓊杵尊は、狗奴国の抵抗にあい、長期間九州中南部に、留まらざるをえなかったのでした。狗奴国は、『後漢書倭伝』には、「女王国から東へ千余里で狗奴国に至る。同じ倭の種族なのであるが、女王に属してはいない」と、また『魏志倭人伝』には、「その南には狗奴《くぬ》国があり、男子が王となっている。その〔長〕官に狗古智卑狗《くこちひく》がおり、この国は女王に服属していない」とあるように、大和朝廷に服さない強力な国でした。その間、畿内の朝廷を守っていたのが、天照大神（卑弥呼）と高皇産霊尊と、天忍穂耳尊の正妃栲幡千千姫と思金《おもいかね》命と手力雄《たちからお》命ではなかったかと想像されます。

第三節　卑弥呼（天照大神）の王都　纒向遺跡

大型建物跡を発掘！

平成二十一年（二〇〇九）十一月十一日、全国紙各紙の朝刊一面は、奈良県桜井市にある、纒向遺跡の発掘成果を伝えるニュースで埋め尽くされました。たとえば朝日新聞は、大きな見出しとともに、次のように伝えています。

邪馬台国の有力候補地とされる奈良県桜井市の纒向遺跡（2世紀末～4世紀初め）で、3世紀前半（弥生時代末～古墳時代初め）の大型建物跡1棟が見つかった。市教委が10日発表した。同時代の建物としては、国内最大の面積で、邪馬台国の女王・卑弥呼が君臨した時期に当たり、専門家は『邪馬台国の中枢施設の可能性がある』と指摘している。畿内説と九州説が対立する邪馬台国の所在地論争に影響を与える発見となる。

纒向遺跡宮殿柱

そして十年後、二〇一九年九月、筆者は同地を訪ねてきました。目的は、続く発掘がどのようになっているのかを確かめることでした。遺跡は整備され、宮殿（建物D）の柱跡には、同寸大の柱が建てられ、規模の大きさを身近に実感できるようになっていました。その後の発掘は、期待したほど進んでいませんが、それでも最近、建物Dの真東、JR桜井線の線路の下から、建物Eが発掘されています。建物Eの全容は、線路下にあること、民間の倉庫らしき建物に遮《さえぎ》られていることで、すべてを明らかにすることができません。

纒向遺跡のある三輪山の麓《ふもと》は、一八〇〜三四〇年にかけて、大いに栄えた地といわれて

建物跡の位置関係

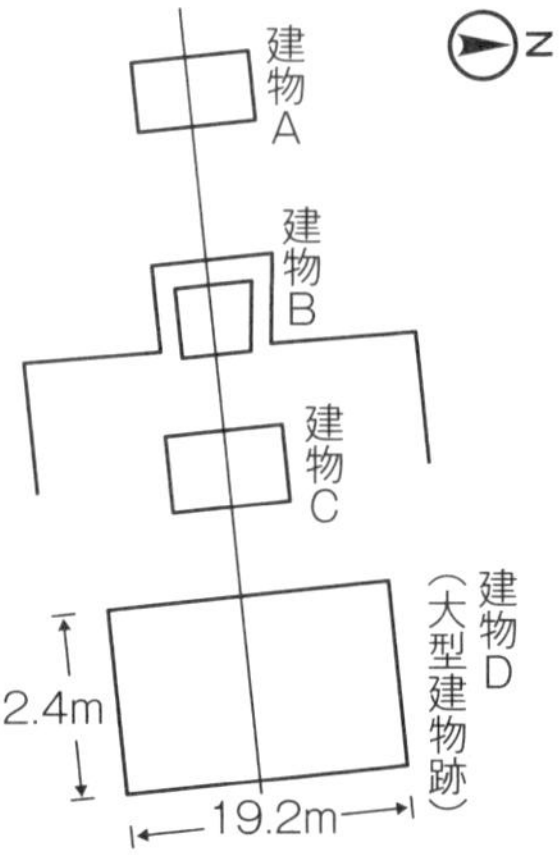

「纒向遺跡第166次調査現地説明会資料」（「纒向考古学通信」vol. 1）より

います。ちょうど邪馬台国《やまと》が興った時期と重なり、近くには卑弥呼（天照大神）の墓ともいわれる箸墓《はしはか》古墳などがあることから、「邪馬台国＝畿内説」の根拠となる遺跡とされてきました。「邪馬台国＝畿内説」を支持してきた筆者にとって、意を強くした発見でした。二〇〇九年に刊行した『日本古代史　正解』（講談社）で、唐古・鍵遺跡の次に出現するのが纒向遺跡で、考古学上の成果によって、遺跡は天皇家の興りである卑弥呼（天照大神）の共立（一八〇年頃）から景行天皇（推定三五五年崩御）までのものという解釈が、間違っていなかったということが立証されつつあると述べたように、纒向遺跡を「邪馬台国《やまと》の都の跡地」であり、「日本古代史の中心地」であると捉えていました。

三輪山の麓から大和川にかけて、東西二キロメートル、南北三キロメートルの一帯に広がる纒向遺跡では、この大発見に至るまで、昭和四十六年（一九七一）から発掘が続けられてきました。これまでに大溝（運河）、井堰《いせき》、導水施設、鍛冶《かじ》関連遺物、高床式住居、

纒向遺跡の大型建物の復元CG（「AERA」2009年12月14日号〈朝日新聞出版〉より）

土器などがすでに発掘されていて、宮殿（神殿）といった大型建物群の発見にまでは至っていませんでした。昭和五十三年（一九七八）には、JR巻向《まきむく》駅の西隣りに、宮殿跡と思われる遺跡が見つかり、中国様式による、南北に配置された建物群だとされたのですが、その規模は、東西四・四メートル、南北五・三メートルと、あまりにも小さいものでした。

纒向遺跡の太田地区で発掘された建物の規模は、東西一二・四メートル、南北一九・二メートル、床面積は実に二三八平方メートルで、佐賀県の吉野ヶ里遺跡の大型建物跡（一五六平方メートル）を大幅に上回っています。建物群の配列も、建築物が南北に並ぶ大陸様式ではなく、東西に四棟が一直線に並ぶ様式でした。一九七八年以降、正殿と考えられていた建物の真後ろに、このような大型建物の跡が姿を現したのです。今回の発見は、近年の考古学上の成果としては最大級のもので、いわゆる邪馬台国所在地論争に終止符を打つ、重大な史実になるかもしれません。

二期に分かれる纒向時代

筆者は、たまたま発掘成果を伝えるニュースの前日に纒向遺跡を訪ね、現場を見学した際、観光ボランティアガイドの福本進氏より、次のような興味深い話を伺いました。

「今回太田地区から発掘された建物は、二〇〇年頃建てられ、二五〇年頃に廃絶されたそうです。建物の柱が抜かれていることから、別の場所に移築されたことが分かります。纒向遺跡は、まだ全体の五％程度しか発掘が進んでいませんので、全容ははっきりしないのですが、柱をはじめとする資材の移築先は、纒向遺跡内にある尾崎花《おざきはな》地区ではないかといわれています。尾崎花地区からは、これまで土塁、柵列、杭、そして腐った柱列などが出土しています。柱が腐っているということは、建物が自然廃絶されたことを意味しているといいます。同地区で出土した土器の分析から、三世紀後半から四世紀前半の遺構と判明したと聞いています」

福本氏の言葉は、筆者にとって大変重要な意味を孕《はら》んでいます。今回発掘された大型建物群が、二五〇年頃、同じ纒向遺跡内に移されたということは、纒向遺跡の中枢部は太田地区（二〇〇〜二五〇年頃）、尾崎花地区（二五〇〜三四〇年頃）に分かれていたことを示しています。これは、筆者のかねてからの考えに合致しています。これまで闇に閉ざされていた、邪馬台国《やまと》政権から大和朝廷に至る時代に、解明の光が当たってきたことを実感して、感激したことを覚えています。

筆者が注目するのは、この纒向遺跡後期の中心地尾崎花地区の西隣りに、第一一代垂仁《すいにん》天皇の宮都といわれる珠城《たまき》宮、南には第一二代景行天皇の日代《ひしろ》宮が置かれていることです。筆者は、垂仁天皇、景行天皇の時代を、三一九〜三五〇年の約三十年間と想定しています。景行天皇は晩年、おそらく三四〇年前後に、日代宮から近江の高穴穂《たかあなほ》宮に遷都しました。そして考古学的にみても、纒向の時代は終わりを告げたのです。

邪馬台国政権の確立

纒向時代前期と後期の間に、何があったのでしょうか。一八〇〜三四〇年の間に、纒向の地で起きた歴史を簡単に振り返ってみます。『後漢書倭伝』には、「〔後漢末の〕桓帝・霊帝の治世（一四七—一八九）に、倭国はたいへん混乱し、たがいに戦い、何年もの間

〔倭国の〕主なき有様であった」と書かれている「倭国大乱」が、一六〇～一七〇年頃ようやく終息、一八〇年頃には、卑弥呼（天照大神）を象徴とする邪馬台《やまと》国政権が、纒向の地に誕生します。高皇産霊尊の呼びかけに応じて、大和・河内や畿内の氏族が纒向の地にやってきて、神性を帯びた卑弥呼（天照大神）を共立、そして長い大乱の時代は終わりました。

「古代に統一国家が形成される前は、どこの社会でもいくつかの部族集団あるいはクニにわかれ、それぞれのテリトリーを守って、あるいは拡張しようと、たがいに戦っていたものだ、それが、いったん統一されると、突然平和がやってくる。もともと戦争ができたということは、それに消費するだけの剰余価値が、人的にも生産的にもあったということにほかならない。その余剰が、平和になると途端に、労働力や生産物としてあまってくる。その余剰が、このような巨大建設に向けられたと考えられるのである」（『よみがえる古代大建設時代』〈大林組プロジェクトチーム編著・東京書籍〉）とあるように、平和の訪れた纒向では、このたび発掘された宮殿の建設をはじめ、南北に走る大溝など、大きな建設プロジェクトがスタートします。

当初、こうした大工事の労働力は、すべて纒向周辺地域に依存していたようですが、二五〇～三七〇年の段階では、約三〇％の労働力が河内・東海・北陸・山陰などからもたら

纒向遺跡の外来系土器の比率

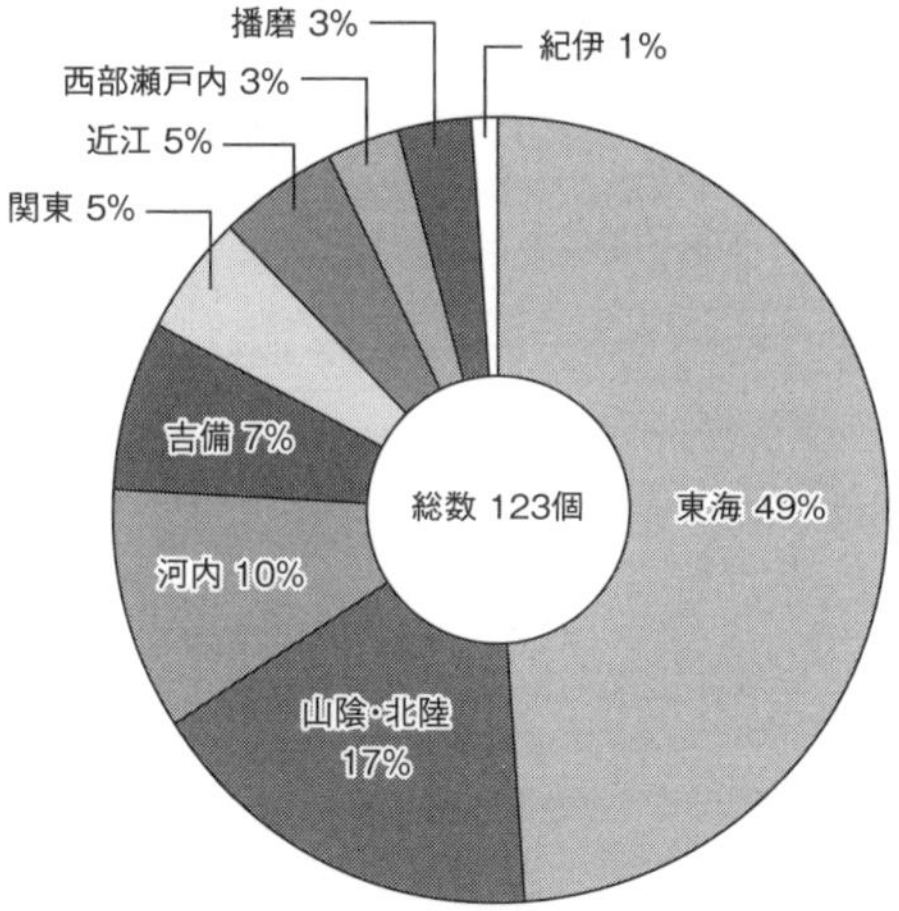

石野博信著『邪馬台国の候補地　纒向遺跡』（新泉社）より

されていました。それら各地からやってきた人々が使用していたと思われる外来系土器が、大量に移入しています。このことは、邪馬台《やまと》国政権の力が全国に広がっていたことを意味していると考えても差し支えないと思われます。

纒向の地で確立した邪馬台《やまと》国政権のもと、弥生時代から古墳時代へ、小国家分立の時代から統一国家の時代へと、我が国は進んでいきます。そしてこの時代、古代史上画期的となる出来事が、次々に起こってきます。

- 前方後円墳造営のスタート（二〇〇年〜）
- 傘下諸国からの物資と技能集団の受け入れ（二一〇年〜）

纒向遺跡周辺図

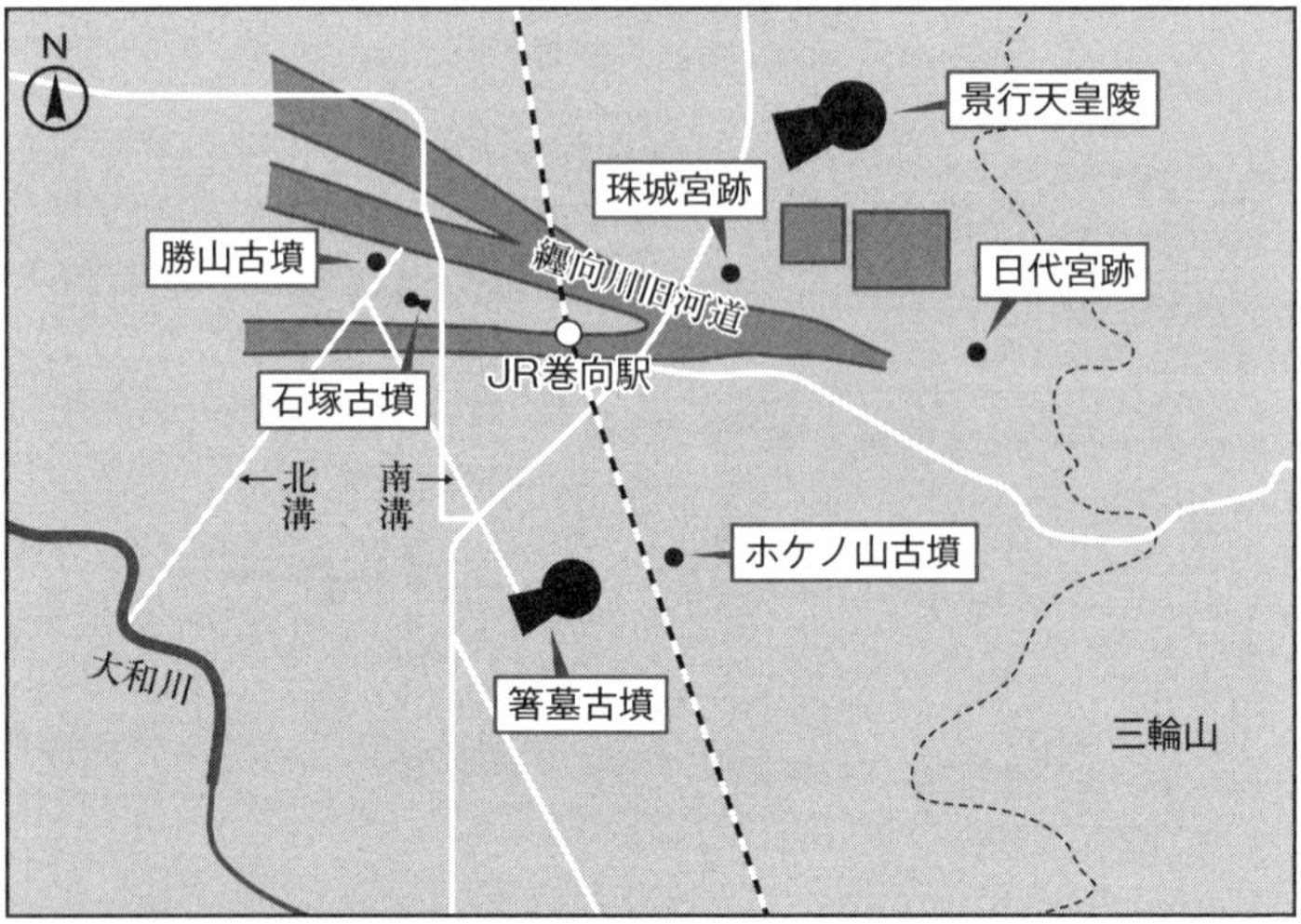

桜井市教育委員会編『纒向遺跡図』を参考に作成

- 公孫氏政権との交流（一九〇～二三八年）と銅鏡の大量輸入
- 出雲征討（二一〇～二二〇年）
- 魏朝との外交関係の樹立（二三八年）
- 狗奴国征討（二二〇～二三〇年）

前方後円墳発祥の地、纒向遺跡

纒向遺跡を特徴づけるのが、前方後円墳がこの地からスタートすることです。造営された年代をめぐり、諸説入り乱れていますが、纒向時代初期の古墳のうち、古いとみられる順に、四基の前方後円墳は以下となります。

石塚古墳……全長九六メートル、纒向

最古の古墳と考えられているが、周濠はあるものの、葺石《ふきいし》と埴輪《はにわ》は存在していない。周濠からは多数の木製品と古式土師器《はじ》が出土。出土した木材から、年輪年代法で一七七年、補正して一七九年という結果が出ている。

勝山古墳……全長一一〇メートル、周濠から古式土師器と木製品が出土。出土木材（ヒノキ）の年輪年代法で一九九年、補正後二〇八年という結果が出ている。

ホケノ山古墳……全長八〇メートル、葺石を施《ほどこ》し、周濠を持つが、埴輪は出土していない。埋葬施設は石積みの室内に木槨《もっかく》、その中に船形木棺がある。青銅鏡（画文帯神獣鏡《がもんたいしんじゅうきょう》二面、内行花文鏡《ないこうかもんきょう》などの遺物が見つかっている。米国調査会社による放射線炭素測定結果では、木棺は二〇〇～二四五年のものとされている。

箸墓古墳……全長二八〇メートルの巨大な前方後円墳。墳丘は段築《だんちく》を持ち、急斜面には葺石を施している。前方部最高所には吉備地方の都月《とつき》型埴輪を置く一方、葺石の施工には、出雲の古墳に多く見られる四隅突出《よすみとっしゅつ》型墳丘墓との関係も窺われる。遺物としては、画文帯神獣鏡が伝えられている。なお、この墳丘墓は、最近の考古学上の追跡から、二四〇～二六〇年に築造されたという結論となっている。

土器から分かる纒向と九州、纒向と吉備

纒向遺跡からは、第七次調査終了時点で、整理箱一〇〇〇箱分をこえる土器が出土、それを奈良県立橿原《かしはら》考古学研究所が分類した結果の編年は、

纒向一類　一八〇～二一〇年
纒向二類　二一〇～二五〇年
纒向三類　二五〇～二七〇年
纒向四類　二七〇～二九〇年
纒向五類　二九〇～三五〇年

となり、纒向出土土器の特徴は、外来系の土器の比率が高いことです。一類で八%、二類で一五%、そして三類となると三〇%が外来系の土器で占められています。外来系の土器が、どこから持ち込まれたかが問題となりますが、纒向一類から三類までの土器のうち、出土状態が明確で、ほぼ均等に図化しえた一二三個の外来系土器のなんと四九%が東海産（静岡・愛知・三重）で、さらに全国各地の土器が出土していたのです。各地から土

器が纒向の地に持ち込まれているということは、各地から人々が集団で纒向にやってきたということを意味しています。

卑弥呼（天照大神）による邪馬台国《やまと》政権の徴用によるものなのか、それとも各地の首長たちの自発的な奉仕活動なのか、詳しいことは分かりませんが、東海・関東・北陸・山陰・山陽など、全国各地から土器とともに、技能労働者たちが、この纒向の地にやってきたのでした。

ここで注目しなければならないのは、薩摩産の一点を除いては、九州産の土器が見つかっていないことです。調査対象となった一八〇～二七〇年頃の邪馬台国《やまと》政権と北九州とは、没交渉だったのでしょうか。そうではなく、これはまったく逆の話となりますが、北九州の奴国の地であった、博多の中心地西新町《にしじんまち》遺跡から、邪馬台国《やまと》の土器が出土しているのです。庄内式土器で、畿内の勢力が奴国を傘下におさめていたという証拠です。具体的にいうと、一八〇～二三〇年頃と考えられます。それは『魏志倭人伝』によれば、二三九年頃は、北九州諸国は邪馬台国《やまと》の傘下に入り、伊都国を別として王は廃され、畿内から任命された長官・次官が政権を握っていたことになります。

もう一つ、北九州の奴国は、後漢光武帝への朝貢（五七年）以降、邪馬台国《やまと》の倭国王の勢力と対立、倭国王による後漢安帝への朝貢（一〇七年）までに滅ぼされていた可能性が大であるということです。この倭国王の王統（男王）はしばらく続き、その後「倭国大乱」を招くことになってしまいますが、いずれにせよ、奴国は邪馬台《やまと》国の最南端（『後漢書』による）の地にあり、纒向の地にやってくるのには、地理的にも遠隔の地であったことは間違いありません。

また、纒向遺跡からは、吉備の国からもたらされた土器も多数出土しています。吉備産の特殊器台・特殊壺は、特徴ある文様で有名です。これらは弥生時代の後期後葉、古墳時代直前の頃出現したもので、墓前で使われた祭祀用具ですが、その文様によって、編年が可能だとされていて、時代順に①立坂《たちさか》型、②向木見《むかうぎみ》型、③宮山型、④都月型に分かれています。箸墓古墳後円部からは、宮山型の特殊器台が、前方部からは、都月型のものが出土したと、宮内庁の資料で発表されています。箸墓古墳の次の形式となる前方後円墳のメスリ山古墳からは、都月型から発展した超大型の特殊円筒型埴輪が、大量に出土しています。大和と吉備の強い結びつきが、土器の出土からはっきりと分かります。

諸説飛び交う箸墓古墳の主

纒向時代最大の前方後円墳、箸墓古墳の被葬者については、卑弥呼（天照大神）、天照大神の宗女台与《とよ》、神武天皇の皇后媛蹈鞴《ひめたたら》五十《い》鈴媛《すずひめ》命が考えられますが、そのほか、倭迹迹《やまととと》日百襲姫命《ひももそひめ》が想定されます。卑弥呼（天照大神）の崩後（二四七、八年）すぐに造営された場合は、二五〇〜二六〇年が考えられます。一方、台与と媛蹈鞴五十鈴媛命ですと、台与の西晋への遣使が二六五年ですから、二七〇年頃が考えられます。一方、倭迹迹日百襲姫命は、第七代孝霊天皇の皇女ですから、年代的には、問題外と考えられます。したがって、箸墓古墳の主は卑弥呼（天照大神）か、卑弥呼（天照大神）の宗女台与に絞られてくると考えられます。

卑弥呼（天照大神）崩後の大和地方

『魏志倭人伝』では、卑弥呼の没後男王を立てるも国中が服せず戦いとなり、千余人が殺されたとあり、そこで卑弥呼の宗女台与を擁立したところ国がやっと治まった、と記されています。そして、台与の西晋への遣使が二六五年ですから、この十五年間に何が起きたのかが、問題となります。

『日本書紀』によれば、神武天皇は、即位後の事蹟はほとんど記されていませんので、短命で崩御し、その後、日向から同行した庶子の手研耳命《たぎしみみ》による皇位簒奪《さんだつ》事件によって、第二代綏靖《すいぜい》天皇との皇位争いが起こったと考えられます。第二代綏靖天皇は、神武天皇が大和平定した時に、神武天皇の皇后媛蹈鞴五十鈴媛命との間の皇子ですから、成年に達するには十四、五年かかると考えると、即位は二六五年頃ではなかったでしょうか。その当時幼い皇子たち、のちの第三代安寧天皇と第四代懿徳《いとく》天皇を抱え、政治を実際に行っていたのは皇太后の媛蹈鞴五十鈴媛命と考えられます。

『魏志倭人伝』が記す台与というのは、卑弥呼の宗女といわれ、神性をおびた美少女であったと伝えられています。神武天皇の皇后媛蹈鞴五十鈴媛命は、母方の祖父は三島溝橛耳《みぞくい》神といい、摂津三島家の豪族で、一方父方は、大神《おおみわ》神社の祭神事代主神《ことしろぬし》（『古事記』では大《おお》物主神《ものぬし》）です。なお、三島氏は、三輪山の麓の狭井川《さいかわ》のほとりに別宅を構えていて、この地で神武天皇は媛蹈鞴五十鈴媛命と出会い、一夜を過ごしたと記されています。

『魏志倭人伝』には、卑弥呼の補佐として男弟がいたと記していますが、この男弟については何も役割が記されていません。また、卑弥呼の死後擁立された宗女台与と男王についても記載がありません。筆者は、後述するように、この台与を補佐した男王が、神武天皇だと考えています。このように考えますと、卑弥呼＝天照大神として大和朝廷につながる歴史の流れが説明できるのです。

『日本書紀』では、神武天皇は東征に先立って、饒速日《にぎはやひ》命が大和の地に天下り、その地を治めているのを知り、東征を急がせたのです。東征にあたっては、筑紫から瀬戸内各地を巡り、七年かけて難波に到着するも饒速日命と長髄彦《ながすねひこ》の軍に敗れ、紀伊から熊野、吉野、宇陀を経て大和に至り、磯城《しき》家の助力をえて、長髄彦を殺害したと『日本書紀』は伝えています。なお、饒速日命は、天孫の一族ということで命は助けられ、物部氏の遠祖であるともあります。

ここで問題なのは、饒速日命が天孫の一族ということです。卑弥呼（天照大神）の崩後、男王を立てたと『魏志倭人伝』にありますが、この男王こそ饒速日命と筆者は考えます。

饒速日命は、長髄彦の妹三炊屋媛《みかしきやひめ》を娶り、長髄彦の軍事力を利用して一時期大和平野を統一したのですが、饒速日命と長髄彦の政権は人々に受け入れられませんでした。そして、饒速日命と長髄彦の軍と神武天皇の軍が戦い、神武天皇が勝利を収めたのでした。ここで台与の登場となります。台与は卑弥呼（天照大神）の宗女とされ、大和地方の神性をおびた美しい少女であったと思われます。そうしますと台与は、神武天皇の皇后媛蹈鞴五十鈴媛命と考えられ、『日本書紀』と『魏志倭人伝』の記事が大筋で一致していることが判明します。

このように、『日本書紀』『古事記』などの文献を読んでいきますと、考古学の成果と相まって、深い霧に包まれた二百～三百五十年間の我が国の古代の人々の姿がハッキリと見えてきます。

倭国の国号が、ヤマタイ国ではない理由

筆者はかねてから、ヤマタイという国名には疑問を抱いてきました。そもそも卑弥呼が統治する国名については、『魏志倭人伝』には、「邪馬壹《やまい》（注：井上光貞は「邪馬壹《やまいつ》」）国」とあります。どうして、ヤマタイ国と読めるのでしょうか。これは、歴代の学者たちは、『魏志倭人伝』の編者が、『後漢書』が伝える「大倭王《だいわおう》は邪馬臺《やまと》国に居住している」の臺の字を、単純に壹の写し間違いだと勝手に考えてしまったことによるものです。

ところが、唐の高宗と則天武后《そくてんぶこう》の第二子の李賢（諡名《おくりな》は章懐《しょうかい》太子）は、『後漢書』の注釈にあたり、「案ずるに、今は邪馬堆《やまと》となずく。音の訛《なまり》なり」と、注記しています。

そして後年、清朝の王先謙《おうせんけん》は、『後漢書集解《ごかんしょしっかい》上下』を著し、その注によれば、「案今名邪摩推音之訛反（集解）恵棟曰魏志臺作堆案北史推当作堆（今名を案ずるに邪摩推は音の訛なり、集解の恵棟は、魏志では臺は堆であり、邪摩推の推は北史に基づき堆であると注釈している）」と、李賢の注釈を支持しています。

肝心の『魏志倭人伝』ですが、ここには、「南至邪馬壹国」とあり、これは、『後漢書』の「臺」の明らかな転写ミスと考えられます。日本の学者の一部は、『後漢書』の撰上が五世紀前半で、『魏志倭人伝』の三世紀後半と比べて遅れていることから、『魏志倭人伝』

のほうが正しいのではと判断しているかもしれません。しかし、『後漢書』の帝紀は、皇帝の在位中にすでに書き始められていて、後漢末期に王朝が乱れ、そのまとめが遅れたからといって、『魏志倭人伝』のほうが正しいとは考えられません。

時代は下りますが、『隋書俀《わ》国伝』には、隋の裴世清《はいせいせい》が、六〇八年筑紫より瀬戸内海諸国（一〇カ国）を巡りながら難波《なにわ》に到着。各地で歓待を受けながら飛鳥に入朝《にゅうちょう》しています。そして、次のような報告をしています。「俀国の境域は、東西徒歩五ヵ月、南北は徒歩三ヵ月で、おのおの海に至る。東が高く西が低い地勢で、邪靡堆《やまと》を王都とする。ここが、すなわち『魏志』（『三国志』倭人伝）にいう邪馬臺《やまと》である」と。

倭も、大和という漢字の知識のなかった倭国の人々は、「ヤマト」にどのような漢字をあてていたのでしょうか。まず、『日本書紀』では、

雄略天皇紀四年の条で、「天皇乃口号曰、野麼等《やまと》、能……」と記しています。さらに、欽明天皇元年二月の条では、「置倭《やまと》国添上郡山村」、また、七年七月の条は、「倭《やまと》国今来郡言」とあります。

一方、『古事記』では、

仁徳天皇の条に、「夜麻登《やまと》幣邇」と、雄略天皇の条に、「夜麻登《やまと》能」と記しています。もう一つ、『万葉集』では、巻頭を飾る泊瀬朝倉宮御宇天皇代《はつせのあさくらみやあめのしたしらししすめらみことのみよ》（雄略天皇）の「籠《こ》

もよ、み籠《こ》持ち……そらみつ、やまとの国」は、「山跡《やまと》乃国」と記しています。続く息長《おきなが》足《たらし》日《ひ》広額《ひろぬか》天皇《すめらみこと》（舒明天皇）の「大和には、群《むら》山あれど……」は、「山常《やまと》庭村山有等……」とあります。

『古事記』『日本書紀』『万葉集』、いずれもやまと、とはありますが、ヤマタイ、ヤマイといった音の表記はありません。

第三章

『日本書紀』神代紀上下巻の意味すること

第一節　出雲平定と天孫降臨

出雲平定——天穂日命

『日本書紀』神代紀は上下二巻に分かれ、上巻は天地創造、国生《くにう》み、伊奘諾尊《いざなぎのみこと》と伊奘冉《いざなみの》尊《みこと》の出現、そして天照大神の誕生、加えて出雲神話などが取り入れられたことで知られています。

上巻のおもな物語は、高天原による中《なか》つ国《くに》平定（出雲征討）です。天照大神と高皇産霊《たかみむすひの》尊《みこと》は、天照大神の第二子天穂日《あまのほひ》命を出雲征討に向かわせます。しかし天穂日命は大国主《おおくにぬし》命の人柄にほれ込み、三年もの間何らの報告も高天原にせずに過ごしてしまったのでした。そこで、高皇産霊尊は、第二次、第三次と次々に征討軍を派遣、第五次にしてやっと大国主命を自裁に追い込むことに成功したのです。その際、大国主命は自ら出雲国を大和朝廷に譲ることを認める代わりに、自らを祀る神殿、日隅《ひすみ》宮の造営を求めたのです。これが、今に伝わる出雲大社なのです。

出雲大社復元図

「季刊大林（No.27 出雲）」（大林組）を参考に作成　イラスト：桔川シン

問題は、この本殿の平面図に重大なことが隠されていることです。この平面図をよく見ると、まず巨大な階段をのぼり、本来ならば正面に位《くらい》するのは大国主命ですが、なんと正面の右手に大国主命が祀られている御神座があり、その前には大和朝廷の御客座五神、天《あめ》之常立《のとこたち》神・宇麻志阿斯訶備比古遅《うましあしかびひこじ》神・神産巣日《かむすひ》神・高御産巣日《たかみむすひ》神・天之御中主《あめのみなかぬし》神が祀られているのです。これは、出雲国が滅亡し、それ以降、現在に至るまで高天原の五神に監視され続けていることを意味しています。天穂日命は出雲国造となり、現在に至るまで千《せん》家《げ》・北島家に通じて、八四代にまで至っています。

出雲国造は、令和六年現在八七代、約千八百年の長きにわたり代替わりの折には自ら大和朝廷を訪れ、国譲りと天皇家の安泰を寿《ことほ》ぎ、「出雲国造神賀詞《いずものくにのみやつこかむよごと》」と「美保岐玉《みほぎだま》」の奉献を、現在に至るまで行っています。天皇家は現在一二六代を数え、お互い代数にやや相違がありますが、天皇家は皇位継承の争いを重ねてきた経緯があり、出雲国造家は平穏な月日を数えたと考えられるので、お互いの代数には矛盾がないと考えられます。なお、出雲大社の真北にある日御碕《ひのみさき》神社の宮司小野家も、九八代を数えています。

余談ですが、作家の司馬遼太郎のエッセイ「生きている出雲王朝」（『歴史の中の日本』〈中公文庫〉所載）には、産経新聞大阪本社で勤務を始めた頃、島根出身の上司が、大国主命の語り部の末裔であることを打ち明けられて驚いたこと、また、松江市の南、大庭町《おおばちょう》に

出雲大社本殿平面図

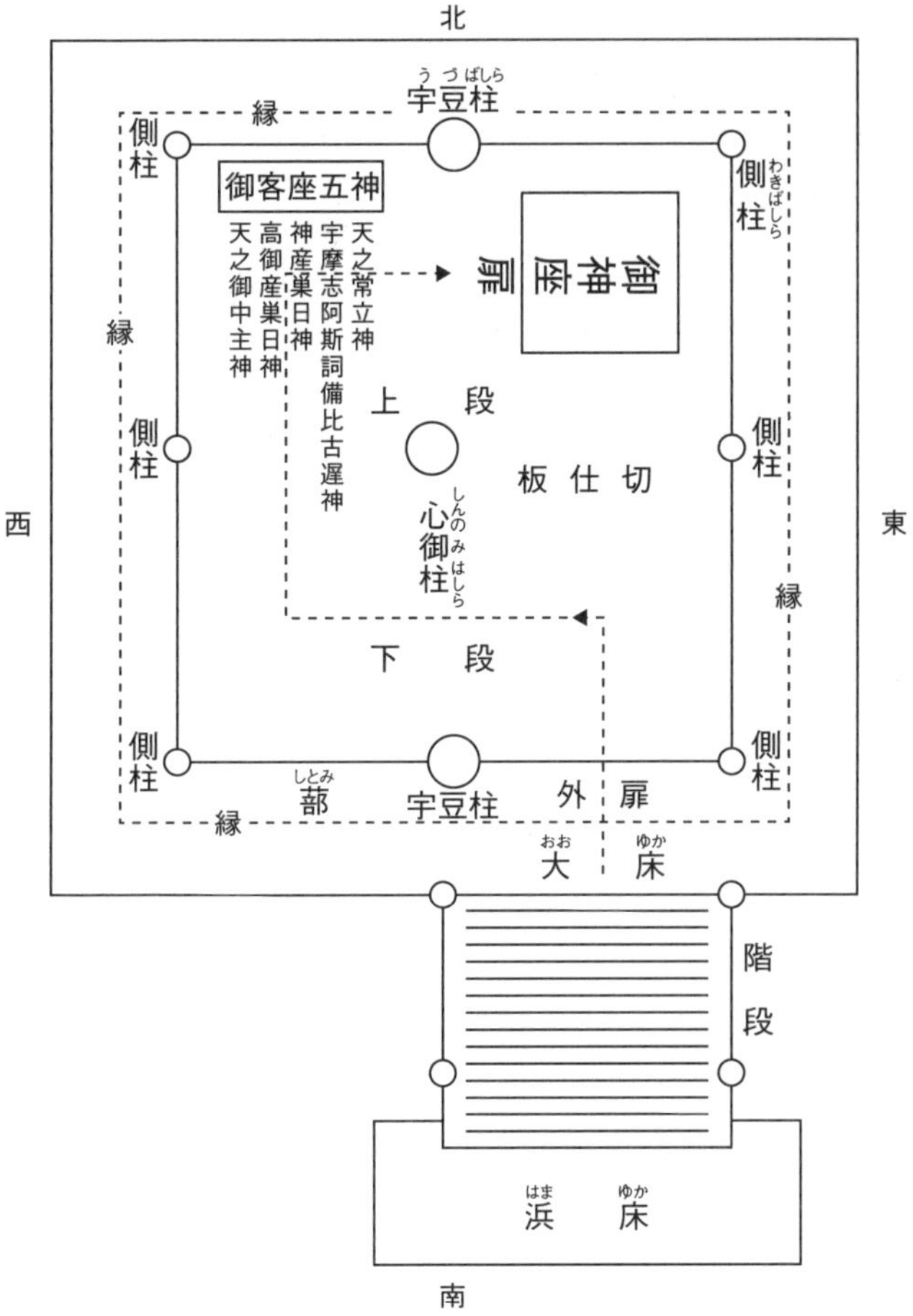

千家尊統著『出雲大社』（学生社）より

神魂神社

ある神産巣日神を祭神とする大庭《おおば》（神魂《かもす》）神社を訪れた際、「この建物の何代か前の建物は、天穂日命の住居であったはずだった」と記しています。そして、面会したこの神社の神職が、尼子十勇士《あまこじゅうゆうし》の一人、秋《あき》上庵之介《あげいおのすけ》の直系の末裔であり、また天穂日命の一族の出身で、天児屋根命《あめのこやねのみこと》直系の末裔と言われたことをも、記しています。

天孫降臨――瓊瓊杵尊

神代紀下巻のハイライトは、天孫降臨《てんそんこうりん》と日向三代《ひゅうがさんだい》の物語です。まず、筆者は天照大神、高皇産霊尊、正哉吾勝勝速日天忍穂《まさかあかつかちはやひあまのおしほ》耳尊《みみのみこと》（以下、天忍穂耳尊）、それにつながる瓊瓊杵《ににぎ》尊、彦火火出見《ひこほほでみ》尊、彦波瀲武鸕草《ひこなぎさたけうがや》葺不合《ふきあえず》尊（以下、鸕草葺不合尊）の日向三代の尊は、いずれも人格神であると考えています。というのは、神は不死であると考えられますが、日向三代には陵墓が存在しているのです。また、天照大神が卑弥呼、男弟が高皇産霊尊に比定されることからも判明してきます。

まず天孫降臨ですが、天照大神と高皇産霊尊は相談の上、瓊瓊杵尊を高千穂の峯より地上に降臨させたと、『日本書紀』にあります。行く先は、笠沙《かささ》の御前《みさき》とありますが、この笠沙の御前が、薩摩半島の最南端の碕《みさき》ですと、天孫が目的地として赴《おもむ》く先とは考えられません。本当の行く先は、いわゆる邪馬台《やまと》国の南にあり、邪馬台《やまと》国と不和であった狗奴《くぬ》国と考えられるからです。『日本書紀』は、高千穂の峯から博多湾に流れ込む御笠《みかさ》川の河口にたどり着き、その地で大山祇神《おおやまつみ》である木花之開耶姫《このはなのさくやひめ》と落ち合い、三人の子をもうけたと記されています。

天孫降臨の重要な話はここで途切れ、瓊瓊杵尊は現在の薩摩川内《さつませんだい》市の可愛《えな》山陵に葬られた以外には、何も記されていません。天孫瓊瓊杵尊の目的は、高天原に属さない唯一の国、狗奴国征討でした。筆者は、狗奴国は、後年の熊襲《くまそ》といわれる地であると考えています。狗奴国は尚武《しょうぶ》の国で、現在の熊本県には、現在までその名が知られている竹崎《たけさき》氏、菊池氏、阿蘇氏、江田《えた》氏などの豪族が割拠していて、明治維新後の西南戦争に至るまで、中央に反旗を翻《ひるがえ》すことの多い地でした。筆者は、この狗奴国、熊襲の国討伐に失敗し、追い

「神統譜」瓊瓊杵尊系図

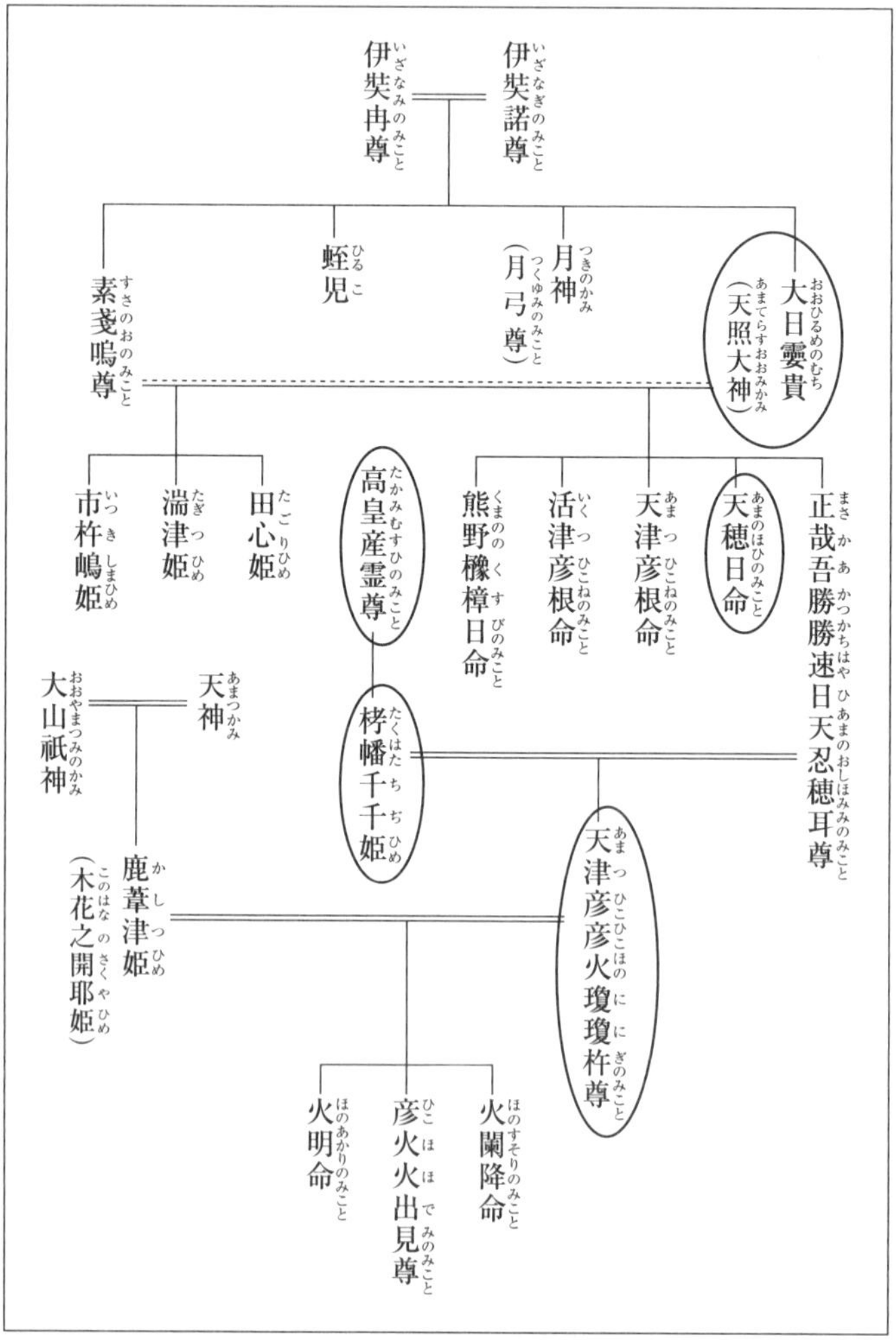

荊木美行編著『古代天皇系図』（燃焼社）を参考に作成

つめられた瓊瓊杵尊は、隼人《はやと》の地に逃げ延びたのではないかと考えます。

瓊瓊杵尊の二人の尊、彦火火出見尊と鸕草葺不合尊は隼人の地に迎えられ、逗留を余儀なくされます。ここで注目すべきなのは、『日本書紀』には、彦火火出見尊はその地で海神の娘豊玉姫《とよたまひめ》を娶り、海《わだつみ》の宮《みや》にとどまり、安楽に暮らしていたのですが、豊玉姫に故郷を懐かしむ姿を目撃されたことが記されていることです。

その故郷というのが、後に孫の神日本磐余彦天皇《かんやまといわれひこのすめらみこと》（神武天皇）が、塩土老翁《しおつちのおじ》から「東に美しい地《くに》がある。青い山が四周して、その中にまた天磐船《あまのいわふね》に乗って飛び降りる者がいる」というのを聞いて、大和への東征を決意したという話へつながるのです。

そして『日本書紀』神武天皇紀の最初に、神代がどの程度長い期間経過したかの年数が記されています。なんとその長さは、一七九万二四七〇余年なのです。この数字がどのような意味を持つのでしょうか？　かつてこの数字について触れた人は寡聞《かぶん》にして知りませんが、筆者は、この数字の根拠については後述しますが、『日本書紀』が唐の「儀鳳暦《ぎほうれき》」の総法一三四〇×一三四〇＝一七九万五六〇〇に違いないことを解明しました。

第二節　日向三代

日向三代は、瓊瓊杵尊の九州中南部の掃討

　高天原を治めていた天照大神と高皇産霊尊は、長期間にわたったと思われる出雲征討を了《お》え、九州中南部のいわゆる熊襲・隼人征討のため兵を進めることになります。筆者の考えでは、この戦いは、二三〇年頃から始まり、二五〇年近くまで続けられたと思います。もっとも熊襲との争いは、仲哀天皇から神功皇后の頃まで断続的に続いていて、一気に大会戦が行われたとは考えられません。

　ちょうどこの頃、我が国（倭国）にやってきたのが魏の使節です。『魏志倭人伝』は、卑弥呼（天照大神）と男弟について触れるとともに、邪馬台国《やまと》に属さない狗奴国と、その男王卑弥弓呼《ひみきゅうこ》と重臣である狗古智卑狗《くこちひく》（菊池彦とも読めます）の存在を記録しています。筆者は、邪馬台国《やまと》の卑弥呼と男弟を、卑弥呼は天照大神、男弟は高皇産霊尊、そして狗奴国は肥後（熊本県）以南の熊襲・隼人の国々にあたるのではないかと考えています。

ここで、卑弥呼と天照大神の類似点を、『魏志倭人伝』と『日本書紀』から表にしてみました（一一二〜一一三ページ）。

天照大神と高皇産霊尊の命によって、皇孫瓊瓊杵尊は霧島の高千穂峯に降り立ち、鹿児島県薩摩半島最南端の笠沙崎に至ったというのが定説でしたが、現在の「笠沙」という地名は、『日本書紀』『古事記』の記事から、大正時代に、薩摩半島にこそあるべきと命名された事情が、『笠沙町郷土誌』から判明しています。筆者は現地を訪れてみましたが、笠沙といわれるも野間岬は、薩摩半島の最南端にありますので、皇孫瓊瓊杵尊が九州の南果てのこの地に降臨するとは全く考えられませんでした。瓊瓊杵尊が訪れるべき先は、まずは北九州ということになるでしょう。

といいますのは、繰り返しになりますが、『魏志倭人伝』には、邪馬台《やまと》国の南に邪馬台《やまと》国に服さない狗奴国が存在していること、同書の二四七年の条には、卑弥呼が帯方郡に使者を遣わし、狗奴国と交戦状態にあることを伝えたことが記されています。また狗奴国の国王卑弥弓呼《ひみきゅうこ》、重臣狗古智卑狗《くこちひく》の名前までをも記しているのです。この邪馬台《やまと》国に服さない狗奴国こそ、皇孫瓊瓊杵尊が平定すべき国であったと、筆者は考えています。

そこで瓊瓊杵尊は、高千穂の峯より笠沙崎に向かったのですが、笠沙崎は、『古事記』に「此地《ここ》は、韓国《からくに》に向かひ、笠沙《かささ》の御前《みさき》を真来通《まぎとほ》りて、朝日の直刺す国、夕日の日照る国

卑弥呼・天照大神、同一人物説

	『魏志倭人伝』	『日本書紀』
1	倭女王……卑弥呼（日巫女） 台与 （名を卑弥呼《ひみこ》といい、鬼道に仕え、〔その霊力で〕能く人心を惑わしている。すでにかなりの年齢であるが……）	天照大神……大日孁貴（大日巫女） （豊） ・万幡豊秋津師比売 ・豊受大神 ・媛蹈鞴五十鈴媛命
2	男弟 （夫をもたず、彼女の弟がいて政治を補佐している）	高皇産霊尊 （ズバリの人物で天照大神のパートナーであり、外戚として高天原を共同統治）
3	（その南には狗奴国があり、男子が王となっている。その〔長〕官には狗古智卑狗がおり、この国は女王に服属していない） （倭の女王卑弥呼は、もとから狗奴国の男王卑弥《ひみ》弓呼《きゅうこ》と不和であったので、倭《わ》の載斯烏越《さいしうえつ》らを遣わして、〔帯方〕郡に行かせ、〔狗奴国と〕戦っている様子を報告した）	（狗奴国王は「火の国」連合の盟主と考えられる。天照大神は皇孫瓊瓊杵尊を派遣したが敗退） その後も断続的に交戦

4	（〔倭国は〕卑弥呼についで男王を立てたが、国中が服従せず、そのうえお互いに殺し合い、この時千余人が殺されたという） （そこでふたたび卑弥呼の宗女である壹与《いよ》という十三歳の女子を立てて王としたところ、国中はやっと治まったのである）	「塩土老翁《しおつちのおじ》に聞くと、『東に美しい地《くに》がある。青い山が四周して、その中にまた天磐船《あまのいわふね》に乗って飛び降りる者がいる』という」「その飛び降りる者とは、饒速日《にぎはやひ》というのか。なんとしても〔そこへ〕行き都としなければならぬ」 ズバリ饒速日命に乗っ取られた大和の奪還、東征がスタートしたことを意味する。 （饒速日命、長髄彦の敗退） （東征後の新ヤマト政権の誕生）
5	（女王卑弥呼が死んだ時、〔倭人は〕大きな冢《つか》を作った。〔それは〕直径が百余歩〈注：約一五〇メートル〉ほどであり……）	崇神天皇の大伯母（倭迹々日百襲姫命）の墓所とされているが、築造は二四〇～二六〇年との諸説あり、一〇〇％断定できない

（『魏志倭人伝』と『日本書紀』より筆者作成）

なり」とあるように、瓊瓊杵尊は韓国を望む笠沙崎に向かった地に立ち、朝日が指し、夕日の照るこの地は吉《よ》きところと、宮殿を建て、居館としたのです。

一方、『日本書紀』は次のように記しています。

日向《ひむか》の襲の高千穂峯《たかちほみね》に天降った。そして皇孫の游行《ゆぎょう》の状《さま》は、神秘的な二上《ふたかみ》〔山〕（福岡市西区今山）の天の浮桟橋《うきさんばし》から、浮洲《うきす》にある平らなところにおりたって、膂宍《そしし》（背骨の周囲の肉）の空国《むなくに》（宗像の国）をめざして、丘つづきのところを国〔土〕を求めて通っていき、〔博多〕湾《わた》の長屋《ながや》の笠狭《かささ》の崎〔御笠川口〕に、着いた。

ここで問題となるのが、「空国」という国名ですが、筆者が参考としている『原本現代訳　日本書紀』の訳者山田宗睦は、「空国」を宗像の国と解釈して、宗像神社に立ち寄ったとしています。しかし当時宗像神社には、田心《たごり》姫、湍津《たぎつ》姫、市杵島《いちきしま》姫の三女神が鎮座していたはずですが、その存在を窺わせる記述が『日本書紀』には一切ありません。したがってこの「空国」も「韓国」を指すものと筆者は考えています。瓊瓊杵尊が到着した地は「湾の長屋の笠狭の崎」とありますので、博多湾に注ぐ御笠川の河口にたどり着いたのではないでしょうか。

　この地は先述したように奴国の都（比恵・那珂遺跡）であったので、瓊瓊杵尊が一行は大歓迎を受けたと考えられます。

　このようにして天孫は、宗像君支援の約束を取り付けながら、（博多）湾の長屋の笠狭の崎（御笠川の川口）に到着します。そして、木花之開耶姫との有名な出会いです。


　その国に美人がいた。鹿葦津姫《カシツヒメ》という名だった。（またの名は神吾田津姫《カンアタツヒメ》、またの名は木花之開耶姫《コノハナノサクヤヒメ》。）皇孫はこの美人に問いかけた、

「お前はだれの子か」

「私は――と答えた――天神が、大山祇神《オオヤマツミ》と共寝して生んだ子です」


　大山祇神自身も海神の子で、瀬戸内海一番の要衝を押さえていた水軍をも率いていた海人族・大豪族でした。さらにこのことは瓊瓊杵尊自身が東より瀬戸内を通り、大三島に立ち寄って北九州に到っていることを示しています。

　そして『日本書紀』は次のように続きます。

大山祇神と「日向三代」系図

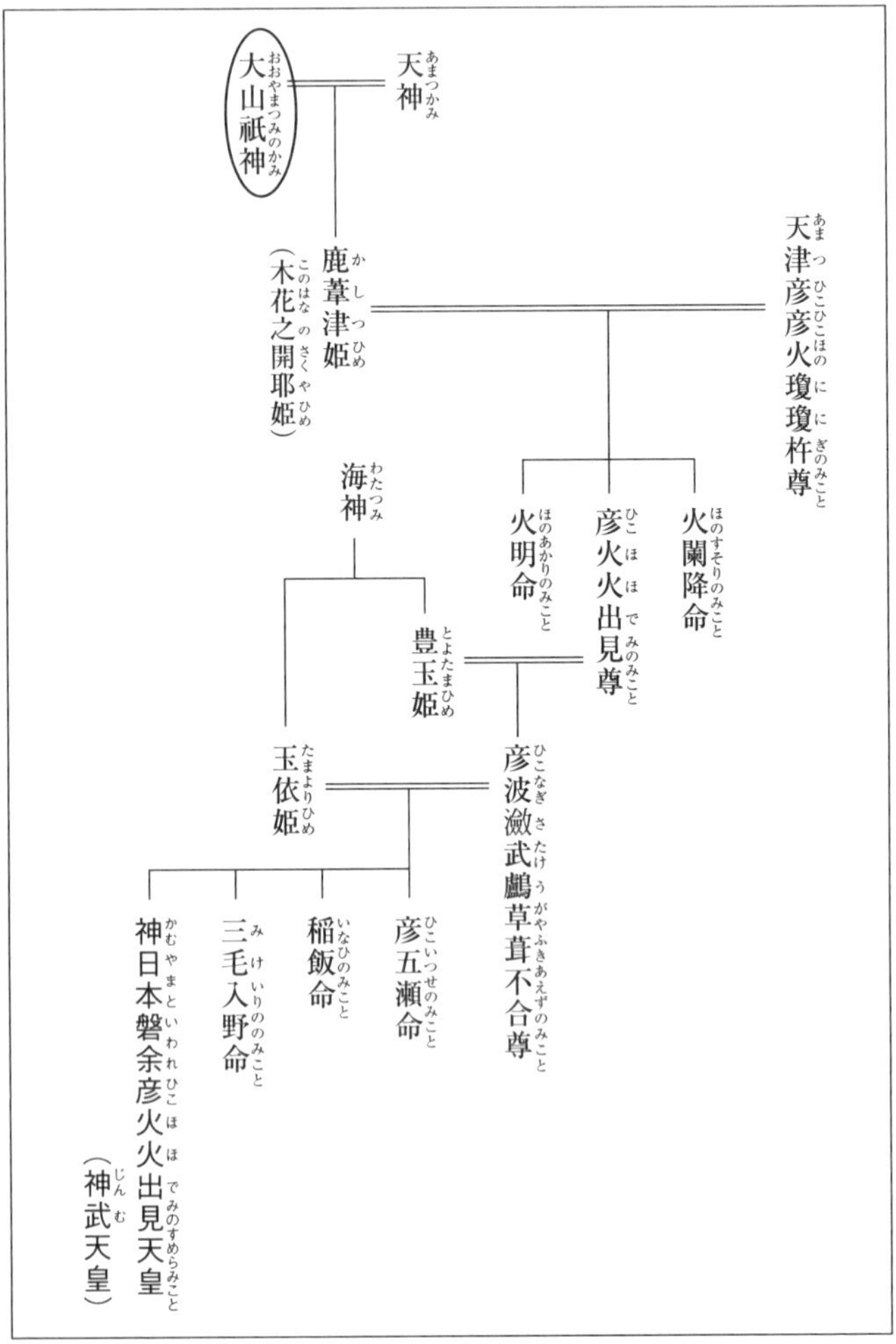

荊木美行編著『古代天皇系図』（燃焼社）を参考に作成

そこで皇孫が夜伽《よとぎ》に召したところが、一夜で妊娠した。皇孫は信じないで、「たとえ天神であっても、どうして一夜のあいだに人を娠《はら》ませられようか。お前のはらんだのは、きっとわが子ではあるまい」といった。カシツヒメはいかり、また恨んで、すぐさま戸のない室をつくり、そのなかに入って、誓《うけ》いをして、

「私のはらんだのが、もし天孫の胤《たね》でなかったら、かならず焼け死ぬでしょう。もしほんとうに天孫の胤であるのなら、火も害《そこな》うことはできないでしょう」

というやいなや、火を放って室を焼いた。さいしょに起きた煙の先から生まれた子を、火闌降命《ホノスソリ》という。（これは隼人《はやと》らの始祖である。）つぎに熱をさけていて、生まれた子を、彦火火出見尊《ひこほほでみ》とよぶ。つぎに生れ出た子を、火明命《ほあかり》という。（これは尾張連《おわりのむらじ》らの始祖だ。）合わせて三子である。

ここで注目・注意しなければならないのは、皇孫と鹿葦津姫《かしつひめ》との間に生まれた三子です。

第一子　火闌降命……隼人らの始祖

第二子　彦火火出見尊

第三子　火明命……尾張連らの始祖

第一子火闌降命が隼人の始祖とありますので、瓊瓊杵尊が娶った鹿葦津姫（木花之開耶姫）が、隼人の血を引いていたことが分かります。

倭国に属さない狗奴国

肥後の地は、我が国史上、大規模な内乱・内戦を三回ばかり経験し、主戦場となっています。まず明治十年（一八七七）の西南戦争です。政府軍六万、西郷軍三万の決戦は熊本市の北、田原坂《たばる》で行われ、西郷軍は局地戦では対等に戦いながら、銃器・弾薬の不足と通信の指揮系統の不統一から敗退します。

次は、秀吉の島津攻めです。秀吉は天正十三年（一五八五）島津攻めの大動員令を発し、総勢二五万もの兵を進め、九州に向かいます。九州には、軍事行動に際して整備・拡張した太閤道が残されています。これをみますと、秀吉の気宇壮大《きうそうだい》で、兵站《へいたん》を重視した戦略が窺えますが、それだけ相手側が手ごわかったともいえます。結局、島津義久は降服し、川内の泰平寺《たいへいじ》で秀吉と会見、足かけ三年余りの戦争に終止符を打ちました。

そして、古代最大の内戦といわれるのが、磐井《いわい》の乱です。継体天皇二一年（五二七）、近江毛野臣《けのの》は兵六万を率いて任那《みまな》に赴き、新羅《しらぎ》に破られた南加羅地方を奪回し、任那に併

可愛山稜

合しようとしていた途上でした。かねて朝廷に反逆を企てていた筑紫の国造磐井が新羅と結んで、毛野臣の軍をさえぎり、反旗を翻したのです。新羅がこの反乱に介在していたかどうかについては、『三国史記』新羅本紀にその記載がなく不明ですが、磐井は、筑前・筑後を押さえ、朝鮮半島との航路にまで脅威を与え、火の国（肥前・肥後）、豊の国（豊前・豊後）も領有していたと、『日本書紀』は伝えています。西国最大の国である肥後の国が、一年五カ月にわたる反乱を支えていたのでした。肥後の国、そしてその前身である狗奴国の強盛《きょうせい》ぶりが、これらの戦いより窺えるのです。

『古事記』によれば、瓊瓊杵尊の軍には天孫降臨の時、猿田毘古《さるたひこ》神以下五伴緒《いつとものお》（培員）、天児屋命《あめのこやね》、布刀玉命《ふとだま》、天宇受売命《あめのうずめ》、伊斯許理度売命《いしこりどめ》、玉祖命《たまのおや》の五人の命、そして天《あめの》忍日命《おしひ》（大伴氏の祖）と天津久米命《あまつくめ》（久米氏の祖）の軍を率いていたとありますが、どの程度の規模の軍勢が、博多の地より南下したのかは分かりません。筆者は、瓊瓊杵尊の軍勢は、肥後の地に入るや否やたちまち反撃を受け、巧妙なゲリラ戦にも巻き込まれ、海岸沿いに南下を余儀なくされたものと考えています。

そして『日本書紀』は、瓊瓊杵尊の最期を、「久しくしてアマツヒコヒコホノニニギ尊が死んだ。そこで筑紫の日向の可愛《え》の山陵に葬った」と、簡単に記しています。筆者はかねてから我が国の神々は人格神であると主張し、いわゆる神代史を現実のものとし、人代史として再現してきました。『『日本書紀』とその世界』（燃焼社）の著者荊木美行《いばらきよしゆき》は、その著書のなかで次のように述べています。筆者も同感でき、意を強くしています。

ところで、ひとくちに神話といっても、場面によって、ずいぶん趣がちがう。天照大神や素戔嗚尊が活躍する高天原は、天上のこととして描かれており、いささか実感が湧かないが、これがいわゆる「日向三代」とよばれる、天津彦彦火瓊瓊杵尊・彦火火出見尊・彦波瀲武鸕鶿草葺不合尊の三代になると、よほどリアルな描写に変わってくる。

たとえば、この三柱の神については、亡くなったときに葬られた場所がしるされている。

記紀に登場する神は、けっして不老不死ではないから、神が死ぬ話はほかにも出てくるが、墓所をしるしているのは、ここだけである。このように、墓所をしるすのは、神武天皇やその家族の場合にしばしばみられることで、そのことをみても、「日向三代」が、よほど「神」の時代から「人」の時代に近づいていることがわかる。おそらく、この「日向三代」などは、神武天皇以前の皇室の祖先のことを、神代のこととして語ったものであって、そのなかにはある程度の史実が反映しているのであろう。

彦火火出見尊

瓊瓊杵尊の後を継いだのが、第二子の彦火火出見尊です。第三子の火明命については、尾張連らの祖となったというだけで、『日本書紀』神代紀に記されているのは、第一子の火闌降命（海彦命）と彦火火出見尊（山彦命）との、いわゆる「海彦山彦」の物語だけです。海の獲物をとるのが上手な兄と、山の獲物をとるのが上手な弟は、釣針と弓矢を交換して獲物をとりに行ったのですが、どちらも獲物をとることができませんでした。そこで兄は釣針を返すよう要求したのですが、弟は釣針を失くしてしまい、別の釣針を渡したのですが、兄に拒まれ途方にくれているところを、海神の助けによって探し出して、理不尽な兄を懲らしめることができ、また、海神の娘豊玉姫を娶り、めでたしという結末になる話です。

ここで看過《かんか》できないのは、兄火闌降命の運命です。『日本書紀』では注記として「隼人らの始祖」と記されていることはすでに述べましたが、「一書」によれば、兄弟の争いで負けてしまった火闌降命は命乞いをして弟のために演芸師になるとか、俳優になるとかおかしな言い伝えが記されています。これは、隼人の叫び、舞い、演技をするといったことを意味し、火闌降命が、隼人族と何らかの関係があったことを暗示しているのか、入婿となり弟を守ってやるということを意味するのか、いずれにせよ「日向三代」の三人の尊が、九州の中南部で、隼人族と良きにつけ悪しきにつけ深い関わりがあったということは間違いないと考えます。

彦火火出見尊は、その後豊玉姫との間に彦波瀲武鸕草葺不合尊をもうけ、世を去ります。

ヒコホホデミ尊は、〔もとの〕宮にもどって、ひたすら海神の教えにしたがった。

兄のホノスソリ命は、とことん困らせられ、そこで自分の方から服罪して、

「これからのちは、俺はお前の演芸の民となろう。どうかなんとか活かしてくれ」

といったので、乞われるままにとうとう許すことにした。そのホノスソリ命は、吾《あ》田君小橋《たのきみおはし》らのもともとの祖である。


そののち、トヨタマヒメは、はたして前に約束したように、妹の玉依姫《タマヨリヒメ》をつれて、まっすぐ風波をのりきって、海辺にやってきた。出産がせまってきて、

「わたしが産むさい、どうか見ないでくださいね」

とたのんだ。天孫はやはりたえかねて、そっと行ってのぞき見した。トヨタマヒメは産むまっさいちゅう龍となっていた。そして〔のぞかれたのを〕恥じて、

「もし私を辱《は》ずかしめたりしなかったら、海と陸とをかよわせて、永遠に隔絶しなかったのに。今はすっかり辱《はじ》をみました。どうしてこまやかな交情を結べましょうか」

といい、いそいで生まれた子を草につつんで、海辺に棄て、海の道を閉じて、まっすぐ〔海神の宮に〕かえった。さて、〔生まれた〕子は、そんなわけで、彦波瀲武鸕《ヒコナギサタケウ》草葺不合尊《ガヤフキアエズ》と名づけた。こののち久しくたって、ヒコホホデミ尊が崩じた。日向《ひむか》の高《たか》屋山《やのやま》の上《ほとり》の陵《みささぎ》に葬った。

高屋山陵

隼人族については、現在、石塚などを除き遺跡はなく、全貌は全く分かりませんが、彦火火出見尊については、薩摩・大隅・日向三カ国で最大の鹿児島神宮に祀られています。鹿児島神宮は、大隅国五座のうち唯一の大社で、南九州三国のうち最大の社です。

彦波激武鸕草葺不合尊

そして「日向三代」の三代目の尊です。『古事記』には、豊玉姫の出産時の話、生まれた尊の命名のいきさつ、玉依姫についてなど、やや詳しく述べていますが、『日本書紀』は、次のように簡単に記しています。

吾平山陵

ヒコナギサタケウガヤフキアエズ尊は、その叔母タマヨリヒメを妃とした。彦《ヒコ》五《イツ》瀬《セ》命を生んだ。つぎに稲《イナ》飯《ヒ》命。つぎに三《ミ》毛《ケ》入《イリ》野《ノ》命。つぎに神《カン》日本《ヤマト》磐余《イワレ》彦《ヒコ》尊。合せて四男を生んだ。久しくしてヒコナギサタケウガヤフキアエズ尊は、西洲《にしのくに》の宮に崩じた。それで日向の吾《あ》平山《ひらのやま》の上《ほとり》の陵《みささぎ》に葬った。

このように尊については、三子の出産時に産室をのぞいたというトラブルを除き、何らの事蹟を残していませんが、時代は定かではありませんが、宮崎県日南市の鵜《う》戸《ど》神宮の主神として、「日向三代」の一人にふさわしい祭祀を受けています。

「日向三代」の尊たちは、宮《みや》居《い》を現在の新

田神社から鹿児島神宮、そして鵜戸神宮の地に遷し、それらの地に葬られています。これらの地は、隼人族が住んでいた地域と考えられます。狗奴国（いわゆる熊襲）によって南に追いやられた三代の尊たちは、隼人の地で、庇護を受けながら過ごしたに違いありません。年代にして二二〇年頃から十年ないし十五年の間ではなかったかと、筆者は考えています。そして神代より人代へと移り、大和朝廷の初代となる神武天皇の東征を迎えることになります。

神武天皇即位前期

『日本書紀』神武天皇紀の冒頭の文章は、

カンヤマトイワレヒコ天皇は、諱《いみな》〔実名〕がヒコホホデミで、ヒコナギサタケウガヤフキアエズ尊の第四子である。母は玉依姫といい、海童《わたつみ》の妹娘である。天皇は生まれつき明らかに道理に通じ、意志が確固としていた。年一五で太子となった。長じて日向《ひむか》の国吾田邑《あたのむら》の吾平津媛《あひらつひめ》を娶《めと》って妃とした。手研耳《たぎしみみ》命を生んだ。

年四五歳になって、兄たちと子どもたちにこう言った。「むかし、わが天神、高皇《たかみ》産霊《むすひ》尊、大日孁《おおひるめ》尊は、この豊葦原《とよあしはら》の瑞穂《みずほ》の国をすっかり、わが天祖の彦火瓊瓊杵《ひこほのににぎ》尊にさずけた。そこでホノニニギ尊は、天の関〔所〕をひらき、雲の路をおしわけ、〔遠く〕駈《か》けて行幸し、〔瑞穂国に〕到着した。このとき、世の運行は、太古に属し、時は、草創の闇にあつまっていた。そこで蒙《くら》いなか正を養い、この西の偏〔土〕を治めた。

とあります。これは明らかに三人の尊が西の偏土《へんど》（九州）を治めていたことを意味し、天孫降臨は大和に対しなされたことではなく、九州に天下ったことでした。このことから、いわゆる耶馬台国北九州説は、全く成り立たないことが分かります。同じ九州の地に天孫降臨などはありえないからです。

もう一つ、神代と人代の時の差が一七九万年とあることです。これは筆者が偶然発見したことですが、『日本書紀』初出の暦から出されたものです。時は、『日本書紀』の編纂時、天武天皇が採用した唐の儀鳳暦《ぎほう》の総法（すべての天体の運行、太陽・月・地球が一三四〇という数字をいう）、これで解釈できるというものです。この一三四〇×一三四〇が、一七九万年ということになっています。やみくもに入れた数字ではなく、この数字は、『日本書紀』が儀鳳暦によって成り立っていることを暗示したものかもしれません。

天孫降臨は、

①出雲征討……天照大神の第二子天穂日命（二一〇～二二〇？年）
②九州中南部征討……天照大神の直孫瓊瓊杵尊（二二〇～二四〇年）
の二度記録され、あとをたどることができますが、瓊瓊杵尊には火明命という弟がいて、尾張連らの祖とされています。この火明命の名は、丹波、美濃、尾張それぞれの国の一宮の祖としても祀られていて、三度目の天孫降臨ともいえる全国統一があったのではないかとも考えられるのです。

第四章

初代神武天皇からの大和朝廷

第一節　実在を否定される神武天皇と八代の天皇

九代の父子継承は長すぎる

戦後多くの研究者によってその実在が否定され、葬り去られてきた九代の天皇の六十年以上の治世と実在を、さまざまな資料から解き明かしてみました。まず、九代にわたる天皇が、父子継承であるのは信じがたいという点です。たしかに、神武天皇から開化天皇まで、九代の父子継承は不自然です。兄弟間での継承もあったのではないかと窺える点が、『日本書紀』の「一書」にもあります。

作家の高城修三は、『神武東征』（構想社）のなかで、神武東征軍に対抗した磯城《しき》地方の首長兄磯城《えしき》の弟、弟磯城《おとしき》が帰順し、その論功によって磯城の県主《あがたぬし》となり、その一族からは六名の息女が、天皇家に嫁いでいることを指摘しています。

第二代綏靖《すいぜい》天皇の后……磯城県主の娘川派媛《かわまた》

第三代安寧《あんねい》天皇の后……磯城県主葉江《はえ》の娘川津媛

第四代懿徳《いとく》天皇の后……磯城県主葉江の男弟猪手《いて》の娘泉媛、磯城の県主太真稚彦《ふとまわか》の娘飯日媛《いいひひ》

第五代孝昭天皇の后……磯城県主葉江の娘渟名城津媛《ぬなきつ》

第六代孝安天皇の后……磯城県主葉江の娘長媛

このように、第二代から第六代までの天皇の皇妃を、磯城県主家の娘から迎えていることから、四代にわたっての父子継承ではなく、少なくとも三名の天皇は、一世代三代の兄弟継承が考えられます。

磯城家と天皇家の関係

安寧天皇は綏靖天皇の嫡男で、生母は事代主神の次女五十鈴衣媛《いすずより》ですが、『日本書紀』綏靖天皇紀の「一書」では、磯城県主の娘川津媛となっています。また、安寧天皇の諡号《しごう》が、「磯城津彦玉手看《しきつひこたまてみ》」ですから、生母は磯城家の川津姫と考えられます。このように、磯城県主家は、神武天皇の大和平定の際には、磯城八十梟帥《やそたける》や兄磯城・弟磯城などの名が『日本書紀』などに登場する、神武東征以前から磯城の地に勢力を振るっていた豪族でした。先に述べたように、磯城家から多くの息女が皇妃に迎えられていることから、天皇家の外戚として絶大な影響力を持っていたことが分かります。

磯城県主黒速の系図

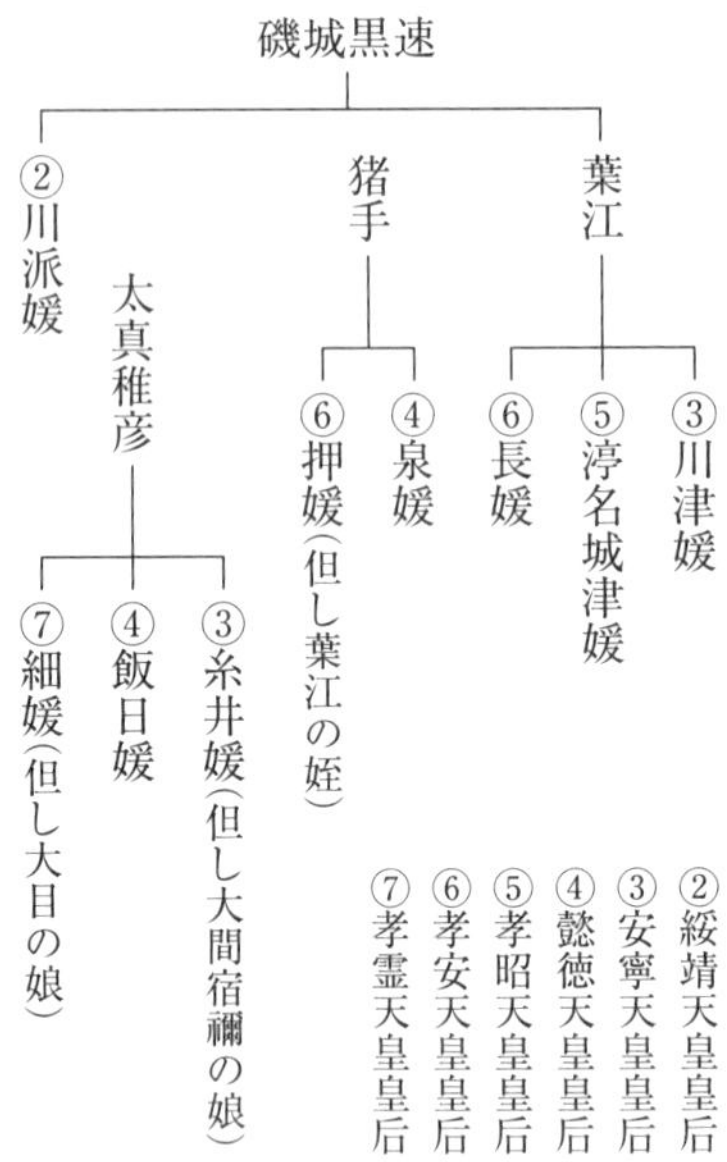

神武天皇は大和平定後、磯城家の弟磯城を、改めて磯城県主に任命します。この磯城氏の領地は、纒向の地を包含《ほうがん》しています。卑弥呼（天照大神）の時代に、邪馬台《やまと》国（高天原）政権の中心地として栄えたのち、神武東遷の戦乱で一時廃墟となった纒向の地は、磯城家によって支えられていたのでした。

ここで注目したいのは、安寧天皇の宮都、片塩浮孔《かたしおうきあな》宮の所在地です。宮跡は、延喜式内神社である石園座《いそのにます》多久虫玉《たくむしたま》神社境内にあったとされています。この地は現在も、大和高田市の中心部にあり、近鉄大阪線・南大阪線、ＪＲ桜井線・和歌山線が交差する交通の要衝となっています。宮跡の近くには、古代の横大路（現在は国道二四号と一六六号）が走っていて、古代、東は伊勢街道、西は当麻《たいま》から大坂街道、竹内《たけのうち》街道、長尾街道へとつながっていました。宮跡は、纒向と難波のほぼ中間に位置していることからも、『古事記』『日本

安寧天皇の宮都「片塩浮孔宮」と陵

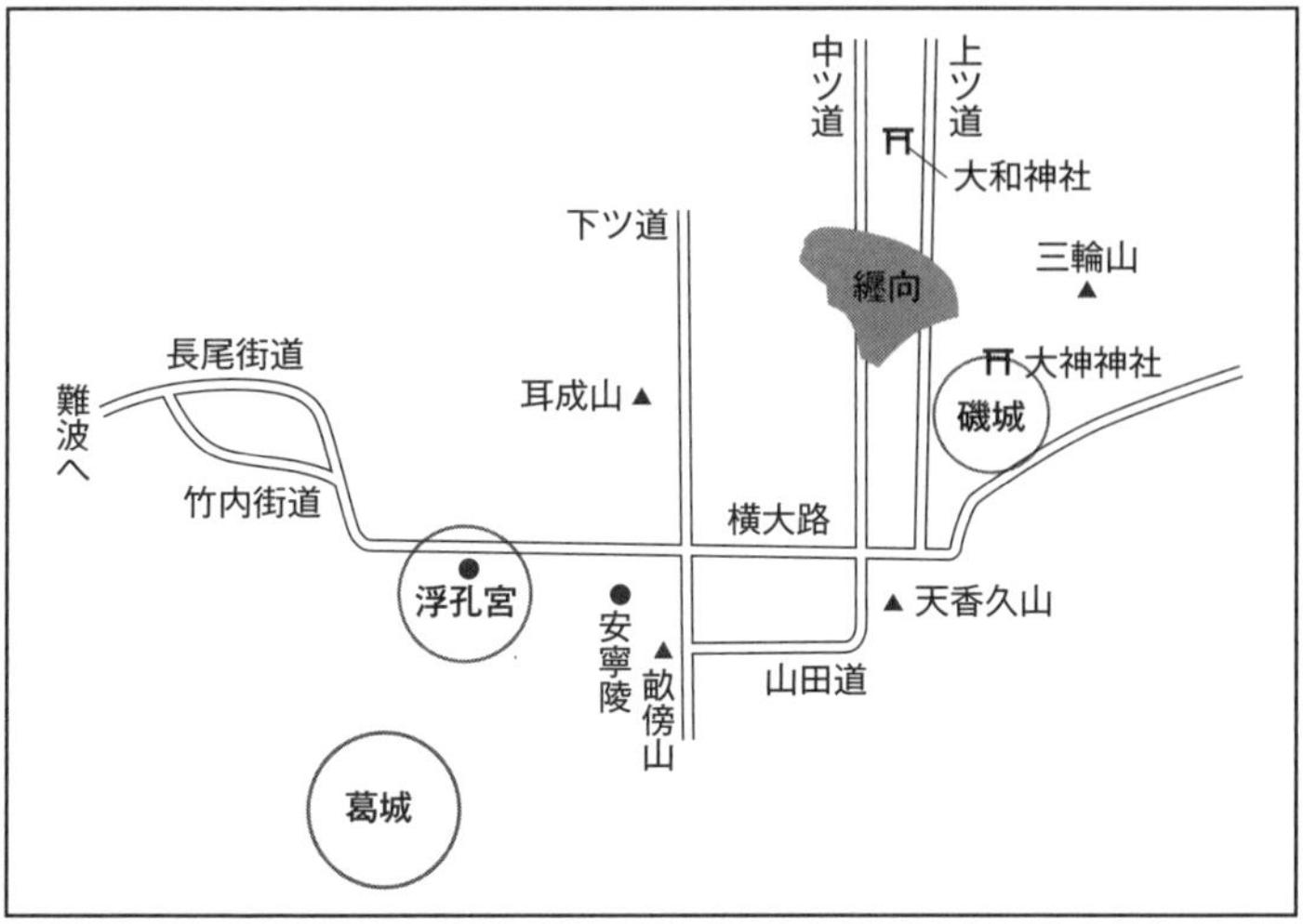

拙著『日本古代史　正解　纒向時代編』（講談社）を参考に作成

書紀』の編纂者が天皇の宮都を、やみくもに造作したとは考えられません。

古代天皇の寿命が長すぎて信用できない

古代天皇の宝算（寿命）が長すぎて信用できないという指摘です。たしかに神武天皇から開化天皇までの宝算は、『古事記』では平均八十歳、『日本書紀』では百六歳となっています。ですから指摘はもっともで、『日本書紀』の編纂者たちが、暦・年代に正面から向き合ったのは、神功皇后紀で二〇一～二六九年を、神功皇后の在位に設定したまでです。『日本書紀』の編纂者たちは、『魏志倭人伝』から景初二年（二三八）、正始元年（二四〇）、正始八年（二四七）と、三度

天皇家・磯城家と葛城氏の世代

第一世代	磯城県主家 黒速	葛城国造家 剣根	神武天皇
第二世代	葉江 川派媛（綏靖妃） 川津媛（安寧妃） 猪手 泉媛（懿徳妃） 太真稚彦 飯日媛（懿徳妃）	賀奈良知姫	綏靖天皇 安寧天皇 懿徳天皇
第三世代	葉江 渟名城津媛（孝昭妃） 長媛（孝安妃） 猪手 押媛（孝安妃） 太真稚彦 細媛（孝霊妃）	高千那毘売（孝元妃）	孝昭天皇 孝安天皇 孝霊天皇 孝元天皇
第四世代		垂見宿禰 鸇比売（開化妃）	開化天皇 崇神天皇

にわたる卑弥呼の遺使を無視できず、卑弥呼の治世を二〇一〜二六九年として、これをそのまま神功皇后の治世期間としたのです。この二〇一〜二六九年の時代は、『日本書紀』からすれば天照大神のはずでしたが、編纂者たちにとっては、天照大神は遥か昔、神代のことであり、人代であるとは思いもつかなかったのです。そのため、二〇一〜二六九年の期間を神功皇后の治世とし、それ以前の二〇〇年から、神武天皇即位とされる紀元前六五九年までの八百六十年間を一四代の天皇に割り振ったのでした。ただし、天皇の代数には手を加えなかったことは、後の我々にとっては幸いしたのです。

和風諡号から実在を否定

そして、和風諡号は後世につくられたものと解釈して、実在を否定しています。まず、歴史学者の多くは、

第七代孝霊天皇　オオヤマトネコヒコフトニ
第八代孝元天皇　オオヤマトネコヒコクニクル
第九代開化天皇　ワカヤマトネコヒコオオヒヒ

と、三名の天皇の和風諡号にヤマトネコがあるのはおかしいのではないかと指摘しています。ところが、第四〇代持統天皇の和風諡号は、オオヤマトネコアメノヒロヒメと、ヤマトネコがついていますので、第七代、第八代、第九代の天皇の和風諡号は後世の天皇の和風諡号を用いて造作されたと主張しているのです。

彼らの主張が誤りであることは、

第四二代文武天皇　オオヤマトネコトヨオヂ

第四三代元明天皇　ヤマトネコアマツミシロトヨクニナリヒメ
第四四代元正天皇　ヤマトネコタカミズキヨタラシヒメ

と、持統天皇以降にも、「ヤマトネコ」の称号を贈られていることからも判明します。
天皇の和風諡号について、『ヤマトコトバの考古学』（平凡社）の著者木村紀子は、

「神倭イハレビコの命（神武）」のイハレビコに、書紀は「磐余彦」の字を宛てた。磐余は大和《やまと》の地名にもあるが、本義はおそらく「石（磐）生《あ》れ」で、アレとは、「橿《かし》原《はら》の　日知《ひじ》りの御世ゆ　アレましし　神のごと」（万葉　巻一　二九）などという動詞「ア（生）ル」である。イワレビコとは、竹や桃からではなく、いわば磐から生まれた磐太郎といったところだろう。

と、そして、綏靖天皇の「神渟《かんぬ》名川耳《なかわみみ》」の「渟名川」は、神聖な水を湛《たた》えた、「涸れることのない豊かな水を渟《たた》えた河」で、「葦原中国の河を統《す》べる者」を意味しているといいます。また、孝霊・孝元・開化・崇神の天皇名についても、

孝霊の「太瓊《ふとに》」、崇神の「五十瓊殖《いにえ》」なども、玉の呪術が盛んに語られる高天原神話を引く皇統の名としては、それなりに的確な意味把握とも言えるだろう。なお、七代孝霊の名の「大日本根子彦」部分は、次の孝元（大日本根子彦国牽《くにくる》）にも冠せられているために、記述実態も甚だ乏しい九代開化（稚日本根子彦大日日《わかやまとねこひこおほびび》）あたりまでの天皇の和称は、時代が降っての（仮構の可能性もある）謚号との見方が一般のようだが、少なくとも「タマテミ（安寧）・スキトモ（懿徳）・カヱシネ（孝昭）・国押人《クニオシヒト》（孝安）・フトニ（孝霊）・国クル（孝元）・大ビビ（開化）という王名の系譜の口承が古くから存在していたことは確かではないだろうか。

と、述べています。

初代天皇は崇神天皇？

次に、崇神天皇は、『古事記』では「初国《はつくに》知らしし天皇」、『日本書紀』では「御肇国《はつくにしらす》天皇」とよんでいることから、初代の天皇は神武天皇ではなく、崇神天皇であると主張している学者がいます。しかし、『古事記』では、「ここに初めて男《をとこ》の弓端《ゆはず》の調《みつぎ》、女《をなみ》の手末《たなすえ》の調《みつぎ》を貢らしめたまひき。故、その御世を稱《たた》へて、初国知《はつくにし》らしし御真木天皇《みまきのすめらみこと》と謂ふ」と記しています。

また『日本書紀』では、「秋九月一日、はじめて人民の戸口を調査して、・調《ちょう》〔労《ろう》〕役《えき》を課した。これがいわゆる男の弭《ゆはず》の調・女の手末《たなすえ》の調である。こうして、天神も地祇もなごやかに〔祭を〕うけ、風雨は〔季節の〕時に順〔応〕し、百穀もみのった。家いえに物が支給され、人はみち足りて、天下は大いに平〔安〕であった。そこで、御肇国天皇《はつくにしらす》とよんだ」と記しています。

国の税制を定め、国の基本を固めた、この国はじめての天皇として讃《たた》えられたのです。神武天皇の東征のように、激しい戦いの後に、新しい国家を樹立したというのではなく、天神地祇《てんじんちぎ》を崇《あが》め重んじ、諸国を平定し、国としての税制を定め、国の基本を固めた初めての天皇ということで、讃えられたのでした。

事蹟のない天皇を否定

次に、『日本書紀』に事蹟のない天皇の存在はありえないという点です。しかし、

- 神武天皇は事蹟が記されていても実在は否定
- 綏靖天皇以下八代の天皇は、事蹟が記されていないから否定
- 崇神天皇や仁徳天皇は事蹟が記されているので実在は認める

・武烈天皇以下五天皇、用明以下三天皇については事蹟の記事を欠いているが実在を認める

といった恣意《しい》的な根拠では、論理的にも受け入れられません。

ここで、事蹟がないと実在を否定されている天皇の、これまで判明したことを、『古事記』『日本書紀』『風土記』『先代旧事本紀』などの史料や、また、新たな発掘によって明らかになった考古学上の視点などから、実在を証明してみました。

第七代孝霊天皇の吉備征討

綏靖天皇以下八代の天皇は、事蹟が記されていないから実在が否定されています。第六代孝安天皇は、『古事記』によれば、姪の忍鹿比売《おしかひめ》（『日本書紀』では押媛）を皇妃に迎え、大吉備諸進命《おおきびのもろすすめ》をもうけています。

そして、第七代孝霊天皇も倭国香媛《やまとのくにかか》との間に彦五十狭芹彦命《ひこいさせり》（またの名を吉備津彦）と、絙某弟《はえいろど》との間に稚武彦命《わかたけひこ》（吉備臣の祖）という吉備の名を戴《いただ》いた二人の息子をもうけています。

その後、吉備津彦命は、第一〇代崇神天皇の時代に、四道将軍の一人として、山陽道に派遣されています。これは、天皇家から派遣された皇子が吉備の首長に入り婿として、事

実上吉備の国を譲り受けることになったか、あるいは、武力によって大和朝廷が吉備の首長を滅ぼし、天皇家直系の皇子が吉備の国を受け継いだのではないかと、筆者は考えています。

『古事記』孝霊天皇紀には、二人の皇子が播磨の国の氷河《ひかわ》を渡り、吉備の国を平定したことを記しています。大和朝廷による吉備攻略は、孝霊天皇から崇神天皇の時代、二九五〜三一〇年頃のことですが、大和朝廷による平和的な進駐ではなかったと思われるのは、吉備津神社に今も残されている「鳴る釜の神事」です。吉備津彦命によって首をはねられ、串刺しにされ、晒《さら》された温羅《うら》の怨霊を鎮めるためのもので、「吉備津彦命の鬼退治」として、吉備地方の神話として語り継がれています。このような神話・伝承が、今に伝えられる程の激しい戦いがあったのではないでしょうか。

最近、吉備国際大学での研究により、楯築古墳の築造時期は、弥生時代後期後葉、二世紀後半と判明しました。吉備特有の柱状特殊器台は、大和の地にも伝えられ、卑弥呼の墓ともいわれている箸墓古墳からも、この特殊器台が出土していることから、吉備と大和の深い関係が窺われます。

よみがえった四道将軍大彦命

第七代孝元天皇と皇后鬱色謎命《うつしこめ》の間に生まれた第一子大彦命《おおびこ》は、一九七八年、埼玉県稲荷山古墳から出土した鉄剣の銘文から、これまで伝説・造作といわれてきた「四道《しどう》将軍」の一人としてよみがえったのです。その金錯銘鉄剣《きんさくめいてつけん》の銘文は、次のようなものでした。

（表）辛亥年七月中記乎獲居《おわけ》臣上祖名意富比垝《おおびこ》其児多加利足尼《たかりのすくね》其児名弖已加利獲居《てよかりわけ》其児名多加披次獲居《たかはしわけ》其児名多沙鬼獲居《たさきわけ》其児名半弖比《はてひ》

（裏）其児名加差披余《かさはよ》其児名乎獲居臣《おわけのおみ》世々為杖刀人首《たちわきのかみ》奉事来至る今獲加支鹵大王《わかたける》寺在斯《し》鬼《き》宮時吾左治天下令作此百練利刀記吾奉事根原也

（表）辛亥の年の七月中、記す。ヲワケの臣。上祖、名はオホヒコ。其の児（名は）タカリのスクネ。其の児、名はテヨカリワケ。其の児、名はタカヒ（ハ）シワケ。其の児、名はタサキワケ。其の児、名はハテヒ。

（裏）其の児、名はカサヒ（ハ）ヨ。其の児、名はヲワケの臣。世々、杖刀人《じょうとうじん》の首と為り、奉事し来り今に至る。ワカタケ（キ）ル（ロ）の大王《だいおう》の寺、シキの宮に在る時、吾、天下を左治し、此の百練の利刀を作らしめ、吾が奉事の根原を記す也。

大彦命の系譜に続く朝廷の有力者

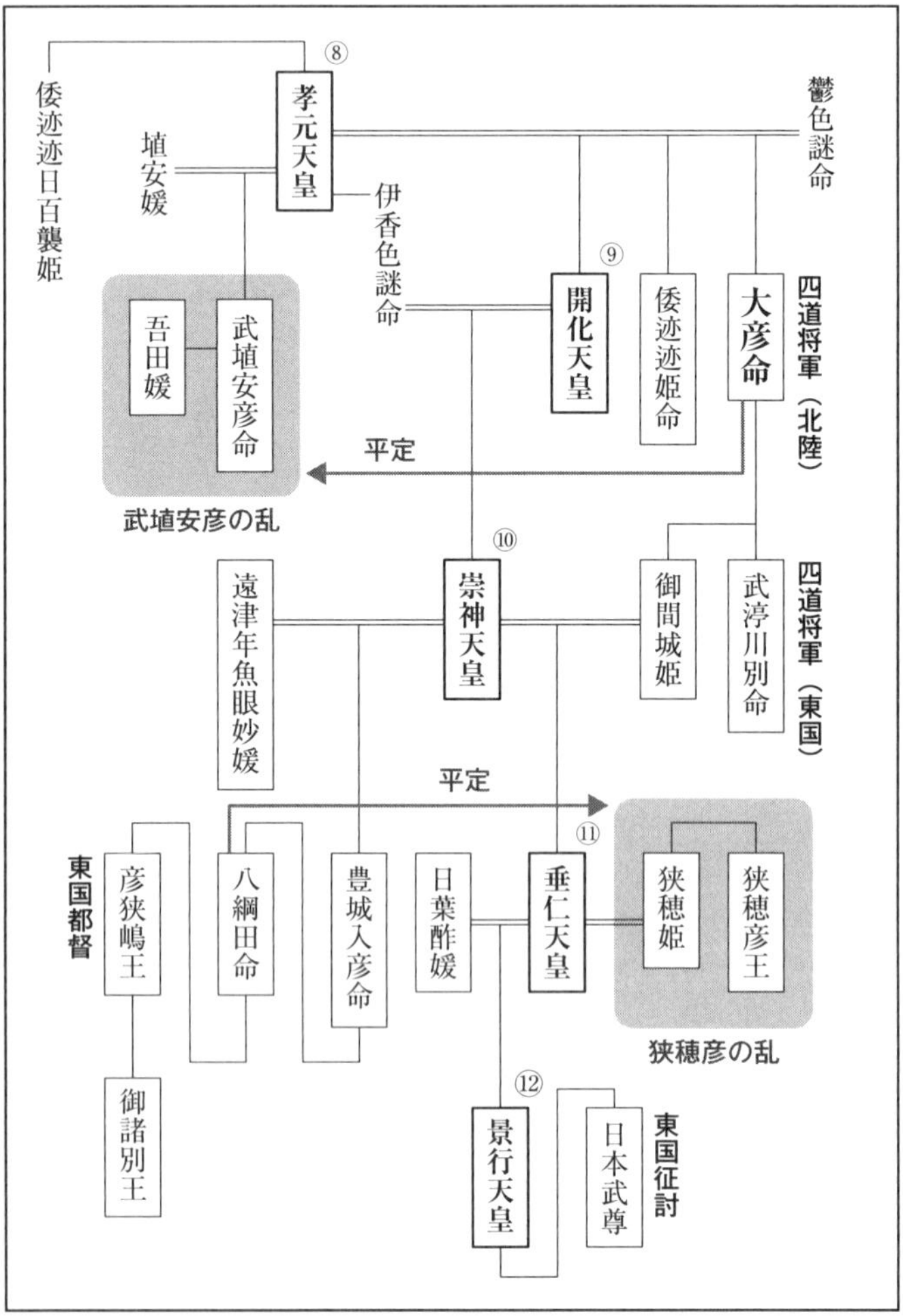

山田宗睦訳『原本現代訳　日本書記　上』（ニュートンプレス）、荊木美行編著『古代天皇系図』（燃焼社）を参考に作成

この解読によって、ワカタケル大王（雄略天皇、在位四五七～四七七年）の頃、大和朝廷の勢力は、南は熊本（江田船山古墳《えたふなやま》からワカタケル大王銘の大刀が出土）から、東は武蔵までおよんでいたことが判明しました。

それと同時に、話題を呼んだのが、銘文中の「意富比垝《おおびこ》」という人名でした。鉄剣の銘は「意富比垝を上祖とし八代目に当たる乎獲居臣は世々杖刀人首《たちわきのかみ》として仕えてきたが、ワカタケル大王の御時、剣をつくり吾が奉事の根源を記す。時は辛亥（四七一年）である」と記しています。「意富比垝」（大彦とも読める）は、第八代孝元天皇の第一皇子、第九代開化天皇の実兄、第一〇代崇神天皇の伯父にあたります。また、息女の御間城姫《みまき》は、崇神天皇の妃となって、第一一代垂仁《すいにん》天皇をもうけています。三代にわたって天皇家の後ろ盾として、権勢を誇っていた人物でした。この発見があっても、大彦命の存在を認めない研究者がいるのです。

大彦命は、北陸を平定する任務を任された将軍で、長子の武渟川別《たけぬなかわわけ》命は、東国担当として東に下り、東国各地を転戦します。大彦命と武渟川別命父子は、北陸・東国遠征を繰り返し、最後は、現在の奈良県桜井市南側の桜井茶臼山古墳、メスリ山古墳に葬られたのではないかと、筆者は考えています。

桜井茶臼山古墳の被葬者は？

平成二十二年（二〇一〇）一月七日、奈良県立橿原《かしはら》考古学研究所は、初期大和政権の大王クラスの墓とされる、奈良県桜井市の桜井茶臼山古墳（三世紀末〜四世紀初め）から、銅鏡の破片が大量に見つかり、少なくとも八一面が副葬されていたと、分析結果を発表しました。出土品には、中国の年号「正始元年（二四〇）」と刻まれた鏡と同じ鋳型の鏡片も含まれていたことから、「膨大な鏡、強大権力者か、桜井茶臼山古墳に副葬　邪馬台国論争、影響も」（朝日新聞、二〇一〇年一月八日）、「『被葬者　倭王か副総理格』桜井茶臼山古墳から銅鏡破片　卑弥呼から直接授与？」（「産経新聞」同）などが報じられました。纒向遺跡に続いて邪馬台国《やまと》＝畿内説を裏付ける考古学的事実が、また一つ明らかになったのです。

桜井茶臼山古墳のある大和盆地東南部には、六基の古墳が集中しています。箸墓古墳、西殿塚古墳、桜井茶臼山古墳、メスリ山古墳、行燈山古墳《あんどんやま》（崇神天皇陵）、渋谷向山古墳《しぶたにむかいやま》（景行天皇陵）です。これらはいずれも、纒向時代の最高首長クラスの墳墓とみられる巨大前方後円墳で、墳形、埋葬施設（棺槨《かんかく》）、埴輪、石・副葬品（鏡・刀剣・農工具・石製品）、土器などから、編年が進められています。

今回話題になった桜井茶臼山古墳に葬られたのは、誰だったのでしょうか？　この古墳は、メスリ山古墳とともに、大型前方後円墳であるにもかかわらず、宮内庁から陵墓の指定を受けていません。つまり、天皇クラスの古墳とは認知されていないことになります。そして、二基とも、前方部が撥《ばち》型でなく柄《え》鏡《かがみ》型で、周濠を巡らせていない、古墳群を形成していない共通点があります。このことからも、被葬者が天皇に近い高位者だった人物と想定されます。

また、桜井茶臼山古墳、メスリ山古墳はともに、大量の武器（桜井茶臼山古墳からは銅鏃《ぞく》・鉄刀剣・鉄鏃、メスリ山古墳からは鉄製弓矢・銅鏃・鉄刀剣・槍先）が埋葬されていて、軍事に携わった人物の墓と考えられます。

桜井茶臼山古墳の被葬者は、天皇に準じる高位の将軍であった人物で、筆者は、崇神天皇の伯父、また岳父であり、四道将軍の一人として、大和朝廷の全国統一に功績のあった大彦命こそ、ふさわしい人物と考えています。一方、メスリ山古墳は、桜井茶臼山古墳に比べてやや新しいことから、被葬者は大彦命の長子で、四道将軍の一翼を担った、武渟川別命ではないかと考えています。

纒向周辺の六基の巨大古墳を、築造年代順に並べてみますと、箸墓古墳→西殿塚古墳→行燈山古墳（崇神天皇陵）→桜井茶臼山古墳（大彦命）→メスリ山古墳（武渟川別命）→渋

神武天皇～開化天皇までの系図

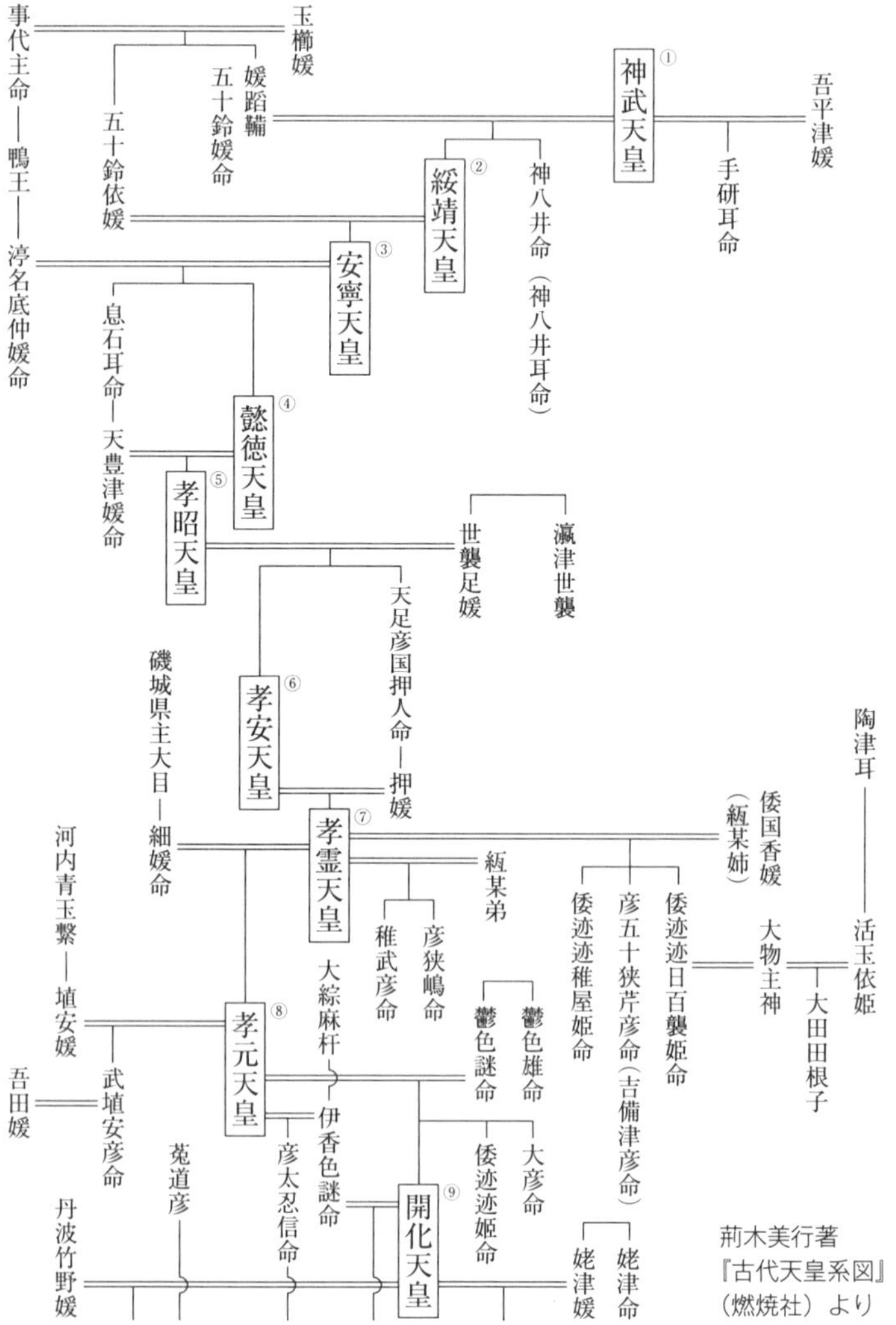

荊木美行著
『古代天皇系図』
（燃焼社）より

谷向山古墳（景行天皇陵）となります。ちなみに、崇神天皇と景行天皇の間の垂仁天皇陵墓は、奈良盆地東北部の佐紀《さき》盾列《たたなみ》古墳群にある宝来山《ほうらいやま》古墳とされています。しかし、この古墳の築造年代は三九〇～四一〇年頃とみられ、垂仁天皇の活躍時期（推定在位三二九～三三一年）とは一致しません。宝来山古墳は、少なくとも渋谷向山古墳より後にできたとするには、異論がないようです。そうしますと、この周辺の地域で垂仁天皇陵としての条件を満たす大型前方後円墳は、ほかに存在しないことになり、大きな謎の一つです。

第九代開化天皇と丹波征討

『古事記』では、第九代開化天皇を祖とする日《ひ》子《こ》坐《います》王（『日本書紀』では彦坐王）の系譜を載せていますが、日子坐王は、大和朝廷の丹波国征討に関係する人物です。『古事記』崇神天皇紀には、丹波征討の司令官として登場しますが、『日本書紀』ではこの丹波征討は、丹波道主《たにはのみちぬし》を丹波に遣わしたとあります。

丹波征討は、崇神天皇の治世前半に行われたので、世代・年代からいっても開化天皇の息子彦湯産隅命《ひこゆむすみ》か日子坐王のいずれかが派遣されたのではないでしょうか。丹波北部の竹《たけ》野《の》郡から娶った、開化天皇の妃竹野《たかの》媛の子供である彦湯産隅命が、母の出身地の討伐軍の大将になるのはふさわしくありません。やはり『古事記』が記載する日子坐王自らが丹波に遠征、そのまま丹波で勢力を拡大したと考えられます。

丹波に腰を据えた日子坐王は、息女狭穂《さほ》媛を垂仁天皇に入内させ、妃は皇后にまでのぼりますが、実兄の狭穂彦の反乱に巻き込まれ、焼死しています。皇后狭穂媛は最期に際し、従弟の丹波道主命の娘五人の入内を垂仁天皇にすすめ、その内の一人日葉酢《ひはす》媛が皇后に迎えられ、景行天皇（大足彦尊《おおたらしひこ》）はじめ三男二女をもうけています。

大和朝廷の尾張征討

『古事記』によれば、第八代孝元天皇が、尾張連等の祖、意富那毘《おほなび》の妹である葛城《かづらき》の高千《たかち》那毘売《なびめ》を娶り、ついで第一〇代崇神天皇は、『日本書紀』によれば、尾張大海媛《おわりのおおあまひめ》（『古事記』では意富阿麻比売《おほあまひめ》）が入内、皇妃の孫にあたる八坂入媛《やさかいりひめ》が景行天皇の妃となり、第一三代成務天皇はじめ一三人の皇子・皇女をもうけています。

このように、崇神天皇から景行天皇の間、尾張国と天皇家は深い関係にありました。当時、尾張国の国力が強かったのか、天皇家が尾張に進出、尾張の首長・県主が、息女を差し出したかは定かではありませんが、景行天皇の頃、倭武尊《やまとたける》が娘宮簀《みやす》媛を娶っていますので、孝昭天皇の時代に、すでに大和朝廷の尾張・東海進出の素地がつくられつつあったと考えられます。

大和朝廷の根幹でもある帝紀の問題について、東洋史家の植村清二は『神武天皇』（中公文庫）で、

一、初期の系譜的記事のすべてが、机上で制作されたと考えるのは、古人の構想力を高く評価しすぎるものである

二、帝紀は、もともと、系譜的記載だけのものである。『記紀』の原型は、帝紀に、旧辞が加わってできたと考えられるから、旧辞が欠けていたとしても、それは帝紀を疑う理由とはなりえない

三、七、八代にとどめず、さらに十数代を加えたならば、在位年数が不自然に長くなることもなく、『日本書紀』の年紀の矛盾は、かなりさけやすくなったはずである。それを試みなかったのは、むしろ帝紀そのものの所伝を、尊重したからではなかろうか

四、『記紀』には、歴代の天皇の陵墓の地名が記されている。これは「延喜式」の諸陵式の記載とはほぼ一致する。『記紀』編纂のころには、だいたい、記載に該当する陵墓が実存したようである。古代の諸天皇の系譜は、のちに作られたとすれば、陵墓も、のちに造作されたものと考えねばならなくなる。しかし、飛鳥地方に近い古くから開けた地域に、古代の天皇の墓と称するものを多数造営し、一般の承認をう

ることは、不可能と考えられる

と、崇神天皇以前の天皇は、最初から帝紀に記載されていたものであり、しかもそれは
古い伝承であったと述べています。

第二節　実在を疑問視される景行天皇と成務天皇
――宮都はともに高穴穂宮

第一二代景行天皇の九州巡幸

成務天皇の父にあたる景行天皇は精力的であったのか、全国各地を巡ったといわれる行動的な天皇でもあり、多くの皇妃を娶り、もうけた皇子・皇女は八〇人を数えたとあります。これが混乱の原因となったのか、景行天皇の系譜は、曾孫の娘と結ばれるといった、極端な指摘もあるほどの混乱を極めています。これは、古代の天皇家が拡大期を迎え、系譜を整理・記憶するための混乱とも考えられ、逆に各天皇の存在自体を証明する材料であると、筆者は考えています。景行天皇は、皇統譜上からは父が垂仁天皇、祖父が崇神天皇となりますが、実際これら三天皇は、兄弟の関係にあったのではないかとも考えられます。ここでは、景行天皇の九州全域にわたっての巡幸をたどってみます。

これまで述べたように、大和朝廷の全国統一・反乱鎮圧の動向は、第六代孝安天皇の頃から顕著になってきます。孝安・孝霊天皇による吉備地方の攻略、開化天皇の同母兄である大彦命の北陸・越の平定、開化天皇の皇子日子坐王（彦坐王）の丹波攻略、大彦命の長子武渟川別命による東国遠征と続いた後、景行天皇による九州巡幸となります。

『日本書紀』景行天皇紀によると、景行天皇は、景行十二年九月五日、山口県佐波《さば》に到着、それから、九州地方七三カ所を巡り、十九年九月二十日に大和へ帰還しています。七年余りの巡幸となりましたが、それほど長くは都を空けているわけにはいかなかったと思われます。巡行中、小倉・田川・行橋・中津・宇佐・別府・竹田から日向まで、熊襲や土蜘蛛、豪族たちと戦って勝利を収めています。しかし、大軍を繰り出しての戦闘が窺えないのは、当時の九州地方は、かつて大きな勢力を築いていた狗奴国（肥後国）の名残はなく、各地方の首長たちが、群雄割拠《ぐんゆうかっきょ》していた時代になっていたからとも考えられます。ただ、この景行天皇の九州巡幸に関しては、『古事記』は一切触れていないので、景行天皇に続いて、倭武尊による熊襲征討のエピソードが、景行天皇の事蹟とされたのかもしれません。

倭武尊の征戦

倭武尊に関する『古事記』『日本書紀』の記述は異例の長文で、熊襲征討・出雲建《いずもたける》討伐・東国征討など、大部にわたっています。倭武尊に関しては、現在も歌舞伎演目の一つ

倭武尊肖像（昭和17年発行、旧千圓札。清田泰興氏所蔵より）

「ヤマトタケル」や、美智子上皇后陛下の子供時代について語られた思い出で取り上げられた、「倭武尊と弟橘媛《おとたちばなひめ》」の話などが語り継がれています。

倭武尊の征戦のまず初めは、熊襲征討でした。景行天皇二十七年十月、反撃を繰り返し、辺境を犯す熊襲征討に、弱冠十六歳の倭武尊は美濃・尾張らの武人を率いて出立《しゅったつ》、熊襲の宴会の席で女装して、油断した熊襲の首領を刺し殺すという奇策を講じ、征圧することに成功を収めています。

これは『古事記』だけが記す事件ですが、出雲の首長である出雲大社の大宮司出雲建《たける》を誅殺《ちゅうさつ》する命を受けて出雲に赴きます。そこで、出雲建を河で沐浴するように誘った倭武尊は、密《ひそ》かに用意した木刀を出雲建の鉄剣とすり替え、事を成し遂げたのです。発端は、出雲大社に代々受け継がれてきた神宝をめぐって、崇神・垂仁天皇との間に起きた事件です。まず、崇神天皇が命じた神宝の提出を拒否した、第一〇代出雲国造の兄弟が大和朝廷によって誅殺されたことです。次いで、垂仁天皇は、神宝の調査にあたった物部連《もののべのむらじ》に、神宝を大和の石上《いそのかみ》神宮におさめるように命じたのです。これは神宝にかこつけて、出雲の大和朝廷に対する忠誠心を試《ため》した、朝廷の命令でした。このような背景があっての、倭武尊の出雲建誅殺・征討だったのではないでしょうか。

倭武尊一行は日代宮を出発、伊勢神宮に立ち寄った際には、伯母の倭姫命《やまとひめ》から草薙《くさなぎ》剣を授かり、そのお陰で駿河国では無事野火からの難を逃れることができたといいます。また、相模国から上総《かずさ》国へ船で海を渡る際、突然の暴風雨に襲われたのですが、同行した弟橘媛が、海神を鎮めるため入水《じゅすい》して、無事渡海することができ、その後は、陸奥国の蝦夷の国境に至り、蝦夷の首領を捕虜とし、帰途に着いています。

倭武尊の東国での活躍は、『常陸国風土記』『風土記逸文　陸奥国』などにもその名が出てきます。東国征討を見事果たした倭武尊は、その後、常陸を経て甲斐の国に至り、甲斐から武蔵、上野《こうづけ》をめぐり、碓氷《うすい》峠まで進み、信濃・美濃を経て尾張に戻り、ここで安らぎのひと時を過ごします。しかし、伊吹山の大蛇を退治するため向かった途中、病を得て伊勢の能褒野《のぼの》で薨《みまか》りました。その時、倭武尊は白鳥となって、懐かしい大和へと飛んでいったという「白鳥伝説」が伝えられています。なお、倭武尊は各地でその偉業がしのばれ、伊勢の能褒野、大和の琴弾原《ことひきのはら》、河内の古市邑《ふるいちのむら》に白鳥陵《しらとりのみささぎ》が造られ、これら三都市は、交流都市としての関係を結び、現在も倭武尊を尊崇しています。

しかし、多くの古代史研究者からは、その実在が否定されています。それらの反論として筆者は、景行天皇と倭武尊の事蹟をたどり、その実在を確信するに至りました。

第一三代成務天皇の事蹟

①『日本書紀』『古事記』から

まず、数少ないながら、『日本書紀』景行天皇紀から、成務天皇に関する記事を抜き出してみました。

- 五十一年、群卿を招いての宴《うたげ》に、稚足彦皇子と武内宿禰《たけのうちのすくね》が不在なのを怪しみ問いただしたところ、「群卿、百寮〔官〕は、心はかならず遊びにあって、国家にはありません。もし狂人がいて、垣、高殿の隙《すき》をうかがうかもしれない。それで門の下に侍《い》て非常に備えておりました」と奏上したところ、天皇は「よくわかったといい」、それ以後二人を寵愛した。
- 同年、稚足彦皇子を皇太子にたて、同じく武内宿禰を棟梁《とうりよう》の大臣とした。

・五十八年、近江国に行幸、志賀に居ること三年。これを高穴穂《たかあなほ》の宮という。
・六十年、高穴穂の宮で崩御。年百六歳。

以上が、稚足彦皇子（成務天皇）関連の記事です。

次は、景行天皇による武内宿禰の起用です。成務天皇と武内宿禰は同月同日の生まれであったことから、景行天皇は武内宿禰を特に可愛がり、先の宴席の際にも二人の態度をほめ、特に取り立てています。武内宿禰は、『古事記』『日本書紀』にいずれも孝元天皇のつながりとしていますが、それよりも彼は名族葛城氏の当主であり、母は紀氏の出です。武内宿禰は成務天皇即位後、内《うちの》（宇智の）大臣《おおおみ》となり、終生のパートナーとして成務天皇を内政面で補佐していくことになります。

そして、景行天皇の本来の宮都は纒向の日代宮で、近くには垂仁・崇神天皇の宮都があり、いわゆる纒向文化、古墳時代初期（二〇〇～三四〇年）の中心地として盛えていた地と思われます。ところが、景行天皇は晩年、この地を離れ、近江の高穴穂宮に行宮《あんぐう》を設けています。その理由は、軍事上、北陸・東国そして西国・山陰に兵を動かすには、纒向日代宮では不便であったことによります。

高穴穂宮（大津）からは、北陸・山陰、ひいては朝鮮半島へ、また、美濃・尾張・東海・関東への格好の基地となったのです。そこで出雲・常陸・播磨・肥前・豊後の『風土

高穴穂宮（高穴穂神社）

記』から、成務天皇が関係する事項を拾ってみました。成務天皇については後述しますが、景行天皇と倭武尊は、殆ど現地に足を運んだ際の逸話・出来事など古老が語ったものですが、東へ西へと軍旅を重ねた様子が分かります。

景行天皇が纒向日代宮を去ったのが三四〇年頃、この頃、纒向文化が廃絶したことが考古学上確認されています。『古事記』分注崩年干支によれば、成務天皇の崩御は、三五五年とありますので、最長で三四五～三五五年、短くみて三五〇～三五五年頃が治世の期間となります。これは、子女を一人しかもうけていないことからも推測されます。

若帯日子《の》天皇、近つ淡海の志賀《しが》の高穴穂宮《たかあなほの》に坐しまして、天の下治らしめき。この天皇、穂積《の》臣等の祖、建忍山垂根《たけおしやまたりね》の女、名は弟財郎女《おとたからのいらつめ》を娶して、生みませる御子、和訶奴気《わかぬけの》王。一柱 故、建内《の》宿禰を大臣《おおおみ》として、大国《おほくに》小国《をくに》の国造《くにのみやつこ》を定めたまひ、また国の堺《さかひ》、また大県《おほあがた》小県の県主《あがたぬし》を定めたまひき。天皇の御年、九十《ここのそじまり》五歳《いつとせ》。乙卯の年の三月十五日に崩りましき。 御陵は沙紀《さき》の多他那美《たたなみ》にあり。

右に掲げたのが『古事記』成務天皇紀の全文で、天皇の業績を極めて簡潔にまとめたものです。次に『日本書紀』成務天皇紀から、行政区画・改革の個所を挙げてみました。

四年、春二月一日、詔して「わが先皇のオオタラシヒコ天皇は聡明《そうめい》で神〔のような〕武〔勇〕をもち、予言をうけて〔天皇位の〕図《しるし》をうけとっ〔て皇位につい〕た。天〔意〕にかない人〔心〕に順《したが》い、賊をうちはらい正〔道〕にかえった。徳は、天が世界をおおうのにひとしく、道は自然の理にかなっていた。こうして、天下みな王〔土、王〕臣でないものはなく、霊気はみなその処《ところ》を得た。今、朕が皇位を嗣《つ》ぎ、朝に夜に緊張しておそれつつしんでいる。しかるに人民はうごめく虫のように、あらあらしい心をあらためない。これは国、郡に君長なく、県《あがた》、邑に首領がいないからだ。

今からのち、国、郡に長を立て、県、邑に首を置こう。すぐにそれぞれの国の才幹ある者を取り、その国、郡の首長に任ぜよ。これは、中区《〔央〕》を守護する藩屏《かきね》となる」といった。

五年、秋九月、諸国に〔命〕令して、国、郡に造長《みやつこおさ》を立て、県、邑に稲置《いなき》を置いた。ともに盾と矛をさずけて表《しるし》とした。そして山河をへだてて、国、県を分け、阡陌《せんぱく》〔東西南北の道〕のままに、邑、里を定めた。それで東西を日の縦とし、南北を日の横とし、山陽《〔南〕》を影面《〔光〕とも》といい、山陰《〔北〕》を背面《そとも》といった。これによって、百姓は〔平〕安に居〔住し〕て、天下は無事であった。

『日本書紀』成務天皇紀の記事は、上記のほかは、景行天皇の崩御と埋葬、自身の即位、武内宿禰と同月同日の生まれで寵愛した、といったもので、極端に少ないのです。

それにしても、成務天皇は即位直後、武内宿禰を大臣として起用、短い治世ながら、一気に行政改革を進めることになります。次ページの「大和朝廷と関東北部国造三家と乎獲居臣」の図は、孝元天皇の第一皇子である大彦命とその長子武渟川別命、そして崇神天皇の第一皇子である豊城入彦《とよきいりひこ》命とその一族による関東北部への進出を表わしたものですが、これによりますと、上毛野《かみつけの》・下毛野《しもつけの》・那須の三国造と埼玉の豪族乎獲居臣《おわけおみ》家の成立が明ら

大和朝廷と関東北部国造三家と乎獲居臣

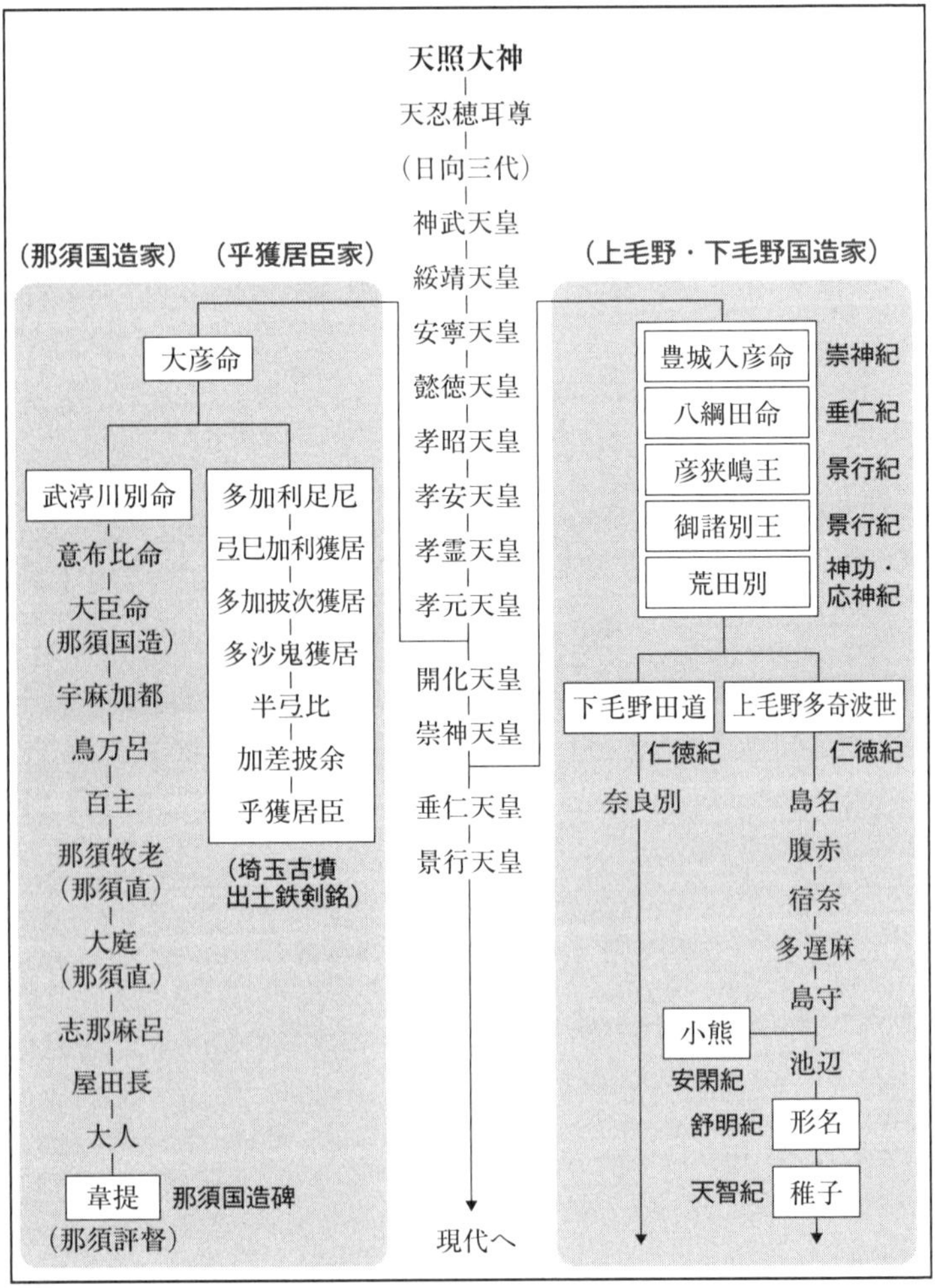

山田宗睦訳『原本現代訳　日本書紀』（ニュートンプレス）、近藤敏喬編『古代豪族系図集覧』（東京堂出版）を参考に作成

かになります。

これらは、全国的に見ればほんの一例にすぎないとは思われますが、畿内から将軍たちが地方に散り、貴族を迎える豪族たちもいたのでしょう。経済の成長とともに地方の有力者たちの勃興、勢力拡大もあったと思われます。なにしろ、成務天皇の次の代、仲哀天皇、神功皇后は、朝鮮半島西南部に積極的に介入を始めたのですから。

全国の統一はもちろん、一〇〇カ国に近い国々が、国の境、郡や県の範囲も確定していないようでは、兵を調達して、朝鮮半島への渡海などありえない話です。肝心の首長も、畿内から天下《あまくだ》った人物もいたと思われますが、長年地方で人望のある首長たちもたくさんいたはずです。

②『先代旧事本紀』から

『古事記』『日本書紀』は、諸国の国境を定め、国造以下を任命したことについての記述はありませんが、『先代旧事本紀』第十巻国造本紀には、天皇の代ごとに国造が任命された記録が載っています。そこで筆者は、天皇の宮都と国造が任命された諸国名のリストを作成してみました。そもそも『先代旧事本紀』は、平安朝初期に編纂されたと伝えられ、江戸時代には偽書扱いを受けていたという物部氏の家記ですが、ただ巻十国造本紀は検討に値するものと筆者は思っています。全国一〇〇カ国余の内、六十余国が成務天皇の治世下で国々がまとめられ、国造が新たに任命ないしそれまでの首長たちの領土が安堵され、追認されているのが分かります。

興味深いのは、成務天皇の時代だけではありません。たとえば、神武天皇の治世、大和朝廷の直接の支配下にあったのは大和周辺と北九州、壱岐と対馬です。これだけでも朝鮮半島大陸へのルートは、もともと確保されていたということが分かってきます。

『日本書紀』崇神天皇紀には、天皇が悪気《わるぎ》をおこして、出雲大社にある神宝を差し出すよう出雲国造に命じ、国造が偶々《たまたま》筑紫へ出掛けた留守中、弟がいわれるがままに献上、それを知った国造が弟を誅殺するという事件が記されていますが、この事件をきっかけに、大和朝廷の出雲支配が本格化したともいえます。

国造制度などは、これらの時代などにはなかった、国造という称号自体新しいものだと、歴史学者たちは安易に本質を忘れ、否定し続けています。呼称などは漢字で表せば、重々しくなりますが、「クニ」や「ヤッコ」などの呼び方は本来、古くからあったはずです。「オビト」「アガタ」「ヌシ」などもそうだったと思います。

すでに記しましたように、『古事記』成務天皇紀は短く、その中で天皇の事蹟・業績については、建内宿禰を大臣《おおおみ》とし、大国《おおくに》・小国《をくに》の国造《くにのみやつこ》を定め、また国国の境、また大県《おおあがた》・

天皇と国造

天皇（宮都）	国名
神武（橿原）	大倭　葛城　凡河内　（和泉）（摂津） 山城　伊勢　素賀　紀伊　宇佐　津嶋
開化（春日率川）	三野前
崇神（瑞籬）	知々夫　上毛野　浮田　科野　久比岐　高志深江 出雲　吉備中県　波久岐　波多　火　阿蘇　石見
景行（纒向日代）	甲斐　那須　吉備穴　穴門　阿武　葦分　大隅　薩摩
成務（志賀高穴穂）	山背　伊賀　嶋津　尾張　参河　遠淡海　珠流河　廬原 相武　師長　无邪志　須恵　馬来田　上海上　伊甚 武社　菊麻　阿波　新治　筑波　仲　久自　高　淡海 額田　三野後　斐陀　阿尺　思　伊久　染羽 信夫　白阿　石背　石城　高志　三国　角鹿 能等　伊弥頭　佐渡　但遅麻　二方　稲葉 波伯　針間　針間鴨　吉備風治　阿岐　大嶋 熊野　長　伊余　都佐　筑志　筑志米多 豊　国前　比多　末羅　天草　葛津
仲哀（筑紫香椎）	久努
神功皇后	伊豆　怒麻
応神（軽嶋豊明）	印波　下海上　茨城　道奥菊多　道口岐閉　意岐 明石　大伯　上道　三野　加夜　笠　周防　粟 讃岐　久味　小市　風速　日向
仁徳（難波高津）	（下毛野）越前　加宜　都怒　淡道　松津
反正（柴垣）	江沼
允恭（遠飛鳥）	若狭
雄略（泊瀬朝倉）	穂　加我　羽咋
継体（磐余玉穂）	伊吉嶋
元明（諾羅）	出羽　（丹後）（美作）
嵯峨（嵯峨）	（加賀）
〈不明〉	胸刺　多褹嶋

小県《をあがた》の県主《あがたぬし》を定めた、とあります。しかし、十年ほど前のことですが、気鋭の学者として注目していた笠原秀彦氏は、『歴代天皇総覧』（中公新書）の中で、成務天皇について次のように記しています。

成務天皇の事績についてはほとんど伝えられるところがない。孝元《こうげん》天皇の孫といわれる蘇我氏の始祖、武内宿禰《たけのうちのすくね》を大臣として、地方の支配を徹底させるため国造、県主（稲置《いなき》）を設置したことや、国と国との境目を画定する境界を設けたことが知られる程度である。

こうしたことから、成務天皇は実在性に乏しく、日本武尊や神功皇后などの説話によって応神《おうじん》天皇までの皇統を作為的に後代追加された可能性が高い。

これは、成務天皇の存在を否定するかたよった言説で、きわめて残念な見解です。

③『風土記』から

次に、『風土記』から、成務天皇の実在性について迫ってみました。『風土記』は、『日本書紀』の編纂に際し、朝廷（天武天皇）から各国に対し国・郡の起源、由来、土地にまつわる伝説、物語などの提出を求めたもので、現在は、出雲・常陸・播磨の三カ国のみが完本として残り、その他の国々は散逸が激しく、数カ国分が逸文として知られているのみです。

その遺された「常陸風土記」（多珂《たか》の郡）と、「播磨風土記」には、成務天皇斯我高穴穂《しがのたかあなほ》宮大八洲照臨《おおやしましろしめしし》天皇の事蹟が記録されています。

〔多珂《たか》の郡〕

東と南とはともに大海（太平洋）、西と北は陸奥と常陸の二つの国の堺の高い山である。

古老がいうことには、「斯我高穴穂《しがのたかあなほ》宮大八洲照臨《おおやしましろしめしし》天皇（成務天皇）のみ世に、建《たけ》御狭日《みさひの》命をもって多珂の国造に任じた。この人が初めてやって来て地形を巡歴踏査したとき、峰はけわしく山がたかいところだと思って、それで多珂の国と名づけた」。《建御狭日命はこれすなわち出雲臣と同属である。今多珂・石城といっているのがこれである。風俗《くにぶり》の説《ことば》に「薦枕《こもまくら》多珂の国」といっている。》

建御狭日命は、派遣されたその時に久慈〔郡〕との堺の助川をもって道前《みちのくち》とし《郡役所を西北に去ること六十里、今なお道前《みちのくち》の里と称している》、陸奥《みちのく》の国の石城《いはき》の郡の苦《く》麻《ま》の村を道後《みちのしり》とした。

その後難波の長柄豊前の大宮に天の下をお治めになった天皇（孝徳天皇）のみ世になって、癸丑《みずのとうし》の年（六五三年）に、多珂の国造石城直《いはきのあたひ》美夜部《みやべ》と石城評造《いはきのこほりのみやつこ》部《ともの》志《し》許《こ》赤《あから》らが、惣領高向《たかむこ》の大夫に申請し、所管の地域が遠く隔っていて往来するのに不便であるということをもって、分かって多珂・石城の二つの郡を置いた。《石城の郡は今は陸奥の国の域内にある。》

ここでは、成務天皇の御世、建御狭日《たけみさひ》命が国造として派遣されたこと、命は出雲臣の同族であったことが記されています。命はこの時、久慈郡の境を流れる助川よりを道前とし（それより北）陸奥国の石城の郡の苦麻の村までを道後と、道前に郡役所を置いたとしています。

ここで注目されるのは、建御狭日命という名です。先の『先代旧事本紀』第十巻国造本紀には、高国造として彌佐比命《みさひのみこと》として記されています。「建御狭日命」と「彌佐比命」ですが、「建」を勇ましい男を表わす接頭語、冠詞とすれば同一人物となります。「建」を冠する武人は古代では『日本書紀』『古事記』をひもとけばたくさん出てきます。

そして、以下に挙げる「播磨風土記」（印南の郡）には、次のようにあります。

〔印南の郡〕

（前略）志賀の高穴穂《たかあなほ》の宮に天の下をお治めになった天皇（成務天皇）の御世に、丸《わに》部臣《べのおみ》らの始祖比古汝茅《ひこなむち》を遣わして国の境界を定めさせた。その時、吉備比古《きびひこ》・吉備比《きびひ》売《め》の二人が出てきてお迎えした。そこで比古汝茅が吉備比売をめとって生んだ児が印《いな》南別嬢《みのわきいらつめ》である。この女性の容姿の端正なことはその世にすぐれていた。その時大帯日古天皇（景行天皇）は、この女性をめとりたいと思われ、ここに下っておいでになった。別嬢はこれを聞いてすなわち前記の島に逃れてここに隠《す》び（隠れ）ていた。だから南毗都麻という。

以上遺された「常陸風土記」および「播磨風土記」からの成務天皇の記録です。すでに述べたように『風土記』は散逸が激しく、完本として残っているのは上記二カ国に加えて「出雲風土記」があるのみです。

なお、時代は遡りますが、第五代孝昭天皇（観松彦香殖稲天皇《みまつひこかえしね》）についても、「播磨風土記」餝磨《しかま》の郡には、「餝磨とよぶわけは、**大三間津彦命**《おおみまつひこのみこと》がここに屋形《やかた》を造っておいでになった時、大きな鹿があって鳴いた。その時、王《おほぎみ》はみことのりして、『壮鹿《シカ》も鳴くことよ』

と仰せられた。だから餝磨郡となづける」とあります。

また、『古事記』の序文には、

神倭天皇《かむやまとのすめらみこと》、秋津島《あきづしま》に経歴したまひき。化熊《くわいう》川を出て、天剣《てんけん》を高倉《たかくらじ》に獲《え》、生尾《せいび》径《みち》を遮《さえぎ》りて、大烏《たいう》吉野に導きき。舞《まひ》を列《つら》ねて賊《にしもの》を攘《はら》ひ、歌を聞きて仇《あだ》を伏《したが》はしめき。すなはち、夢《いめ》に覚《さと》りて神祇を敬《ゐやま》ひたまひき。所以《このゆえ》に賢后《けんこう》と称《まを》す。烟《けぶり》を望みて黎元《れいげん》を撫《な》でたまひき。今に聖帝と伝ふ。境《さかひ》を定め邦《くに》を開きて、近《ちか》つ淡海《あふみ》に制《をさ》め、姓《かばね》を正し氏《うぢ》を撰《えら》びて、遠《とほ》つ飛鳥《あすか》に勒《おさ》めたまひき。

と、歴代天皇から五名の天皇の名を挙げ、神武・崇神・仁徳・允恭《いんぎょう》天皇の事蹟とともに、「境を定め邦を開き（国造や県主を定めること）て、近つ淡海に制め」と、成務天皇を讃えています。成務天皇は佐紀《さき》盾列池後《たたなみのいけじりの》陵に葬られています。筆者も訪れたことがありますが、近鉄西大寺駅からすぐ近くに、多くの陵が密集していて、どうしてこのような狭いところに、という思いでした。成務天皇陵の隣は、大叔母に当たる日《ひ》葉《ば》酢《す》媛命（垂仁天皇の皇后）の陵で、成務天皇が若い頃可愛がられた関係もあったのではないかとも推測されます。

　このように、限られた時代の記録の制約の中で、歴史の真実を求める意志さえあれば、欠史八代といわれる綏靖から開化天皇、並びに景行、成務天皇の実在とその事蹟をたどることができるのです。

第三節　武内宿禰の登場

武内宿禰の活動期間

武内宿禰《たけのうちのすくね》は、纒向時代末期の『日本書紀』第一二代景行天皇紀に登場、第一六代仁徳天皇（『古事記』では第一三代成務天皇から仁徳天皇）まで、大臣として各天皇と神功皇后に仕え、功績を残した人物です。二百歳以上の長寿を保ち、七人の息子たちもそれぞれ大和朝廷を支えた有力氏族の始祖となっています。この二百歳以上の長寿が、戦後、実存が否定される大きな要因となっています。

筆者は武内宿禰の活動期間を、景行天皇末期から成務天皇（三五五年崩御）、仲哀天皇（三六二年崩御）、そして神功皇后のいわゆる摂政期間（三六二〜三八九年）の全体を通しての四十年間、長く見ても四十五年間と考えています。

近年研究が進み、『日本書紀』『古事記』に加え、朝鮮半島の『三国史記』高句麗本紀・百済《くだら》本紀・新羅本紀、そして金石文（百済王から倭国に贈られた七枝刀《しちしとう》、第一九代高句麗王を顕彰した「広開土王碑」）などによって、四、五世紀の年代区分が詳しく判明してきました。筆者による年代の策定は以下のとおりです。

第一三代成務天皇　即位（推定）三五〇年　崩御三五五年 ※
第一四代仲哀天皇　即位（推定）三五六年　崩御三六二年 ※
摂政　神功皇后　即位（推定）三六三年　崩御三八九年
第一五代応神天皇　即位（推定）三九〇年　崩御三九四年 ※
（二帝並立）　三九五年・三九六年
第一六代仁徳天皇　即位（推定）三九七年　崩御四二七年 ※

※……『古事記』分注崩年干支による

年代論に関しては、これまで拙著『日本古代史　正解』（講談社）、『暦で読み解く古代天皇の謎』（PHP研究所）などでたびたび触れていますように、『日本書紀』の編纂者は、『魏志倭人伝』が伝える卑弥呼（天照大神）と台与を、神功皇后在世中のこととしています。一方、江戸時代からほぼ分かっていたのですが、『日本書紀』の紀年は応神天皇まで干支二巡、一二〇年の延長が図られていたのです。

神功皇后の在位期間は六十七年ですが、『日本書紀』によると、ちょうど真ん中の四十年余りの期間の記事がありませんので、ここで四十年の紀年が延長されています。つま

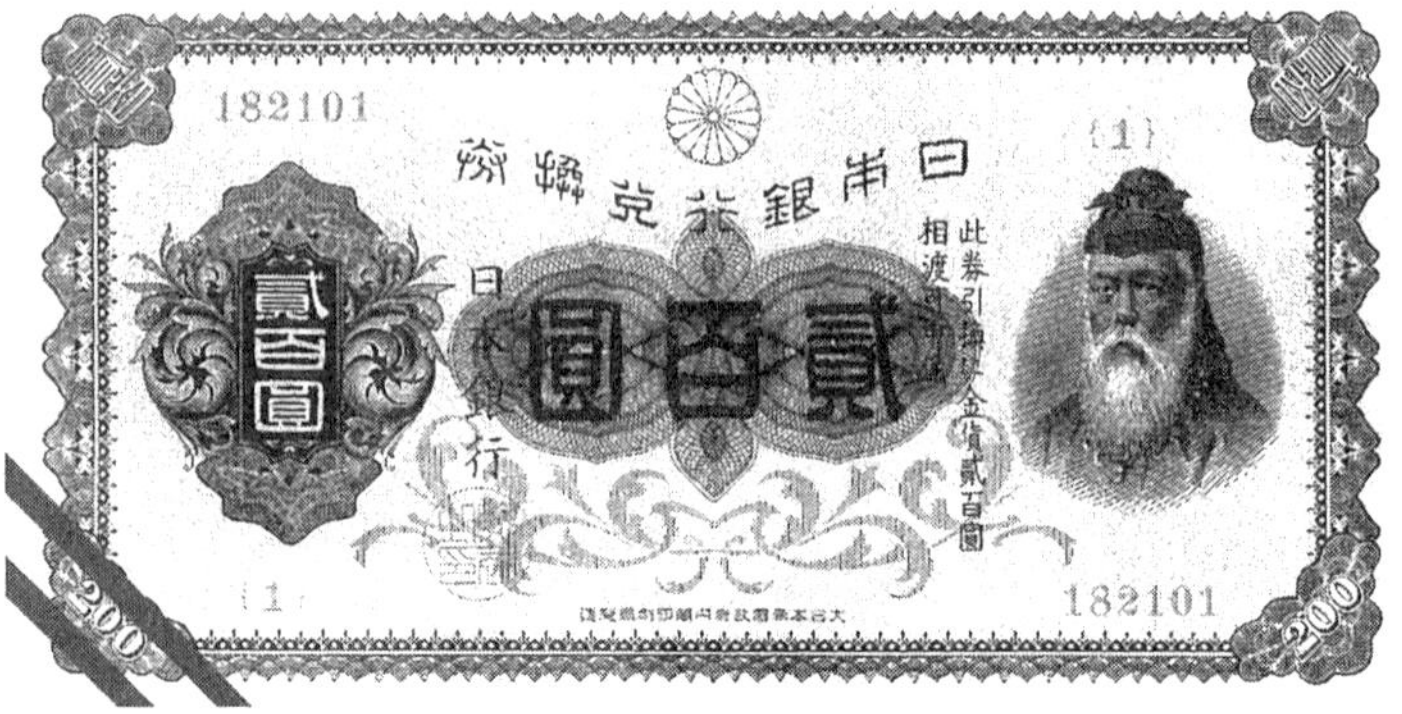

武内宿禰肖像（昭和２年発行、旧貳百圓札。清田泰興氏所蔵より）

り、神功皇后の在位は三六三年から三八九年の二十七年間となります。このことは仲哀天皇崩御三六二年の後、①誉田別《ほんだわけ》皇子（後の応神天皇）の立太子、②天皇に準じる活動に必要な期間、③誉田別皇子に数人の皇后・皇妃を配しての血統を次代につなげていくのに最低必要な期間、なども勘案しますとギリギリの在位期間になるのです。

武内宿禰は、この神功皇后の治世二十七年間のすべてにわたって仕え、幼い誉田別太子の養育のほか、政治・軍事に至るまで神功皇后の補佐を全うしたのです。また、彼の子供たちもいずれも宿禰として、特に朝鮮半島の三国との外交関係で名を残しています。

武内宿禰の出生

これまで知られている武内宿禰像は、旧貳百円紙幣のいかめしい老武将の姿と、神功皇后と太子（後の応神天皇）に寄り添う、守護神的なイメージであったと思います。

武内宿禰に関して、これまでに分かっているのは、

- 武内宿禰の母が『古事記』では、紀国造《きのくにのみやつこ》の祖宇豆比古《うづひこ》の妹山下影日売《やましたかげひめ》であること、一方『日本書紀』景行天皇紀では、紀直《あたい》の遠祖菟道《うち》彦の娘影媛《かげひめ》としていることから、彼の伯父は間違いなく紀国造関係の宇豆比古（菟道彦）と考えられること
- 武内宿禰の子弟は九名、内二名が女性、その内の一人は応神天皇の妃として入内していること
- 男性のうち七名は、葛城襲津彦《かずらきのそつひこ》、紀角宿禰《きのつののすくね》、平群木菟宿禰《へぐりのつくのすくね》、蘇我石川宿禰、羽田矢《はたのや》代宿禰《しろのすくね》、巨勢小柄宿禰《こせのおがらのすくね》、若子宿禰《わくごのすくね》（若子宿禰だけは、若君、末子の意味で対象外）と、六名が地域の名を冠していること

です。

一方、肝心の武内宿禰という名前については、最近判明したのですが、葛城と紀国の境である枢要の地「宇智」（五條市中心部）を名乗っていたのです。武内宿禰は宇智宿禰《うちのすくね》であったのです。これについては、後述する『三国史記』列伝第五「于老《うろう》事件」で詳述します。

武内宿禰の事蹟・業績

武内宿禰は景行天皇の末期、太子稚足彦《わかたらしひこ》（後の成務天皇）と同月同日生まれということで、景行天皇にことのほか可愛がられ、登用されていたことは知られています。彼の業績と考えられるのは、まず成務天皇（在位推定三五〇〜三五五年）の治世下での行政区画の整理・再編であったと考えられます。

我が国の場合、中国大陸や朝鮮半島三国と違い、地元に根を張った勢力が何世紀もの間その地を支配していた可能性が高く、国造といっても新任もあったでしょうが、追認されたほうが多かったと思われます。それにしても領国の安堵、近隣諸国との調整だけでも大変な仕事だったでしょう。『先代旧事本紀』第十巻国造本紀には、百余国の内なんと成務天皇治世下で六〇カ国が整理・画定を完了しています。これらの事業は武内宿禰の強力な統制力、指導力、調整能力があってのことと考えられます。『古事記』の編者太安万侶《おおのやすまろ》は、「序第一段　稽古照今」の中で、すでに述べたように五人の聖帝の一人として「境《さかひ》を定め邦《くに》を開きて、近《ちか》つ淡海《あふみ》に制《をさ》」と、神武・崇神・仁徳・允恭天皇と並んで成務天皇の業績を讃えています。

武内宿禰の次の業績は、神功皇后によるいわゆる新羅征討です。高句麗の南下に押されて、南に活路を求めざるをえなかった百済と新羅、両国に挟まれた任那《みまな》の地で居留民を多数抱えていた倭国、加えて両国の倭国に対する偏見なども要因となって、争いが避けられなかったのでしょう。また、倭国も渡海して行動を起こさなければならない状況に追い込まれていたのです。

仲哀天皇と神功皇后はともに九州の香椎宮《かしい》を宮都として熊襲を平定、新羅攻略を計ることになります。そして新羅征討の準備となったのですが、まず先に熊襲討伐を主張した仲哀天皇と、神託によって新羅征討を先にと主張する神功皇后とで意見の食い違いが起こった矢先に、仲哀天皇が突然崩御したのです。

仲哀天皇という後ろ盾を失った神功皇后にとっては、やがて生まれてくる我が子（後の応神天皇）の将来が閉ざされることを意味するからです。仲哀天皇亡き後、そのまま大和に帰るとなれば、皇位は仲哀天皇と大中姫《おおなかつ》との間にすでにもうけた麛坂《かごさか》・忍熊《おしくま》皇子のいずれかに移ることになり、自身と幼子《おさなご》に危険がおよぶことを覚悟しなければならなかったのです。神功皇后の新羅征討の背景には、幼子を守る神功皇后の強い決意が読み取れます。

神功皇后による新羅征討では、倭国軍は新羅の王都金城（月城）を陥落させ、国王は謝罪と今後の朝貢を約束して、戸籍までも献上したのです。神功皇后自身が渡海したとは信じられませんが、少なくとも筑前から対馬国には渡ったものと思われます。この時の主役は、武内宿禰でした。全軍を率い、対馬国から朝鮮半島東海岸沿いを海流にのって迎日湾《げいじつ》に侵入、倭国と靺鞨《まっかつ》からの侵入に備えて築かれた城を一つ、二つ抜けば、王都金城は間近です。『日本書紀』によれば、

冬一〇月三日、和珥《わに》の津〔対馬上県郡鰐浦〕より〔出〕発した。ときに、飛廉《ひれん》〔風神〕は風を起こし、陽侯《ようこう》〔波の神〕は波を挙げ、海中の大魚は、ことごとく浮いて船を扶《たす》けた。大きな風が順《おい》〔風《かぜ》〕に吹き、帆船は波のまにまにすすんだ。舵《かじ》や櫂《かい》をはたらかせず、すぐに新羅《しらき》に到〔着〕した。この時船についてきた潮浪が、遠く国の中にまでおよんだ。そこで知るのだが、天神地祇はことごとく助けたのではないか。新羅王は、これで、戦戦兢兢として身をおくところもなかった。諸人《もろびと》を集めて、「新羅の建国以来、海水が国〔土〕をこえるなど聞いたこともない。もしや天運が尽きて、国が海となるのであろうか」といった。

とあります。年代的には三六二～三年のことですが、『三国史記』新羅本紀では三六四年に倭軍の王城攻略が記されていますが、毎年のように王城にまで攻め込むはずもなく、

両国の記録は同じ戦いを指していると、筆者は考えています。

この渡海作戦は無事勝利を収めましたが、次は、仲哀天皇の崩御を秘しての帰還と、仲哀天皇と大中姫との間に生まれた麛坂・忍熊皇子との皇位継承戦が控えていました。生まれたばかりの誉田別《ほんだわけ》太子の命運も瀬戸際に立たされていましたが、新羅征討に成功しての河内・摂津での戦闘は、神功皇后に勝利をもたらしたのでした。

武内宿禰と于老事件

神功皇后の実在、ならびに神功皇后の最大の足跡ともいえる新羅征討について、戦後多くの学者が否定してきました。ところが、『三国史記』列伝第五には、神功皇后の側近として新羅征討を指揮した武内宿禰に加え葛城襲津彦に関する次のような記述があったのです。

沾解《てんかい》王（第一二代。在位二四七―二六一）が王位にある時、かつてわが国に服属していた沙梁伐国《さりようばつこく》（慶北尚州郡）が、突然背《そむ》いて百済《ひやくさい》に帰順した。〔そこで〕于老は兵を率いて討ち、滅ぼしてしまった。七年（二五三）癸酉、倭国の使臣葛那古《かつなこ》が、〔客〕館に居る〔時〕、于老が接待した。〔于老は〕客に戯れて、早晩、そなたの国の王を塩奴〔潮汲み人夫〕にし、王妃を炊事婦にしよう。

と言った。倭王はこの言を聞いて怒り、将軍于道朱君を遣わして、わが国を討った。大王は出て柚《ゆう》村に住んでいたが、于老は、

この度の患《わざわ》いは私が言葉を慎まなかったことが原因です。私がその〔折衝に〕当たりましょう。

と言って、倭軍〔の陣営に〕行き、

前日の言は戯れに言ったまでのことです。軍を興してこのようにまでなるとは、思ってもみませんでした。

と言ったが、倭人は答えず、彼を捕えた。〔そして〕柴《しば》を積んで〔于老を〕その上に置き、焼き殺して去って行った。〔後略〕

事の発端は、新羅の重臣昔于老《せきうろう》の軽はずみな倭国王を侮蔑した発言でしたが、この発言が倭国王の怒りを買い、両国間の一時的な戦乱を引き起こすことになったのです。この事件について『三国史記』の編著者金富軾《きんふしき》は、「一言のあやまちが、自らの命をとり、また両国を交戦させることになった」と、于老の不用意な発言を非難しています。金富軾は、倭国でいえば『古事記』の編纂者太安万侶と同じような立場の人物と考えられますので、

この発言は信用に値すると考えられます。

なお、この事件は、『三国史記』新羅本紀二四九年の条には、「夏四月、倭人が舒弗邯の于老《うろう》を殺した」とあり、注として「『日本書紀』巻九神功皇后摂政前期後部の分注記事はこの報復記事と関連している」とあります。

そして、この事件が我が国にとって重要なことは、倭国の使臣葛那古《かつなこ》と将軍于道朱君の名前が記されていることです。葛那古は明らかに葛城襲津彦、于道朱君は葛城襲津彦の父武内宿禰に同定されることです。といいますのは、武内宿禰の「武」は尊称であり、彼は葛城と紀国の境である五條市中心部宇智の出身であることから、宇智＝宇道・干道を名乗っていたのではないかと考えられます。宇智の辺りには、現在も宇智川・宇智神社・ＪＲ宇智駅など、往時をしのんだ地名が残っています。

この事件が起こったのは、新羅第一二代沾解尼師今《てんかいにしきん》の七年（二五三）癸酉《みずのととり》とありますが、ここで思い起こされるのは、紀年の延長です。二五三年に干支を一巡六〇年延長しますと、三一三年頃となり、倭国では崇神天皇の頃（三一八年崩御）ですから、成り立たないことになります。干支二巡一二〇年延長しますと三七三年頃となりますので、神功皇后・誉田別太子・武内宿禰・葛城襲津彦はいずれも存命中です。

神功皇后と武内宿禰らによる新羅征討は、仲哀天皇崩後の三六二、三年のことで、『三国史記』列伝が伝える昔于老の事件とは十年以上の差があり、別の事件と考えられますが、この頃倭国がたびたび新羅に侵攻し、首都金城を包囲していたことを、『三国史記』新羅本紀の三四六年、三六四年の記事ならびに高句麗第一九代広開土王を顕彰した「広開土王碑」などが伝えているのです。

百済王交代の真相

またこの時期、于老事件と同じような事件が、倭国と百済の間でも起こっています。『三国史記』百済本紀の三九二年の条に、「冬十月、高句麗〔軍〕は関彌城を攻めおとした。王は狗原で田猟していたが、十日たってもかえってこなかった。十一月、王が狗原の行宮《あんぐう》で薨去した」と、第一六代辰斯《しんし》王の変事と薨去を伝えています。一方、『日本書紀』の応神天皇三年（三八五）の条には、「この年、百済の辰斯《しんし》王が立ち、貴国の天皇に礼を失した。それで紀角宿禰《きのつののすくね》、羽田矢代《はたのやしろの》宿禰、石川宿禰、木菟《つくの》宿禰を〔派〕遣して、その無礼の状を叱責《しっせき》した。これがもとで、百済国は、辰斯王を殺して謝った。紀角宿禰らは阿花《あけ》を王に立てて〔帰〕国した」とあります。

この事件は、百済と高句麗戦役の真っ最中の出来事と考えられます。この戦いで、百済軍と百済を支援する倭国軍との間で、深刻な意見の相違が生じたことに加えて、こともあろうに百済の辰斯王から倭国王への蔑《さげす》みの言動があったのでしょう。これを質《ただ》すために、倭国から四名の大臣、いずれも武内宿禰の息子たちを派遣、百済側は辰斯王を殺害して謝罪し、辰斯王に代わって阿花王を擁立しています。

この後、阿花王は三九七年、太子である腆支《てんし》王を人質として倭国に送っていますが、四〇五年、阿花王没後王位継承の争いが起きると、倭国は人質の腆支に軍勢をつけて百済に送り返し、第一八代腆支王として即位させています。

これまで述べてきた新羅の昔于老事件、百済の辰斯王に関する事件は、それぞれ不用意な発言が戦乱の発端となったのですが、それに対して倭国が毅然とした行動をとり、対処したことを伝えています。

これら二つの事件からは、朝鮮半島の新羅と百済がともに自らを先進国と思い込み、新興国であると思い込んでいた倭国に対して優越感を持って、不用意な言動を重ねていたことが分かります。

蘇我氏本貫の地、葛城と武内宿禰

古代葛城の地は、日本のあけぼのを伝える先進文化発祥の地で、現在の大和高田市、御所《ごせ》市、葛城《かつらぎ》市に当たります。驚くべきことに、先に述べたように中国大陸で最古の鏡に分類される燕鏡、そのうちの多鈕細文鏡《たちゅうさいもんきょう》が御所市の名柄遺跡から出土しています。すでに述べたように、この多鈕細文鏡は、我が国では最古の王墓ともいわれる北九州沿岸の吉武高木遺跡からの出土品を含め一二面が出土していますが、近畿地方ではこの名柄遺跡と大阪府柏原市大県《おおがた》遺跡でそれぞれ一面が出土しています。遅くとも紀元前三〇〇～紀元前二五〇年頃にもたらされたと考えられます。

多鈕細文鏡が出土した御所市名柄の地には、筆者は二度訪れていますが、ここは古代葛城の高宮《たかみや》のあったところのすぐ奥、金剛山《こんごうさん》を背に奈良盆地を望む地です。葛城氏の先祖たちが、眼下に大和川の支流である水越川、葛城川、曽我川を望みながら豊穣を祈り、戦いに勝利し、その血脈を絶やさず現代へと代々つなげてきたのです。その頃大和盆地では、葛城よりやや北の唐古・鍵の地が、縄文・弥生の前期、我が国最大の環濠集落をつくり、河内と池上曽根の地とともに畿内に覇を唱えていたと考えられます。

葛城の名が歴史上出てくるのは、古墳時代（二〇〇年～）からで、二五〇年過ぎから六十～七十年間には、葛城の地は大和朝廷の初期の天皇の宮都、山陵が多く営まれています。

第二代綏靖（神渟名川耳）天皇　高丘宮
第三代安寧（磯城津彦玉手看《しきつひこたまてみ》）天皇　片塩浮孔宮《かたしおうきあな》

第五代孝昭（観松彦香殖稲《みまつひこかえしね》）天皇　池心《いけごころ》宮、掖上《わきがみ》博多山上《ほとり》陵
第六代孝安（日本足彦国押人《やまとたらしひこくにおしひと》）天皇　秋津嶋宮、玉手丘上《ほとり》陵
第七代孝霊（大日本根子彦太瓊《おおやまとねこひこふとに》）天皇　片丘馬坂陵

これらの天皇はやや東の磯城の首長（県主）の子女を皇后・皇妃として迎え、宮都は葛城の地と微妙なバランス感覚を持っていたと思われますが、今も残る地名と、古い大和言葉を色濃く残した天皇の和風諡号からも、これらの天皇が実在し、この地で栄えていたことが分かってきます。

葛城氏という名は、『先代旧事本記』第十巻国造本記によれば、神武天皇の時代、剣根《つるぎね》という首長が国造として任命されたとなっていますが、その後の系譜は定かではありません。そこで、皇統譜上孝元天皇の曾孫でもあり、母が紀国造千遅比古（宇豆比古）の妹影姫である葛城氏の祖、武内宿禰を中心に、その系譜を探ってみます。

国宝が伝える武内宿禰実在の証

ところで、文政三年（一八二〇）、摂津国（大阪府高槻市真上町《まかみちょう》）の酒垂山《さけすいやま》で、武内宿禰の子孫「石川年足《いしかわのとしたり》朝臣」の墓が発見され、その中の金銅板の墓誌に、「武内宿祢命子宗我石川宿祢命十世孫」と刻まれ、石川年足朝臣は七六二年（天平宝字六年）に七十五歳で亡

くなったとあります。また、蘇我宗家の祖であると、石川宿禰とその父である武内宿禰の名を挙げ、家系の本源として称え、誇りとしています。なお、この墓誌は現在国宝に指定されています。ここで注目すべきは、蘇我（宗我）家は武内宿禰の息子石川宿禰に発するということが、蘇我宗家が滅亡後も、奈良時代中頃まで明らかに伝わっていたことです。

蘇我氏と葛城

蘇我氏本貫《ほんがん》の地は、葛城の西に隣接する地域とされ、石川宿禰の兄弟である葛城・羽田・巨勢《こせ》・平群《へぐり》、それに紀国が相接しています。石川宿禰の六代後の孫に当たる宗家蘇我《そがの》馬子《うまこ》が、推古天皇に次のような要求したことを、『日本書紀』推古天皇紀三十二年の条は伝えています。

冬一〇月一日、大臣は、阿曇連（名を欠く。）、阿倍臣摩侶の二臣を遣わして、天皇に奏して、「葛城県《かずらきのあがた》は、もともと臣の本居〔拠〕であります。それでその県によって姓名としました。そこで願わくは、恒常的にその県を得て、臣の封県としたいとおもいます」といった。天皇は、詔して、「いま朕は蘇何《そが》〔氏〕から出た。大臣はまた朕の伯父である。だから大臣の言は、夜に言えば夜も明けないうちに、朝に言えば日も暗《く》れないうちに、なんの言葉でも用いないということはない。しかしいま朕の世に、ひたすらこの県を失ったなら、後の君は、『おろかな婦人が、天下に臨んでひたすらその県を亡《うしな》った』というだろう。どうしてひとり朕の不賢ですむだろうか。大臣もまた不忠となる。後代の悪名となる」といい、ゆるさなかった。

そして、馬子の息子蝦夷《えみし》は、皇極天皇紀元年の条で次のように記されています。

この歳、蘇我大臣蝦夷は、自分の祖廟《そびょう》を葛城《かずらき》の高宮に立て、八佾《やつら》〔列〕の舞をした。あげくに歌を作って、

ヤマトの　忍《おし》の広瀬
渡ろうとして
足を結ぶ紐を手作りし
腰をしめる帯を作った

といった。また国をあげての民と百八十《ももあまりやそ》の部曲《かきべ》とを、ことごとく〔徴〕発して、

〔生前に〕あらかじめ双墓《ならびのはか》〔双円墳〕を今来《いまき》〔吉野郡大淀町今木〕に造った。一つを大陵といい、大臣の墓とした。一つを小陵といい、入鹿《いるか》臣の墓とした。「望むのは死んだのちに、人を労〔働〕させないように」〔と大臣はいって〕、さらにことごとく上《かみつ》宮《みや》の乳部《みぶ》の民をあつめて、墓所で使役した。このとき上宮大郎姫王《かみつみやのおおいらつめ》が、憤《いか》り嘆いて、「蘇我臣は、もっぱら国政をほしいままにし、多くの無礼を行なった。天に二つの日〔陽〕なく、国に二《ふたり》の王はない。〔王でもないのに〕どうして意のままに〔上宮家の〕封〔戸の〕民を〔使〕役するのか」といった。これにより恨を結び、ついにはともに亡ぼされた。

なんと、蘇我蝦夷は葛城氏三代にわたっての葛城の地を、蘇我氏の封県《ほうけん》とするように前代未聞の要求を朝廷に願い出ているのです。この要求に対して推古天皇は、この県を失ったら「後代の悪名となる」と言って、きっぱりと断っています。そして皇極元年には、蘇我蝦夷は自らの祖廟《そびょう》を「葛城の高宮」に立て、天皇家並みの宮廷の舞踊〔八佾《やつら》の舞〕を催した挙句、民を徴発して蘇我家の墓所を今来《いまき》に作ったとあります。今木という地を吉野郡大淀町としていますが、近鉄・JR御所駅の東北、葛城川が少し湾曲した今城《いまじょう》のあたりだと考えられます。この今城からは「葛城の高宮」もすぐ近くに望め、蝦夷の作った祖廟も間近です。このような蘇我氏の振る舞いは、間もなく訪れる皇極四年（六四五）のクーデター「乙巳《いっし》の変」の要因ともなるもので、古代豪族の最後のあがきともいえる事件でした。これらのことから、葛城の地は蘇我氏本貫《ほんがん》の地であること、また、蘇我氏は元々葛城氏を称していたらしいことが分かってきます。これは、武内宿禰と蘇我氏の系譜がつながる重要な根拠ともなるものです。

武内宿禰安眠の地

奈良県御所市室《むろ》に、墳丘二三八メートルの大型前方後円墳室宮山古墳があります。この古墳は、現在奈良県最大の前方後円墳で、築造年代は、四世紀末～五世紀初頭、その規模から大王墓に匹敵する規模・内容を持った、葛城地域一帯を支配する強大な権力を有した人物の墳墓であったことが分かります。近年なぜか、この古墳の被葬者を武内宿禰とは認めず、葛城氏の祖・首長・王といわれる葛城襲津彦に比定する説が大勢を占めています。しかし、この墳墓は、『日本書紀』神功皇后六十二年（三八二）、新羅討伐のため新羅に派遣されたものの、美女に籠絡され任務を遂行せず天皇の怒りを買い、密《ひそ》かに帰国したものの、その罪が許されないのを知って石穴に入って自決した、葛城襲津彦のものとは考えられません。成務天皇・仲哀天皇・神功皇后三代にわたって国を支えてきた武内宿禰こそ、葛城の祖・首長・王であった宇智宿禰なのです。

葛城襲津彦の墓は、室宮山古墳の北東、曽我川を望む位置にある掖上鑵《わきがみかん》子塚《こつか》古墳ではないかと考えています。この古墳は、濠が同一水面では張り巡らされない、また奈良盆地を一切望むことができない眺望の利かない谷間に築造されていますので、隠《いん》蔽《ぺい》された古墳の印象があります。室宮山古墳に比べてもその規模は著しく小さく、この時期、墳丘が巨大化するのに逆行した特殊な状況と指摘されています。これらのことからも、この墓は葛城襲津彦のものではないでしょうか。北側に陪冢《ばいちょう》とい

室宮山古墳

われる方墳ネコ塚古墳を備えた大王級の墳墓室宮山古墳に葬られたのは、この時代大和朝廷の成務天皇・仲哀天皇・神功皇后を支えた武人であり、経国の人物であった武内宿禰のほかには考えられません。

第五章

大和朝廷の朝鮮半島進出

第一節　神功皇后の新羅征討

神功皇后、新羅征討を決行

『日本書紀』神功皇后紀には、神功皇后の治世下、三回にわたる新羅攻略が記されています。

①神功皇后元年（三六二）
対馬より出発、新羅に上陸、王都攻略。新羅王降服、朝貢を約束し人質を出す。

②神功皇后四十九年（三六九）
新羅攻略。加羅七カ国を平定。

③神功皇后六十二年（三八二）
葛城襲津彦《かずらきのそつひこ》を派遣して新羅攻略。

一方、『三国史記』新羅本紀には、第一七代奈勿尼師今《なこつにしきん》（在位三五六～四〇二年）九年（三六四）の条に、「倭兵が大挙して侵入。数をたのんで進撃してきたが伏兵を配置し、倭

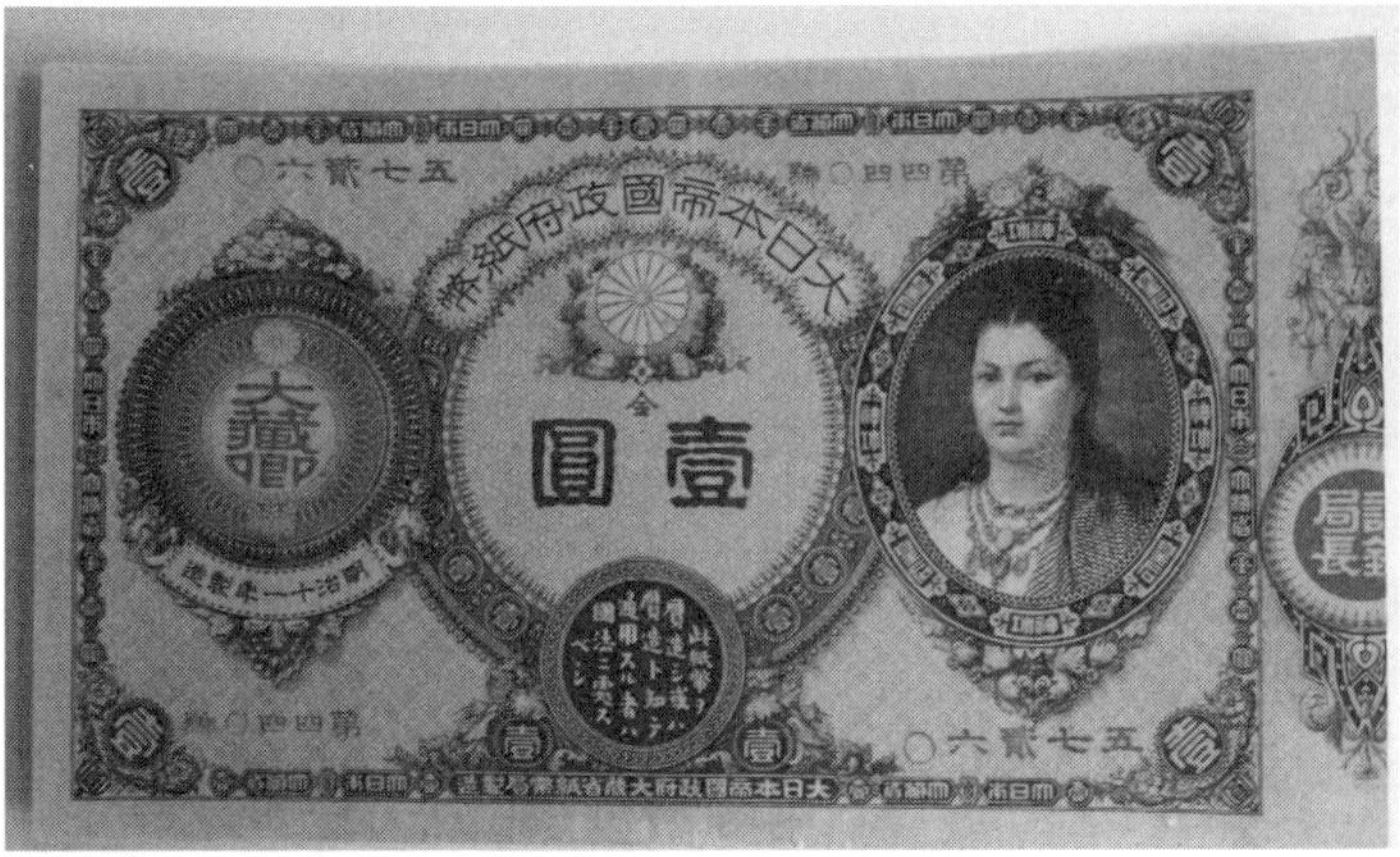

神功皇后肖像（明治14年発行、旧壹圓札。清田泰興氏所蔵より）
図案制作：E・キヨソネ

軍に不意打ちをかけ大敗させる」とあります。この「倭兵が大挙して侵入」が、神功皇后元年（三六二）の新羅征討に相当すると考えられます。

この神功皇后による新羅侵攻の経路が、韓国教員大学の研究者たちによって明らかになりました。それによりますと、神功皇后率いる征討軍は、海路、迎日湾から斧峴《ふけん》に上陸、直接首都金城に向かったのです。これは、沙道城には、新羅が北方の靺鞨《まっかつ》の侵入に備えて築いた長嶺鎮《ちょうれいちん》が近くにあり、ここに常駐する兵力を、無視することができなかったと記録されています。『日本書紀』によれば、対馬の和珥津《わにのつ》を出発後、追い風を受け一気に新羅に到着し、この時船についてきた潮と波が遠く国内にまでおよんだとあります。実際に迎日湾を望む浦項を訪れ

倭人の侵入

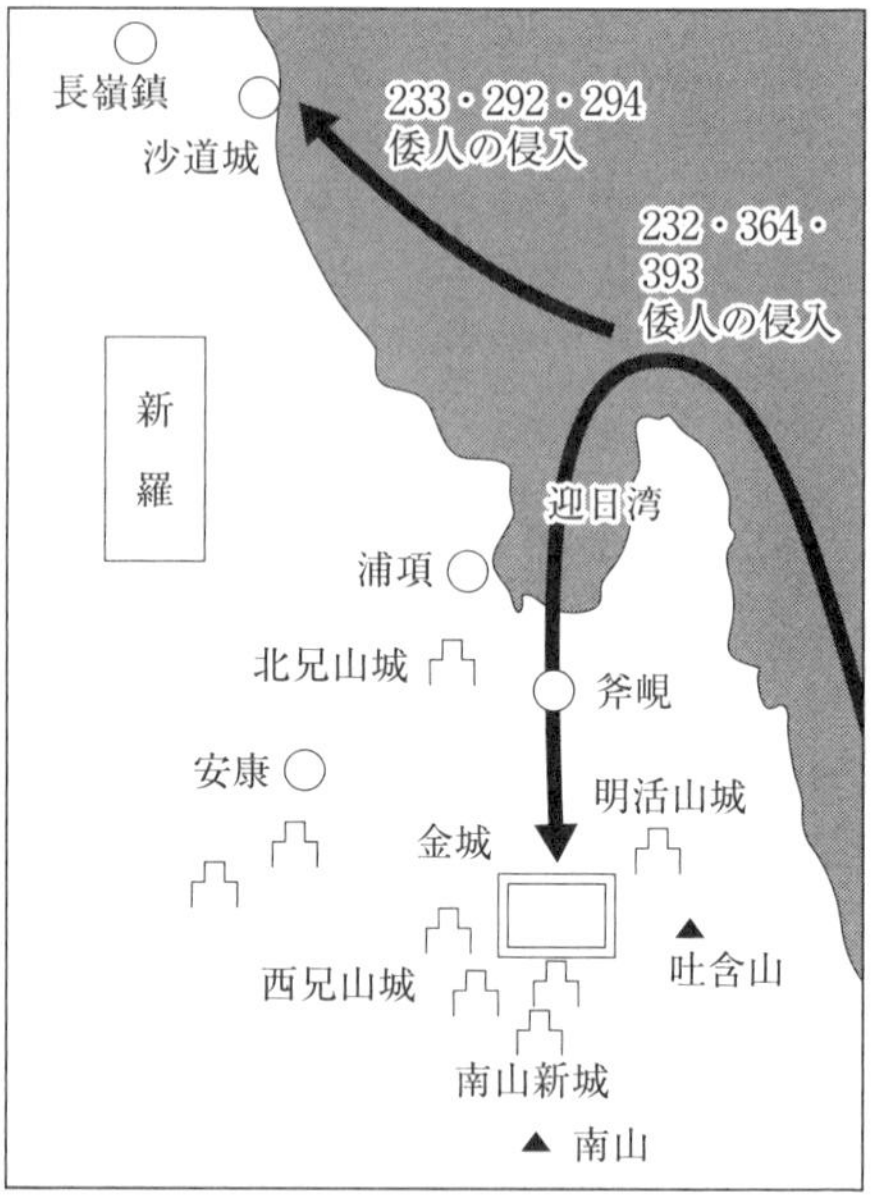

韓国教員大学歴史教育科著『韓国歴史地図』(平凡社)を参考に作成

た筆者は、対馬海流に乗って、風と潮によって一気に迎日湾に突入したのではないかという思いを新たにしました。

新羅の建国紀元前五七年から四〇〇年までの間、倭人・倭兵による新羅への進攻は、『三国史記』新羅本紀によれば、一三回を数えていて、神功皇后の進攻だけが特別なものではなかったのです。ただ、『日本書紀』では三六二年、『三国史記』新羅本紀では三六四年と、二年のズレがありますが、これは、『日本書紀』の編纂からおくれること二百五十年後の一一四五年に完成した『三国史記』新羅本紀の間違いか、『日本書紀』神功皇后紀の新羅征討が、仲哀天皇崩御の次の年にずれ込んだなどが考えられます。

神功皇后新羅征討を否定する研究者たち

戦後、神功皇后の実在、また新羅征討については、多くの歴史学者から否定されてきました。井上光貞は、「この物語（筆者注：新羅征討）が伝説であって、史実でないことは説明するまでもない。四世紀後半に、大和政権が大規模な軍事行動を朝鮮半島に起こしたことは、動かすことのできない史実だが、この物語には、その戦争の筋道はどこにも書いていないのである。また四世紀の朝鮮問題の焦点は南朝鮮の弁韓地帯の確保であり、その背後に、北朝鮮の強国高句麗が控えていたこともたしかな事実であって、物語の中心にすえられている新羅は脇役であった」と述べています。

この「新羅脇役」説に対して、神功皇后の在位（三六二～三八九）頃は高句麗が南下してくる以前で、弁韓地帯をめぐり倭国と新羅は激しく対立していたのです。したがって、井上氏が指摘する「新羅脇役」説は間違いで、首都金城まで攻められ、新羅は死力を尽くして倭国と戦っていたのです。津田左右吉《そうきち》博士が、神功皇后の新羅征討の物語をさして、「これは事実の記録、または伝説・口碑から出たものではなく、よほど後になって、おそらくは新羅征討の事情が忘れ去られた頃に、物語として構作されたものらしい」と述べていることを引用して、「伝説であって、史実でないことは説明するまでもない」と断じているのには、なんら根拠がないことはいうまでもありません。

また、直木孝次郎は、「女帝が遠征軍の指揮にあたった例は、七世紀の中葉の斉明女帝が百済救援のために筑紫におもむいたほかには例はない。この斉明女帝に焦点を合わせてみると、神功伝説と似た点が少なくないのである」と述べています。そして、神功皇后の夫仲哀天皇が神の祟りによって筑紫で崩じたが、斉明天皇も神の祟りで筑紫で崩御している。神功皇后の皇子は筑紫で誕生後、腹違いの二皇子を倒して皇太子となっている。一方、斉明天皇と行をともにした持統天皇も斉明天皇に同行後に草壁皇子をもうけ、腹違いの大津皇子を倒して皇太子に立てている、などの類似点から、「神功皇后の物語の今の形態は、推古朝以前の成立とは考えがたい。女帝の政治がはじまり、新羅関係が険悪化してのち、これらの人びとをいわばモデルにしてつくられたものであろう」(『日本の歴史1 神話から歴史へ』〈中公文庫〉)と述べています。

これは、まったく逆な話で、百済が唐と新羅の連合軍に滅ぼされたとの報告を受けた斉明天皇が、はるか昔、神功皇后が海を渡り、新羅王に城下の盟を強いて以来、歴代天皇が受け継いできた朝鮮半島の地と権益を、自分の代で失ってはならないという強い思いでの行動でした。神功皇后の新羅征討が広く流布、多くの人々の記憶に残っていたからこそ、斉明天皇が老齢をも省みず遠征軍の先頭に立ったのです。

神功皇后が新羅征討を決断した背景

仲哀天皇が神の託宣を聞き入れず、その祟りで崩御したとうわさされるなか、まして身重の身で新羅征討を決行したのには、次のような理由がありました。神託を受け、穴門や筑紫の兵を集め、新羅への渡航準備を進めていた神功皇后は、夫である仲哀天皇の崩御を悲しむ間もなく、ある決断を下しました。それは、重臣の武内宿禰とともに、天皇の喪を伏して新羅征討を決行することでした。本来ならば、仲哀天皇が崩御したのであれば、軍隊を解散して大和へ戻るのが取るべき道だったでしょうが、あえてそれをせずに新羅征討に向かったのは、これまで動員した兵士と軍船を調達してきた努力が無駄になってしまうという事情もあったでしょう。

それよりももっと重大なのは、天皇の後ろ盾を失ったとなれば、これから生まれてくる我が子の将来に暗雲が垂れ込めることは必定でした。仲哀天皇には、先の妃大中姫との間には麛坂皇子と忍熊皇子がいたのです。神功皇后は名門息長氏の出で、開化天皇の曾孫にあたりますが、大中姫は景行天皇の孫であったため、格としては大中姫のほうが上であるという事情もありました。おめおめと大和に帰ったら、皇位は麛坂皇子と忍熊皇子のいずれかに移り、最悪の場合は、自身と幼子に危険がおよぶことも覚悟しなければならなかったはずです。そこで、神功皇后は新羅征討を決断決行し、勝利することによって我が子に皇位を継承させることになると判断したのです。

やはり、新羅征討に勝利した神功皇后たちを待ち受けていたのは、麛坂皇子と忍熊皇子の軍勢でした。「いま皇后には、御子がおられ、群臣はみな従っている。かならず協議して幼い王を立てるであろう。われわれは、どうして兄として弟に従うことができよう」と軍勢を起こしたのでした。皇后側には難波根子建振熊《なにわのねこたけふるくま》命（和邇《わに》氏の祖）が、二人の皇子には倉見別《くらみわけ》（犬上君の祖）と五十狭茅《いさち》宿禰（吉師の祖）がつき、河内、摂津、山城、近江で交戦、最後は武内宿禰が率いた数万の兵によって逃げ場を失った二皇子のうち、麛坂皇子は祈狩《うけいがり》の最中に、急に暴れ出した猪に襲われ亡くなり、忍熊皇子は琵琶湖に入水して、皇位継承戦は終結したのです。

第二節　高句麗との十五年戦争

「広開土王碑」から

高句麗第一九代広開土王《こうかいどおう》（在位三九二〜四一三年）の在位二十一年間は、倭国では応神天皇と菟道稚郎子《うじのわきいらつこ》太子、仁徳天皇の治世と重なってきます。清の光緒《こうちょ》八年（一八八〇）に発見された「広開土王碑」の碑文には、倭・倭人・倭賊・倭寇などの文字が一一カ所刻まれています。その全文は、次のようなものでした。

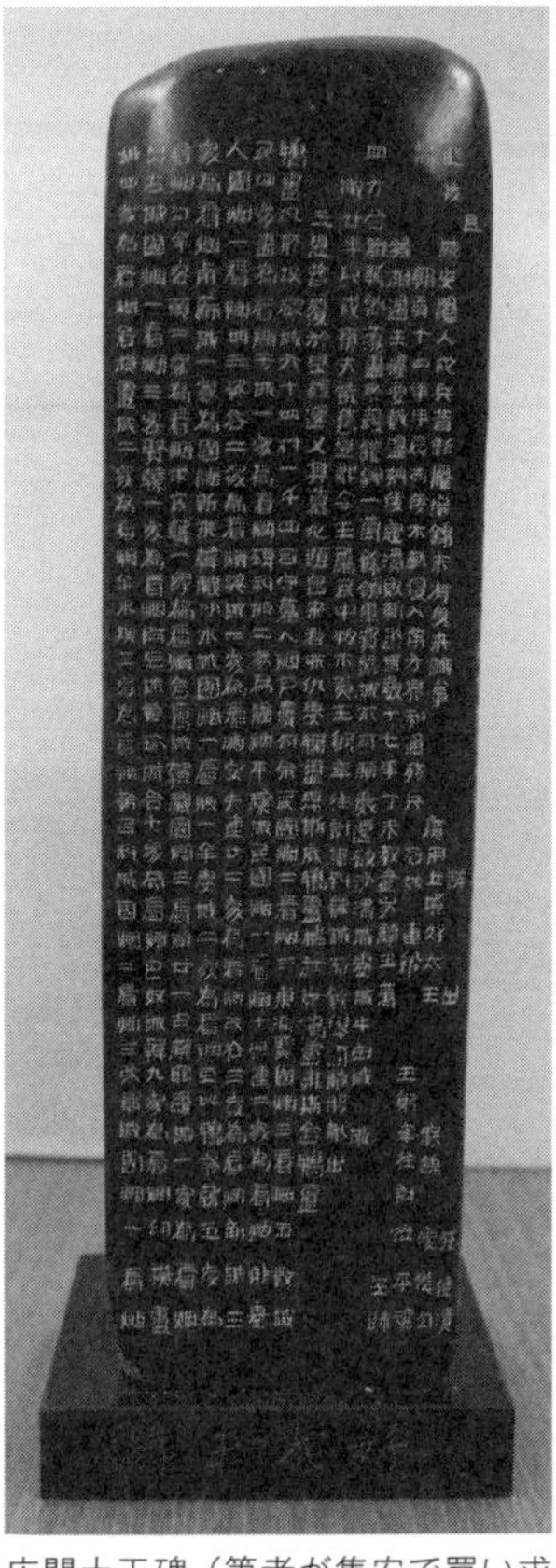
広開土王碑（筆者が集安で買い求めたレプリカ）

三九一年　百済・新羅は古くからわが高句麗の属民であって、もとから朝貢していた。しかるに倭が、辛卯の年に海を渡って来て、百済を破り〔更に〕新羅を〔討ち〕両者を臣民と見なすようになった。

三九六年　そこで百済の国王は困りぬき追いつめられて、男女の奴隷一千人と上質の布千匹をさし出し、王の前に跪いて、これよりのち永く家臣してお仕え申し上げましょうと誓った。

三九九年　九年己亥に、百済はかつての誓いに背いて、倭と和親した。そこで王は平穰まで巡幸南下した。そのとき新羅は使者を派遣して太王に言上した。倭人が新羅の国内に満ちみちて、城壁や濠を破壊し、高句麗の家来である新羅人を民としております。そこで新羅王は、太王に帰服して命令を待とうとしております。太王は情深く、新羅王の忠誠を評価し……使を還らせて、□計を新羅王に告げさせた。

四〇〇年　永楽十年庚子の歳に、王は歩騎五万を派遣し、往きて新羅を救援させた。男居城より新羅城に至った。倭軍は城中に満ちていたが、高句麗軍の来襲を知り倭軍は自ら城を撤退した。その倭軍の背後から官軍は急追撃して、任那・加羅の従伐城に至った。城はたちまちにして陥落した。安羅人戎兵、新口城、塩城を□した。倭軍は勢いがなくなり潰敗し、城の十人に九人は倭に従うのを拒んだ。安羅人戎兵は……を捕まえ……。〔倭の残兵は〕ここで潰え、亦以て安羅人戎兵に随□す。

四〇四年　永楽十四年甲辰の歳、倭は無法にも帯方界に侵入し、〔百済と和通して〕石城に至り、船を連ねて……したので、好太王は自ら……を率い、平穰から……〔敵の先〕鋒と遭遇した。王の親衛隊は〔敵を〕要撃し切断し、縦横無尽に斬りまくった。そこで残された倭軍は完全に敗れ、斬り殺された者は無数であった。

四〇七年　永楽十七年丁未の歳に、歩・騎兵計五万を派遣して……させた。高句麗軍は、敵と合戦し、刺殺し、全滅させ、獲得した鎧は一万余、軍用物資や兵器は数えきれないほどであった。

『日本書紀』から

一方、『日本書紀』は、応神天皇紀・仁徳天皇紀には、この十五年にわたる高句麗との戦役についての記述はありませんが、『三国史記』高句麗本紀にも記されていない高句麗からの使者の二度にわたる来日が、次のように伝えられています。

応神二八年（三九二）

秋九月、高麗王が、使を〔派〕遣して朝貢した。そして上表した。その〔上〕表〔文〕は「高麗王が、日本国に教える」とあった。太子ウジノワキイラツコは、その表を読んで怒り、高麗使を、表の形が無礼だと責め、即座にその表を破った。（筆者注：高句麗王が倭に撤退要求か？）

仁徳一二年（四〇八）

七月三日、高麗国が、鉄の盾、鉄の的を貢〔上〕した。

八月一〇日、高麗の客を朝〔廷〕で饗〔応〕した。この日、群臣および百寮〔官〕を集め、高麗が献じた鉄の盾、的を射させた。諸人は的を射通すことができなかった。的臣《いくはのおみ》の祖である盾人《たてひと》宿禰だけが、鉄の的を射通した。高麗の客たちが見て、その射のすぐれて巧みなのにおそれいり、いっせいに起〔立〕して拝朝した。（筆者注：高句麗の講和交渉使の来朝か、そして講和が成立と考えられる）

これらの記録によれば、倭国は三九一年に出兵、四〇〇年には新羅を主戦場に高句麗と対戦、四〇四年には百済出兵とともに、高句麗帯方郡にまで侵攻していることが分かります。四〇七年、高句麗の記録では、五万の兵を投入したとありますので、倭国もそれに相当する兵力を備えていたと考えられます。

この戦いについて、「広開土王碑」では、敵を「刺殺、全滅させ、獲得した鎧一万余」とあります。しかし、『日本書紀』では、高句麗からの使節団が大和にやってきたので、少なくとも勝敗は五分五分であったのではないでしょうか。

「広開土王碑」の碑文によって、倭国は三九一～四〇七年にわたって朝鮮半島に出兵し、しかも高句麗の兵五万とはいかなくても、一万から二万に近い兵を渡海させていたとみられます。このことから、すでに倭国の国力が新羅・百済に勝り、高句麗に対抗するまでの国力を有していたことが分かります。この間、大和朝廷は応神天皇（在位三九〇～三九四年）、菟道稚郎子皇子・大鷦鷯《おおさざき》皇子（後の仁徳天皇）の二帝並立（三九五と三九六年）を経て、第一六代仁徳天皇の治世でした。『日本書紀』は、この高句麗との十五年にわたる戦役については一言も触れていませんが、応神天皇が太子に指名した菟道稚郎子皇子と大鷦鷯皇子の皇位をめぐっての譲りあいが多くを占めています。

ここから分かることは、『日本書紀』の応神天皇紀および仁徳天皇紀の年代については、大幅な紀年の延長がはかられ、応神天皇二十八年が三九二年、仁徳天皇十二年が四〇八年に相当するということです。

第三節　百済の武寧王と雄略・武烈・継体天皇

忍坂宮

忍坂《おしさか》という地名を冠した人物には、允恭《いんぎょう》天皇（在位四三八～四五三年）の皇后である忍《おし》坂大中姫《さかのおおなかつ》や押坂彦人《おしさかひこひと》皇子（敏達天皇第二皇子）の名があり、四〇〇年頃から六〇〇年頃にかけて、忍坂は地の利もあり、宮人たちの往来も盛んな地であったことが窺えます。

特に皇后である忍坂大中姫は、允恭天皇が心身ともに虚弱であり、天皇位には耐えられないと、ほぼ二年弱皇位継承を頑《かたく》なに拒否し続けたのに対して、天皇を励まし、恥じることなく皇位に就くように、自らも心身をなげうって支えた剛毅《ごうき》な皇后です。天皇から感謝の印として忍坂の地を賜り、刑部《おさかべ》（その地の守護、警固を担当する組織）を供与されるなど、朝廷の中では、天皇に次ぐ地位を固めていました。

筆者は、允恭天皇の皇后は、名前の通り忍坂の出身で、同名の土地を賜ったのも、出身地に因んだものと考えています。そして、筆者が忍坂宮の跡と考える、忍坂坐生根《おしさかにいますいくね》神社の案内板には、その由来が簡略にまとめられています。

忍坂坐生根神社、祭神少名彦命・天津彦根命　当社は天平二年（七三〇）の「大倭国正税帳」に、また延長五年（九二七）の「延喜式内社」にも名前が見える古社で、本殿を持たず宮山をご神体とし拝殿の北側に神が鎮座する「石神」と称する自然石十数個を並べた「磐坐」があります。ここ忍坂の地は隅田八幡宮所蔵の国宝人物画像に刻まれた「意柴沙加宮」の地ともされ第二十六代継体天皇が磐余玉穂宮に即位される以前におられた処とされています。また忍坂大中姫命や衣通姫が居られたとも伝わり「大和志料」では額田部氏の祖天津彦根命を祀るとも記され、平安時代の医書「大同類聚方」に当社相伝の「以久爾薬」（額田部連の上奏）のあることを伝えています。その薬の製法は昭和の初期まで伝わり、また額田部氏が居住したとするこの地で額田王と鏡女王姉妹との繋がりや息長足広額天皇（第三十四代舒明天皇）の陵墓があることから息長氏の大和での拠点の一つであったとされています。（以下略）

ここで筆者が注目するのは、「継体天皇がこの地に住んでいた」と案内板に書かれた由緒書で、この地が息長《おきなが》氏と関係の深い地であることです。皇后大中姫は、応神天皇三世の孫であり、出自とともに朝廷では、天皇に次ぐ人物です。継体天皇は応神天皇五世の孫であり、息長氏との縁も二人にはあると思われます。皇后はこの地に落ち着くとともに、允恭天皇をこの地に呼び寄せた可能性が考えられます。

ところが、二人の間の第一皇子木梨軽《きなしのかる》皇子と同母妹軽大娘《かるのおおいらつめ》皇女との許されぬ恋が発覚、皇女は伊予に流され、皇子は允恭天皇崩後、弟の穴穂皇子（後の安康天皇）によって自死に追い込まれてしまいます。

死に臨んで木梨軽皇子が、最後に詠んだのが、『古事記』允恭天皇の条の次の哀歌です。

隠《こも》り国の　泊瀬《はつせ》の山の　大峡《おほを》には　幡張《はたは》り　立《だ》て　さ小峡《をを》には　幡張り立《だ》て　大峡《おほを》に
し　なかさだめる　思ひ妻《づま》あわれ　槻《つく》弓の　臥《こ》やる臥《こ》やりも　梓《あずさ》弓　起《た》てり起《た》てりも
後《のち》も取り見る　思ひ妻あはれ

隠り国《く》の　泊瀬《はつせ》の河の　上《かみ》つ瀬に　齋杙《いくひ》を打ち　下《しもつ》つ瀬に　真杙《まくひ》を打ち　齋杙には
鏡を懸《か》け　真杙には　真玉《またま》を懸け　真玉如《な》す　吾《あ》が思《も》ふ妹《いも》　鏡如《な》す　吾《あ》が思《も》ふ妻　あ
と言はばこそに、家にも行かめ　国をも偲《しの》はめ

忍坂宮

筆者にとって関心があるのは、この歌がどこで詠まれたかです。忍坂宮は、大和川が初瀬川となり、横大路が海柘榴市《つばきいち》から初瀬街道（伊勢街道）となる古代大和の中心地の一部です。忍坂宮から北の台地を上《のぼ》れば、眼下は初瀬川と初瀬街道で、対岸には後の雄略天皇の朝倉宮（脇本遺跡）が望めます。木梨軽太子の最後の歌は、『万葉集』とも関係があるとされていますが、皇子が最後に目にしたのは、初瀬川の激しい流れと上流から続く大小の渓谷に砕け落ちる波ではなかったのか、天皇位を捨て、自身の志を貫いた壮絶な恋のピリオドだったのでしょうか。

忍坂宮の隣りに当たる雄略天皇の朝倉宮は、五世紀から七世紀にかけて存続したことが確認されていますが、忍坂宮も天皇陵はじめ皇族の陵だけでなく、忍坂の名を持った皇族も多数出てきます。むしろ、継体天皇以降のほうが繁栄していたのではないかと思われますが、忍坂町のパンフレットの一部によりますと、現在では鏡王女《かがみのおおきみ》のほうが親しみやすいのか、継体天皇や忍坂大中姫（允恭天皇の皇后）に関しての言及はありません。このパンフレットに掲載されている「鏡王女に関係する家系図」の筆頭の欽明《きんめい》天皇は、継体天皇が近江より大和入りした後、第二四代仁賢《にんけん》天皇の皇女手白香《たしらか》皇女との間にもうけた皇子で、公武合体の証《あかし》ではありませんが、継体天皇が応神天皇五世の孫では一部で抵抗があったのか、先帝の皇女を迎え、二人の間に生まれた皇子ということで全国民が喜び、朝廷も盤石のものとなったのでした。そしてその孫である舒明《じょめい》天皇の陵が、この地に営まれています。

継体天皇は応神天皇の五世の孫、一方、忍坂宮の主《あるじ》ともいえる忍坂大中姫は、応神天皇の孫です。この二人は允恭天皇の崩御で四五三年、皇后は皇太后となり、十年ほどは生きながらえたと考えられます。継体天皇は五〇七年、但し顕宗《けんぞう》天皇（四八五〜四八七年）の時代、後の武寧《ぶねい》王とも会っている可能性も考えられます。継体天皇の即位時の年齢が五十七歳とも記されていますが、こうなりますと、忍坂大中姫と継体天皇が会っていたという可能性が出てきます。皇太后の忍坂大中姫が亡くなっていたとしても、忍坂宮は皇太后のサロン的な宮であり、孚弟《ふと》王時代の継体天皇は何度もこの地を訪れていた可能性もあります。何故ならば、皇太后と孚弟王は天皇家だけでなく、倭国の名族ともいわれる息長氏にも血がつながっていて、ただの間柄ではないからです。

　これまで何度か触れてきましたが、忍坂という地名、忍坂という名を持った人物は存在していましたが、忍坂宮が存在したことは人々に忘れ去られ、『日本書紀』『古事記』にも何ら記されていません。

　ここで大事なことは、この頃の宮というのは、必ずしも天皇が常に住まなければならないというわけではなく、仁徳天皇の皇后磐之媛《いわのひめ》命が畿内を巡った際の筒城《つつき》宮や、允恭天皇が皇后の妹衣通郎姫《そとおしのいらつめ》をかくまった藤原宮など、別荘、よくいえば行宮なども宮と呼ばれていたと思われます。

　ところで、允恭天皇の皇后忍坂大中姫命は、応神天皇の孫です。皇后の父である稚野毛《わかのけ》二派《ふたまた》皇子は、天皇家を除けば貴種中の貴種で、大和の東南の中心地であるこの忍坂の地に勢力を張っていて、皇后の名忍坂はあとからつけたのではなく、忍坂宮生まれの大中姫命であったと考えるほうが自然です。

　この近くには、応神天皇の生母である神功皇后の稚桜《わかざくら》宮（現在の稚櫻神社）や、履中天皇が舟遊びを愉しんだ磐余《いわれ》池などがあり、忍坂大中姫命の末子である後の雄略天皇も、忍坂宮での出生かもしれません。

前書きが長くなりましたが、この忍坂宮の名を大和に、そして倭国に残してくれたのは、なんと百済の王である武寧王だったのです。それも後述しますように、倭国に生まれ、諱《いみな》を斯摩《しま》（嶋君）とする王です。武寧王は、清寧天皇の次の顕宗・仁賢・武烈・継体天皇の四王朝にわたって、深い関係にあった人物と、筆者は考えています。

斯摩（武寧）王から孚弟王（後の継体天皇）に贈られた鏡

武寧王は、五〇一年即位の直後、倭国の孚弟王《ふと》（男大迹王《をおど》、彦太王《ひこふと》、後の継体天皇）に、五〇三年（癸未《みずのとひつじ》）八月の銘が入った白銅製の「人物画像鏡」を贈っています。現在この鏡は、和歌山県橋本市の隅田《すだ》八幡神社が所蔵していますが、五〇三年といえば、この頃倭国では武烈天皇に後継者がなかったため、孚弟王（男大迹王）を後継者にという動きがあり、五〇七年に孚弟王が継体天皇として即位した時期でした。
この鏡に付された四八文字の銘文について、山尾幸久著『古代の日朝関係』（塙書房）には、
四十八文字は、漢字に不慣れな工人が鋳型を組んだと思われ、反文（左文、反転文

人物画像鏡（隅田八幡神社）

字）や誤字が目立ちます。芸術的には拙劣さが際立った作品ではありますが、五〇〇年という遥か昔に、百済王の依頼で倭国の工人がつくった貴重な鏡です。

として、次のような訓読を記しています。

癸未の年（五〇三年）八月、曰《いわく》十（ヲシ）大王の年、孚弟（第。フト）王意柴沙加（オシサカ）宮に在《いま》す時、斯《シ》麻《マ》、長く奉《つか》えんと念《おも》い、□中費直《ちゅうこほりちか》・穢人《わいじん》今州利《コムツリ》二人の尊《そん》（そん）を遣わし、白《もう》す所なり。同（＝銅）二百旱（＝桿を）上《すす》め、此の竟（＝鏡）を（作る）所なり。

ここでまず、贈り主である斯摩ですが、『三国史記』百済本紀では、武寧王の諱《いみな》を斯摩、『日本書紀』は嶋君、斯麻王と記しています。一九七一年七月、公州市宋山里古墳群で武寧王陵が発掘され、墓誌には「寧東大将軍・百済斯麻王。年六十二歳（以下略）」と明記されていたので、斯麻は武寧王を指すことが確定しています。

次に「ヲシ大王」ですが、これは弘計《をけ》（顕宗）天皇を指します。ヲシ大王の兄で次の仁賢天皇となる億計《おけ》（仁賢）天皇の諱が大脚更《おおしまた》の名を大石尊《おおし》、大為《おおす》といったことから、弟の諱はそれと対をなす小石《をし》（ヲシ）になるというのが根拠です。

また、「フト王」は継体天皇の即位前の実名である彦太尊《ひこふと》がもとになっています。そして「意柴沙加宮」は、忍坂宮のことで、允恭天皇の皇后忍坂大中姫一族の本拠地、桜井市忍坂に営まれていたものと考えられます。

注目すべきは、允恭天皇の皇后が母方・父方を通じ息長氏の系譜の中心に位置していて、しかも継体天皇の曾祖父である大郎子《おおいらつこ》・意富富等王《おほほどのおおきみ》の妹に当たるのです。

この「人物画像鏡」に鋳《い》られた文字数が四八文字と限られていることから、鏡を贈った側にも、意を尽くせなかったと思われますが、山尾幸久名誉教授の名訳を補うとすれば、

「斯摩が百済王になりましたご報告を申し上げますとともに、かつて弘計天皇の御時、孚弟王と忍坂の宮で御会いすることができ、末永く御仕えしたいと存じておりました。このことを忘れず白銅鏡を作らせ、親しい河内直などに御届けさせることにいたしました」となるのではないでしょうか。そして、この銘文で注目されますのは、在位も疑われていた弘計（顕宗）天皇の名が白日の下に出てきたことだけでなく、皇位の限られた在位年数から、孚弟王と斯摩の出会いはごく限られた年次となってくることです。

また当時の倭国は、東国との関所、例えば不破の関などはあったと思われますが、畿内と近隣諸国との間に、交通、交易、交流の制約・制限があったとは考えられません。三国《みくに》から琵琶湖西岸の近江へ、近江の高島からは瀬田経由、木津川を下れば舟便で忍坂までは一日あれば十分に到着できます。特に孚弟王（男大迹王）となれば高貴な身分ですから、時を選ばず、いつでも大和の親族や朝廷と親交を結んでいたとしてもおかしくはありません。

忍坂宮は、北に数キロメートルで大和の河川交通の玄関である海石榴市《つばきいち》に位置していて、難波の津から大和川で四〇キロの地、舟便も整っていたはずです。したがって百済・任那から博多、そして難波から大和は主要な交通ルートでしたから、近江などは、いわば大和の首都圏といっても過言ではないでしょう。そうした状況下で、斯摩（武寧王）と孚弟王（男大迹王）の出会いの場として、忍坂宮は恰好な場であったと考えられます。

令和二年（二〇二〇）十一月初め、NHK BSプレミアムの「英雄たちの選択」という番組で、継体天皇を取り上げていました。番組に登場したゲストの歴史学者、考古学者、哲学者たちも、人物画像鏡について、鏡の意義は、後の継体天皇が近江・若狭・越前など北陸の諸国をバックに朝鮮半島、特に百済とも交渉を持っていた証《あかし》として、さらに天皇即位前の時期には、朝鮮半島とも往来していたなどの見解が述べられていました。この見解も分からないではありませんが、筆者からすれば話は逆で、百済王になる前の斯摩（嶋君）が、たびたびとはいえませんが、畿内に来ていたのではないでしょうか。ここで指摘しておきたいのは、この番組では「人物画像鏡」を取り上げてはいるものの、肝心の忍坂宮については一言も触れていなかったことです。何故なのでしょうか。

武寧王と倭国との関係

斯摩（島君）と倭国の関係について、『日本書紀』武烈天皇紀に次のような記事があります。

- 武烈天皇四年（五〇二）　この年百済の末多王《まった》が道に反し、百姓に暴虐であった。

国人は、ついに除いて、島王《せまきし》を立てた。これが武寧王《むねい》である。

•武烈天皇六年（五〇四）冬一〇月、百済国は麻那君《まなきし》を〔派〕遣して、調《みつき》を進《たてまつ》った。天皇は、百済が年を経て貢職《みつき》をおさめないと思い〔麻那君を〕留めて放さなかった。

•武烈天皇七年（五〇五）夏四月、百済王は斯我君《しがきし》を〔派〕遣して、調を進った。別に〔上〕表して、「前に調を進る使の麻那は、百済国の主《にむり》の同族ではありません。それで、つつしんで斯我を遣わして、朝〔廷〕に仕え奉らせます」といった。しまいに子ができ、法師君《きし》といった。倭君の先〔祖〕である。

『日本書紀』武烈天皇紀は、五〇二年に百済東城王《とうじょう》（日本名末多王）の薨去を知らせるとともに、五〇四年、武寧王が麻那君《まなきし》を遣わし、朝貢したことを伝えています。この使人の名前からは、斯摩（武寧王）の系譜に入る人物と推定されますが、なんと武烈天皇はこの使人（麻那）を、これまで久しく朝貢が絶えていたことを理由に、帰国を許さなかったのです。これに驚いた武寧王は、自身の太子である斯我君《しがきし》を人質として差し出し、長く朝廷に仕えさせたいと謝罪、倭国と百済の関係を修復させています。この斯我君こそ倭国では純《じゅん》（淳）陀《だ》太子と知られ、後に法師君をもうけるとともに、一〇代後の桓武《かんむ》天皇の生母高《たか》野新笠《ののにいがさ》へとつながることになるのです。

北陸ルートより、現実味を帯びた倭国と百済、そして大和朝廷と百済王室の関係ではないでしょうか。永らく百済の倭国への朝貢が絶えていたということですが、これはちょうど百済では東城王（末多王）の治世、四七九～五〇一年の三十年余に当たります。日本名で末多王というのは、四六一年蓋鹵《がいろ》王の命で王弟軍君《こにきし》一家が人質として来倭の際、軍君の第二子で、四六一年から四七七年まで十六年にわたって大和で暮らした人物です。四七五年の高句麗来攻で漢城が落ちた後、混乱を極めた百済王室の後継が絶え、戦死した蓋鹵王の王弟軍君の第二子が、倭国から迎えられたのです。他の王子たちを差し置き、第二子の末多王を選んだのは雄略天皇で、末多王に兵をつけ本国に帰還させ、王位に就かせたのです。『三国史記』百済本紀の東城王の記事には、倭国のことは全くなく、記録上交流は希薄だったようです。東城王の大和での生活は十六年におよびましたが、大和朝廷にあまり良い感情を抱くことなく帰国したものと思われます。その後の百済での三十年に及ぶ治世の時期は、大和朝廷側も皇位継承という難問に加え、国力の衰えもあり、この間歴史的に見て、空白の期間があったのではないでしょうか。

継体朝と百済

継体天皇時代の百済と倭国の関係での大きな出来事としては、次のようなものがあります。

•継体天皇六年夏四月、百済への任那四郡の割譲の決定です。これは百済の強い要請に応じたものですが、重臣の大伴大連金村以下肝心の四郡の国守もこれに応じたのです。神功皇后以来の故地を手放すことには大きな反対もあり、また、百済に買収されたのではないかという声もあったようです。しかし、地理的に百済の南下の勢いは止められず、百済は北からは高句麗の圧力、東からは新羅の侵攻にさらされ、国を維持するためには、任那四郡に活路を求める以外に道はなかったのでしょう。

•この頃『日本書紀』に記された百済からの使節・使人の来訪者の中に、継体天皇七年六月の条に「州利即爾《つりそに》将軍」、同十年九月の条に「州利即次《つりそに》将軍」という名があります。先に記しました、武寧王から孚弟王（継体天皇）に贈られた「人物画像鏡」に刻まれた「穢人《わいじん》今州利《コムツリ》」その人ではないでしょうか。穢人とは、百済・新羅が勃興する以前に、現在の江原道、咸鏡南道あたりで威を振るっていた濊《わい》の子孫と思われます。

このようなことは、これまで誰も触れてこなかったようですが、五〇三年に武寧王が後

武寧王と王妃の復元木棺

の継体天皇に贈った鏡に刻まれた人物が、二度も大和にやってきたことを窺わせる記録なのです。

継体天皇は、孚弟王（男大迹）時代だけではなく、即位後も武寧王の百済と外交交渉を重ね、記録には残されていない交流、心のつながりを重ねたのではないかと、筆者は考えています。継体天皇七年八月二十六日に、武寧王が人質として倭国へ派遣した第一子の純（淳）陀太子が薨去、次いで同十七年夏五月に武寧王が薨去しています。この報せを受けた継体天皇は、深い悲しみと追悼の意を表したものと思われます。そこで天皇は、近畿地方南部だけに生息する高野槇《こうやまき》を使った木棺を、百済の公州まで届けています。このことは、公式の記録では一切触れていませんが、高野槇で造られた木棺が発掘されたことで、当時倭国は、百済の宗主国を自認していたこと、また、継体天皇と武寧王との親密な関係が窺われるのです。

筆者は、公州の武寧王陵の内部を参観することができましたが、高野槇でできた木棺は、当然のことながらバラバラに散乱していたと、パンフレットにはありました。棺というのは、上の者から下の者へ贈るもので、下の者から上の者へ贈るのではありませんから、宗主国から下されたと考えられます。これは、当時の倭国と百済の関係を、如実《にょじつ》に表しているとともに、遠く公州の地で薨去した百済王へ対する、継体天皇の深い思いと祈りを、身近に感じざるをえませんでした。百済と倭国の王たちのこのような形でのつながり、友好と哀悼《あいとう》の関係があったことは、あまり例のないことで、後世の我々にも訴えるものがあるのではないでしょうか。

倭国で生まれた武寧王

『三国史記』百済本紀によれば、第二五代武寧王は、東城王の第二子で、諱《いみな》を斯摩といい、五〇一年に即位、治世は二十二年の長きにわたりました。その事蹟は、

・重臣である佐平の□加の反乱を鎮圧

・防戦一方であった高句麗との戦いで、一時（旧首都）漢城を回復
・二度にわたり、南朝梁に遣使朝貢、官位「使持節・都督・百済諸軍事・寧東大将軍」を賜る
・靺鞨の二度にわたる侵入を撃退

といったことが挙げられていますが、『三国史記』百済本紀はすでに最初の三行だけで、「東城王の第二子」という大事な系譜を間違えています。正しくは蓋鹵《がいろ》王の第二子です。百済は、四七五年秋九月、宿敵である高句麗王（長寿王）が三万の兵を率い百済の首都漢城（ソウル市江南区風納土城）を包囲、脱出を試みた蓋鹵王を殺害、城内の大后、王子らはみな敵の手で死んだとあります。

余談となりますが、高句麗の長寿王はこの攻略に備えて、数年前より間諜である僧侶を送り込み、蓋鹵王に宮殿・寺院の造営を唆《そそのか》し国力を衰えさせる工作を進めていましたが、決定的となったのは、不用意というか、蓋鹵王が積年にわたる高句麗の侵攻、非道さをこともあろうに高句麗の宗主国である北魏の皇帝に上表文を奉じ、高句麗懲罰《ちょうばつ》を願い出たことです。北魏はこれに応じ、高句麗を訪問するなど行動をしてはくれたものの、長年の北魏・高句麗の宗主国関係を崩すつもりはなく、高句麗側に分《ぶ》があるとの判定が下りました。顔に泥を塗られた長寿王は百済攻略を決め、百済の首都漢城を火の海とし、灰塵《かいじん》に帰

したのでした。

首都漢城陥落の直前、蓋鹵王は急を知らせ、救援軍の派遣を求めるため、太子に城を脱出させ、新羅の首都金城へ向かわせます。三万の敵兵を前に、本来であれば太子が最前線で戦うべきと思いますが、王は太子に百済の再興を託したのでしょう。結果としては、太子は新羅の救援軍一万の兵を伴い帰京しましたが、その時すべては終わっていたのです。

問題はこれからで、次の王統譜によれば、太子がまともな人間であれば、国の危機を救いえなかったものの、救援の新羅軍をえて都の移転、人心の収攬《しゅうらん》、兵力の回復に努めねばならないところでした。ところが、なんと太子（文周王）は、国の全権を佐平（重臣）である（寧人《ねいじん》とも思える）解仇《かいきゅう》に任せてしまったのです。王都壊滅のその日、難を逃れたこの二人は、お互いの無事を喜ぶどころか、お互いの非をののしり、お互いの後ろめたさを隠しながら表面的な協力体制をつくり、王家を元に戻さねばなりませんでした。挙句の果て、二人の反目は解消せず、解仇は文周王を手にかけてしまったのです。

続く（文周王の）太子は、十三歳で即位した三斤王です。この文周王と三斤王がいずれも二、三年の在位で、解仇の手にかかっていることから、『日本書紀』は、「汶洲王は、蓋鹵王の母の弟である。日本旧記《にほんくき》は云う、コムナリを末多王に賜わった。たぶんこれは誤りである」と、なんと文周王は蓋鹵王の母の弟であるというのです。王城外に居たのか、外戚の身分で探索《たんさく》から逃れて生き残ったのか、なんとか生きのび、自分にしか王家に連《つら》なる者はいないということで、王位を称したというのです。いずれにせよ、王母の弟であった文周王とその子三斤王も合わせて在位は四~五年で絶えてしまいますが、ここで問題となるのが、斯摩（武寧王）です。

武寧王の消息

武寧王は倭国の筑紫、現在の佐賀県唐津市呼子《よぶこ》沖の加唐島《かからじま》で誕生しています。雄略天皇五年、西暦にして四六一年のことです。百済にとっては無念であったことでしょうが、倭国側が人質を要求したことは『日本書紀』にも触れていませんが、当時の外交、軍事情勢に鑑《かんが》みて、蓋鹵《がいろ》王は実の弟である軍君《こにきし》に対し、倭国行きを命じます。軍君は、この王命に対し抵抗感をおぼえたと思われますが、王命に従うに当たって、兄王の側室である妃を降《こう》嫁《か》して欲しいと希望を出しているのです。この側室・寵妃ともいうべき妃が、すでに妊娠していることをお互いに知りつつの申し出なのです。かねてから弟である軍君が、自分にも家族がありながら妃に恋心を持っていたのか分かりませんが、推測するところ、子供五人を連れての過酷な倭国行きを兄王に認識させるために、兄王の覚悟（寵妃を同行させるという）を求めたのではないでしょうか。しかし、兄王も弟（軍君）の言いなりになるだけではなく、もし妊娠中妃が出産地が何処であれ、赤児が男子であれば、即刻本国へ妃と同じ船で戻すように条件を付けるのを忘れませんでした。そして一行が筑紫沖の加唐島に差し掛かった時、妃は産気づき、この島で男の子を出産、その子こそ、後の武寧王なのです。

筆者は、呼子港から定期船で二十分ほどの加唐島を訪れたことがありますが、今は港も無人化し、かろうじて崖下に武寧王出産の地という看板と、誕生の地という石碑が残されているだけで、往時を偲ぶよすがはありませんでした。ただ、案内板にはハングルが併記されていること、港のゴミ集積所には、ハングル文字を記したペットボトル（本国から流れ着いた）の山が築かれていたのは、印象的でした。

この武寧王を倭国の人たちは、『日本書紀』雄略天皇紀では島君《せまきし》と呼び、余程印象に残ったのか、武寧王の本国での即位の記事を武烈天皇紀に載せていますが、百済では、蓋鹵王が呼び戻したはずの斯摩君《しまきし》、百済では斯摩の名が、四十年の長きにわたって伝えられることなく、いわば行方不明、消息不明になってしまったのです。

王位就任の機を逃した斯摩（島君）

前述したように、後に武寧王となる斯摩（島君）は、四六一年（雄略天皇五年）に加唐

武寧王生誕の地碑（佐賀県唐津市加唐島）

島で誕生、男子だったので、兄王との約束通り、妃とともに本国に戻すこととなり、軍君の一行は五人の王子と大和へ向かいます。大和では、雄略天皇の磯城《しき》宮にしばらく逗留したのち、横大路から竹内《たけのうち》街道をぬけ、茅渟《ちぬ》の湾を望む景勝の地が与えられました。現在の飛鳥戸《あすかべ》神社の地が、斯摩（島君）一行の宿舎となりました。四七五年、百済の王都が陥落し、蓋鹵王の直系とされる文周王（在位四七五～四七七年）とその子三斤王（在位四七七～四七九年）が相次いで薨去、そこで百済の宗主国を自認していた雄略天皇は百済再興のため、人質として留め置いていた昆支《こんき》（軍君）の第二子末多王を本国へ帰還させます。兵五〇〇名を付けてとありますが、問題なく即位できたのかは不明です。

　このあたり五年間の百済王家直系といわれる文周王・三斤王の実態、そして本来であればこの二人の王を支えるべき武臣解仇、内臣燕信《えんしん》の人物像が不明であるので、どうやらこの二人は高句麗の残留諜報者どころか、すでに高句麗の侵攻直前か直後に内応していた可能性が高く、王城陥落の際、籠城した人々がすべて殺害されているのに、重職にあった二人だけが生き残ったというだけでも、疑う余地がありません。

すでに触れましたが、高句麗の長寿王は戦略家で、百済王家滅亡のために、王都侵攻の数年前からスパイの僧を派遣し、確実に百済の国力を減少させることに成功しています。四七五年の王都陥落後においても、百済の高句麗併合、植民地化を狙っていたということは、敵ながら見事といわざるをえません。

ところで、斯摩（島君）についてですが、彼は四六一年の生まれですから、王都漢城陥落時には、すでに十四歳となっていました。高句麗兵三万が王都に押し寄せ、王・太后・王子たちすべてが殺害されたなかで、彼はどうしていたのでしょうか。もともと、彼の母は蓋鹵王の妃といっても側室的な存在であり、一時は王弟昆支（軍君）に下された女性ですから、母方の出身地に難を避けていた可能性が考えられますが、太子（文周王）が新羅に救援を求めて国外に出た大事な期間、少なくとも二、三週間は、百済王位の継承第一位になっているはずです。太子（文周王）が焼け跡の中で即位することとなりますが、それも僅か二、三年で薨去、国の佞臣《ねいしん》解仇たちの動きを知りながら、斯摩（島君）の側近たちは何をしていたのでしょうか。

彼をめぐる情報が、百済側にも倭国側にも全くないまま、四七七年、彼の従兄に当たる昆支王（軍君）の次男の末多王が東城王として本国に迎えられます。ところが、いわゆる王位継承順でいいますと、斯摩（島君）は側室の子とはいえ蓋鹵王の第二子に当たり、王の弟昆支王（軍君）の第二子末多王とは格が全く違います。末多王は従兄に当たり年長であること、末多王は大和で人質として長年苦労していたのに、自分は本国に戻ったという負い目に加え、末多王の父昆支（軍君）が王都陥落後一足先に本国に戻り、後継工作にも携わった可能性も否定できないことから、王位を譲った、あるいは譲らされてしまったものと思われます。

それにしても斯摩（島君）の名は、この重大な場面には全く出さず、従兄である東城王の長い治世の後、二十三年の時を経て、後継として突如名を出してきたのです。この二十三年間、彼は何をしてきたのか？　百済側には一切記録は残されていませんが、倭国には貴重な記録、足跡らしきものを残していて、歴史の空白を、僅かながら埋めてくれたのです。

第六章

『日本書紀』の成立・構成と暦の採用

第一節 『日本書紀』の成立と構成

成立の経緯と全体像

天武天皇は、天武十年（六八一）三月十七日大極殿に出御、川島皇子ら親王、諸王はじめ諸臣を前に詔を発し、この国ではじめてとなる国史の編纂事業が開始されました。天武十年は、その意味で記念すべき年といえます。また、それに先立つ二月二十五日には飛鳥《あすか》浄御原令《きよみはらりょう》が定められており、同じ日に皇后鸕野讃良《うののささら》皇女との間にもうけた草壁皇子を皇太子に立てた年でした。なお、天武天皇は、この年から儀鳳暦でいう総法一三四〇年遡った紀元前六五九年を初代神武天皇の即位年と定め、天皇にとって生涯最良の重要な記念すべき年となったのです。

『日本書紀』の編纂は、神代紀上下二巻、神武天皇から持統天皇まで、四〇名の天皇の即位・宮都と崩御・陵を記した帝紀、ならびに天皇の事蹟を記した旧辞三十巻と系図一巻から成る大事業となり、四十年をかけて、元明天皇養老四年（七二〇）に撰上されました。

『日本書紀』は、神代より持統天皇まで、かなりの長い年月を扱っているので、その分量は厖大《ぼうだい》なものとなっていますので、複数の執筆者が全三十巻を分担執筆したものと考えられます。文体や用字から一〇のグループに分けたのが、『『日本書紀』とその世界』（燃焼社）の著者荊木美行《いばらきよしゆき》です。さらに、各巻によって執筆者の個性が、各所にあらわれていることから、詳細に編集責任者を追求したのが、『日本書紀の謎を解く』（中公新書）の著者森博達《もりひろみち》です。その著によりますと、

(1)巻第一〜巻第十三　編集責任者　山田史御方《みかた》
(2)巻第十四〜巻第二十三　編集責任者（音博士）続守言《しょくしゅげん》
(3)巻第二十四〜巻第二十六　編集責任者（倭人）
(4)巻第二十七〜巻第二十九　編集責任者（音博士）薩弘恪《さつこうかく》
(5)巻第三十　編集責任者　紀清人《きのきよひと》

と、五グループの編集責任者名を挙げています。

(1)は倭音による和化漢字で原史料が書かれているため倭人の御方しか担当できなかったのではないか、(2)と(4)は倭習の少ない漢文で書かれているので、漢人（唐と戦った百済から貢進された音博士二名）が責任者となりえたこと。この二人によって、正音（唐音）によ

『日本書紀』の構成

巻数	頁数	グループ	対象天皇紀
巻第一	四九	①	神代上
巻第二	四四	①	神代下
巻第三	二三	②	神武天皇紀
巻第四	一六	②	綏靖・安寧・懿徳・孝昭・孝安・孝霊・孝元・開化天皇紀
巻第五	一五	③	崇神天皇紀
巻第六	一九	③	垂仁天皇紀
巻第七	三〇	③	景行・成務天皇紀
巻第八	七	③	仲哀天皇紀
巻第九	二四	③	神功皇后紀
巻第一〇	一六	③	応神天皇紀
巻第一一	二八	③	仁徳天皇紀
巻第一二	一一	③	履中・反正天皇紀
巻第一三	二〇	③	允恭・安康天皇紀
巻第一四	三五	④	雄略天皇紀
巻第一五	二三	④	清寧・顕宗・仁賢天皇紀
巻第一六	七	④	武烈天皇紀
巻第一七	二三	⑤	継体天皇紀
巻第一八	一〇	⑤	安閑・宣化天皇紀
巻第一九	五〇	⑤	欽明天皇紀
巻第二〇	一六	⑥	敏達天皇紀
巻第二一	一四	⑥	用明・崇峻天皇紀
巻第二二	三四	⑦	推古天皇紀
巻第二三	一五	⑦	舒明天皇紀
巻第二四	二三	⑧	皇極天皇紀
巻第二五	四二	⑧	孝徳天皇紀
巻第二六	一八	⑧	斉明天皇紀
巻第二七	二三	⑧	天智天皇紀
巻第二八	二〇	⑨	天武天皇紀（上）
巻第二九	五七	⑨	天武天皇紀（下）
巻第三〇	三八	⑩	持統天皇紀
（巻第三一）			系図

編集責任者：山田史御方←→山田史御方／続守言←→続守言／倭人←→倭人／薩弘恪←→薩弘恪／紀清人

457年

暦：（唐）儀鳳暦（665～）｜（南宋）元嘉暦（445～）

森博達著『日本書紀の謎を解く』（中公新書）を参考に筆者作成

る正格漢文による記述化が可能になった。⑶については、前巻までの続守言が急逝《きゅうせい》したのか、急遽《きゅうきょ》担当した倭人。⑸は、すでに漢文に慣れ親しんできた倭国の史官によるものであると論じています。

ここで一番重要なことは、『日本書紀』は、一人の編纂者によってつくられたのではなく、少なくとも荆木氏は十グループ、森氏は五グループないし七グループによって編纂されたということです。実際にどのような作業が行われたのでしょうか。『日本書紀』は、持統天皇（六八七〜六九七年）から神武天皇（紀元前六五九〜紀元前五八五年）の四〇代について書かれていますから、約千四百年間の記録を書き残さなくてはならなかったのです。

『古代史を解く鍵』（講談社学術文庫）の著者有坂隆道は、その著で、「神武以来の暦の無かった時代には、暦日のきされるはずもありません。ではいったい、『書紀』を編纂するとき、どのようにしたのでしょうか。いうまでもなく、神武以来、巻末の持統十一年までの暦を先に作製し、その年月に応じて記事をはめ込んでいって、編年体を完成したのです」と記しています。この説は、極端な説とは思いますが、筆者は天皇別に記された帝紀と旧辞の内容については、第二〇代安康天皇元年までは元嘉暦によって書かれ、それ以前については儀鳳暦によって適宜に年代を割り振っていったと考えています。津田左右吉が、『日本書紀』に帝紀と旧辞が成立したのは、六世紀の継体天皇から欽明天皇の時期で、特に神話の部分は、上古より天皇が日本を統治していたことを説くために造作されたもので、史実的な資料価値は全くないという主張は、これまで述べた経緯を知らなかった言説といわざるをえません。

『日本書紀』が使用した中国関連の史料

『日本書紀』の謎を解く鍵の一つに、出典研究があります。『日本書紀』が利用した漢籍・仏典の分布をまとめた、上代文学・和漢比較文学の泰斗小島憲之著『上代日本文學と中國文學（上）』には、『日本書紀』の「出典書名分類表」（○は確実なもの、△は不確実なもの、▲は同一列の▲といずれかに確実な出典を持つもの）が収載されています。この表には、書名が巻数ごとに記されていて、『日本書紀』出典研究の新次元を開いたものとして高い評価を得ています。

この表を見ていて驚いたのは、『史記』『漢書』『後漢書』『三国志』『梁書』『隋書』などの国史があるのに、南朝宋（四二〇～四七九年）の国書『宋書』が入っていなかったことです。『宋書』よりはるか昔の『史記』や『漢書』が取り上げられているのに何故なのでしょうか。そこで考えられるのは、

中国関連の史料
※出典書名分類表（小島憲之〈一九六二〉による）

淮南子	金光明最勝王経	文選	芸文類聚	隋書	梁書	三国志	後漢書	漢書	史記	書名／巻
○		△	○							一
		△								二
		○						○		三
						▲	△	▲		四
							△	○		五
			△			▲		▲		六
								○	△	七
										八
			○			○		○		九
										一〇
○		▲	○			▲		○		一一
								△		一二
		○	○				○	○		一三
		○	○	○		○		○		一四
	○	○	○	○	○		○	○		一五
	○		○			○	○			一六
	○		○			○		○		一七
			○				○	○		一八
	○	○	○		○	○		○	○	一九
	△	△				▲		▲		二〇
	△									二一
							○			二二
								○		二三
						○				二四
		○	○			○	○	○		二五
		○								二六
		○				○	○			二七
							○			二八
							○			二九
							○	○		三〇

森博達著『日本書紀成立の真実』（中央公論新社）より

(1)我が国と中国大陸との関係は、華北、黄河上流の中原地方を発祥とする燕・秦・漢・新・後漢、三国時代は蜀・呉ではなく魏国であったこと
(2)揚子江中流に興った南朝の諸国（東晉・宋・斉・梁・陳）は、文字通り南方の地方王朝で、北方の大国に押しこまれて、繁栄した時代が長くはなかったこと
(3)一方、倭国の南朝へのアプローチは、「倭の五王」の時代、宋朝の六十年間（四二〇～四七九年）にほぼ限られ、後の斉・梁には各一回遣使が行われたのみで、まもなく北魏の台頭、五胡十六国の時代には、倭国としては為すすべもなかったこと

などです。

そして問題なのは、『漢書』『後漢書』『三国志魏書倭人伝』（『魏志倭人伝』）が、いつ、誰によって倭国にもたらされたのかです。筆者は、『隋書俀国伝』が伝える、六〇八年、隋の煬帝《ようだい》が遣わした文林郎の裵世清《はいせいせい》ではなかったかと考えています。文林郎とは、書物の校訂や著述などを掌《つかさど》る役人で、『日本書紀』推古天皇紀十六年（六〇八）の条には、裴世清を、「鴻臚寺（唐の蕃国使者の迎賓館）の掌客（接待を掌る役人）」と紹介しています。このような職に就いていた人物ですから、『漢書』『後漢書』『三国志』などに通暁していた人物だったと考えられます。

裵世清ら一行は遣隋使の小野妹子に従って百済から対馬・壱岐を経て筑紫に到着。そこ

から海路瀬戸内を進み難波の津に到着、難波では新築した館で歓迎を受け、その後大和川を遡り大和に到着しています。

ここで考えられるのは、裴世清が倭国への旅の案内書として携行したのは、『魏志倭人伝』と思われることです。また、『漢書』『後漢書』も携えてきたのではないでしょうか。といいますのは、『隋書俀国伝』には、随所に『魏志倭人伝』や『後漢書』の記事を重ねて使用しているからです。

もう一つ重要なのは、「俀国の境域は、東西は徒歩五ヵ月、南北は徒歩三ヵ月で、おのおの海に至る。東が高く西が低い地勢で、邪靡堆を王都とする。ここがすなわち『魏志』(『三国志』倭人伝)にいう「邪馬臺《やまと》」である」とあり、邪馬台国が北九州に存在するのではなく畿内であることを裏付けてくれていることです。

『日本書紀』が使用した暦

『日本書紀』編纂に当たって、一番重要なことは暦の問題でした。『日本書紀』が使用した暦は、

(1)第四〇代持統天皇紀〜第二〇代安康天皇紀は、宋の暦法元嘉暦(四四五〜五〇九年、宋・斉・梁の三国が使用)を採用、暦日(年月日)がほぼ正しく記載された部分である

暦日表（安康天皇元年～雄略天皇元年）

天皇	年	干支	月	儀鳳暦				日本書紀	元嘉暦	
				朔干支	グレゴリオ暦				朔干支	
安康天皇	元年	甲午	1	35・（己亥）019	454	2	15			35・041
			2	4・（戊辰）549	454	3	16	戊辰		4・572
			3	34・（戊戌）080	454	4	15			34・102
			4	3・（丁卯）610	454	5	14			3・633
			5	33・（丁酉）141	454	6	13			33・164
			6	2・（丙寅）672	454	7	12			2・694
			7	32・（丙申）202	454	8	11			32・225
			8	1・（乙丑）733	454	9	9			1・755
			9	31・（乙未）263	454	10	9			31・286
			10	0・（甲子）794	454	11	7			0・816
			11	30・（甲午）325	454	12	7			30・347
			12	59・（癸亥）855	455	1	5			59・878
同	3年	丙申	1	23・（丁亥）753	456	1	24			23・775
			2	53・（丁巳）284	456	2	23			53・306
			3	22・（丙戌）814	456	3	23			22・836
			3	52・（丙辰）345	456	4	22			52・367
			4	21・（乙酉）875	456	5	21			21・898
			5	51・（乙卯）406	456	6	20			51・428
			6	20・（甲申）937	456	7	19			20・959
			7	50・（甲寅）467	456	8	18			50・489
			8	19・（癸未）998	456	9	16	甲申	甲申	20・020
			9	49・（癸丑）528	456	10	16			49・551
			10	19・（癸未）059	456	11	15	癸未		19・081
			11	48・（壬子）590	456	12	14	壬子		48・612
			12	18・（壬午）120	457	1	13			18・142
雄略天皇	元年	丁酉	1	47・（辛亥）651	457	2	11			47・673
			2	17・（辛巳）181	457	3	13			17・203
			3	46・（庚戌）712	457	4	11	庚戌		46・734

内田正男編著『日本書紀暦日原典（新装版）』（雄山閣出版）より

こと

(2)第一九代允恭《いんぎょう》天皇崩御～初代神武天皇即位は、先の元嘉暦よりずっと後世、唐の麟徳二年～開元十六年（六六五～七二八年）の間に使われた儀鳳暦にもとづいて暦日が記載されています。四世紀末から五世紀初め頃には、大陸王朝から我が国には暦が正式には招来されておらず、残念ながら、年月日の記録はほとんど残されていなかったということ

です。

この二つの分岐点について、戦前の昭和十五年（一九四〇）、すでに天文学者の小川清彦が、安康天皇即位の年を四五四年と発表しています。また、この年が、儀鳳暦と元嘉暦、そしてグレゴリオ暦が一致した年に当たります。

元嘉暦は、元嘉二十二年（四四五）に施行され、倭国には四五一年、倭王済（允恭天皇末期）の宋への朝貢時に下賜《かし》されたものと思われます。百済経由で、四四五年直後に招来されたという説もありますが、当時、百済は高句麗との長期にわたる交戦状態で、そのような余裕はなかったと思われること、允恭天皇紀には元嘉暦を使用していた痕跡が見当たらないこと、さらに允恭天皇紀は紀年の延長が大幅に図られていて、暦の問題を論じる以前の状態にあったことにより、筆者は四五一年説が正しいと考えています。以上の点につ

いて整理をしてみました。
(1)古い元嘉暦によるものとされる年代と『日本書紀』とをくらべると、安康天皇三年丙申八月甲申（四五六年八月）から元嘉暦と合致していること
(2)先述したように、『日本書紀』の第十三巻（允恭・安康天皇紀）と第十四巻（雄略天皇紀）とでは用字・語法などから、執筆者が異なっていること
(3)安康天皇崩御の三年八月以降、安康天皇紀自体、雄略天皇の即位前紀的色彩を帯びている、といったことから、正確さからいえば、雄略天皇元年（四五七年）から元嘉暦を（正式）に採用したといったほうがよいこと

などが判明します。

そして、一番重要な点ですが、『日本書紀』の編纂者が『魏志倭人伝』と『晉書』が伝える景初二年（二三八）、正始元年（二四〇）、正始四年（二四三）、正始八年（二四七）、泰始二年（二六六）の魏朝・晉朝への朝貢の記録を無視することができずに、神功皇后の摂政期間に当てたことです。そこで卑弥呼と台与の治世を二〇一～二六九年として、神功皇后の在位期間に当ててしまったことです。

これは、『日本書紀』の編纂者は、第二〇代安康天皇崩御から第一五代応神天皇即位までの六代の年代についての知識があったと考えられることです。『日本書紀』の編纂者が

応神天皇の即位年を三九〇年としていたことは、倉西裕子著『日本書紀の真実』（講談社選書メチエ）によると、次のようになります。

(1)応神三年条において百済国の阿花（阿華）王（在位：三九二～四〇五年）の即位を伝えていますが、『東国通鑑』・『三国史記』「百済本紀」（以下『百済本紀』と略します）は阿華王の即位を三九二年と記しており、応神三年を三九二年と考えて、逆算して求められる応神元年は三九〇年となります。

(2)応神八年条分註に百済国の王子直支の来日を伝えています。『東国通鑑』・『百済本紀』は、直支（腆支）王（在位：四〇五～四二〇年）を人質として遣わした年代を三九七年と記しており、逆算して求められ得る応神元年は三九〇年となります。

(3)応神一六年条に「是歳百済阿花王薨」とありますが、『百済本紀』の伝える阿華王の崩年は四〇五年であることから、逆算して求められ得る応神元年は三九〇年となります。

(4)第九の神功紀後半の紀年が四世紀後半に位置付けられることは、実証主義の立場からは否めませんので、次巻の応神紀の応神元年は四世紀末に来ます。従って、応神元年条の正文にある「庚寅」の年は、『書紀』の「紀年」においては西暦二七〇年に当たりますが、史実としては三九〇年に設定されていると認識されます。
以上の四点から、『書紀』は応神元年を実年代において三九〇年に設定しているとみてほぼ間違いはありません。

すでに百済が東晋と外交関係を結んでいて、使節を派遣していることが『三国史記』百済本紀には、三七二、三七三、三八四年と遣使していることからも、判明しています。一方、倭国へは、神功皇后五十二年（三七二）に百済から七枝刀と七子鏡がもたらされたことが記されています。七枝刀に刻まれた銘文には、「泰和四年□月十六日」と記されています。そのことからも、我が国にも東晋の泰始暦がもたらされたと考えられます。この鉄剣の銘から、東晋の泰和四年（三六九）鋳造、三七二年に神功皇后に献上されたことが判明しています。

しかし『日本書紀』では、神功皇后の崩御は二六九年、応神天皇の即位が二七〇年とされています。よって、この時点で干支二巡一二〇年の紀年の延長が以下のようにはかられていることが判明します。

(1)応神天皇で三十四年の延長

応神から允恭末年までに加算された紀年の内訳

紀	在位年数	『日本書紀』の紀年数	加算された紀年
応神紀	390〜394年	41年	34年
空位年	395〜396年	2年	2年
仁徳紀	397〜427年	87年	56年
履中紀	428〜433年	6年	0年
反正紀	434〜437年	5年	1年
空位年	——	1年	1年
允恭紀	438〜453年	42年	26年
延長年	64年	184年	－120年

(2)応神天皇の二皇子菟道稚郎子皇子と大鷦鷯皇子（後の仁徳天皇）による皇位の譲り合い
(3)仁徳天皇での五十六年の紀年の延長
(4)反正天皇の空位による加算一年
(5)允恭天皇での二十六年の紀年の延長

このように、『日本書紀』編纂者が年代にこだわったのは、神功皇后即位二〇一年までで、それ以前の天皇については、第四章でも述べた通り、神功皇后即位二〇一年から遡って神武天皇即位の紀元前六五九年までの八百六十年間を、一四代の天皇に割り振ったのです。後世、我々にとってこうした紀年の延長は残念なことですが、唯一の救いは、天皇の代数に手を付けず、天皇の宝算（寿命）年数に矛盾があったとしても、代数を増やさなかったことです。

中国王朝の暦と倭国

『後漢書』東夷列伝には、「建武中元二年、倭奴国奉貢朝賀。使人自称大夫。倭国之極南界也。光武賜以印綬。」と、倭の奴国の遣使を記録しています。ここで注目されるのは、倭の奴国王が時期を選ばず、やみくもに遣使朝貢したのではなかったことです。その頃すでに奴国では、後漢朝の四分暦を大筋で知っていた可能性が考えられます。あるいは、楽浪郡の役人のアドバイスを受けていたかもしれませんが、倭の奴国王は印綬を賜わり、後漢朝の冊封《さくほう》体制下に入り、皇帝に「正朔《せいさく》を奉じる」ことになります。したがって奴国王は、暦（四分暦）も授けられたのでしょう。後に、倭の女王卑弥呼も、金印紫綬とともに、暦（景初暦）を授けられた可能性があります。

ここで、中国の各王朝が採用した暦と倭国からの朝貢を表にまとめてみました。これによると、古代日本人の度重なる大陸王朝への朝貢、それによって大陸からもたらされた紀年入りの銅鏡・大刀が数多く出土、あるいは伝世されていることが明らかになってきます。大陸の王朝が交代するたびに、倭国へは王朝が採用した暦、改められた暦が下賜され、また、王朝の年号入りの文物・金石文がもたらされたのです。

では、『日本書紀』の編纂者たちが、どのような暦を使用して、紀年を算出したのでし

大陸王朝の暦と倭国（前漢～唐）※対比代表例

王朝	暦	年代	摘要
前漢 （BC206~AD8）	太初暦 （BC104~ ？）	太初元年 （BC104）	司馬遷監督記述
後漢（23~220）	四分暦（220~236）	建武中元2年（57）	倭奴国朝貢、冊封体制入り
		永初元年（107）	倭国王帥等接見求む
		中平（184~189）	中平年号入り大刀
魏（220~265）	景初暦（237~265）	景初3年（239）	卑弥呼使者を遣わし朝献
		景初3年（239）	紀年銘鏡（大阪府・島根県）
		景初4年（240）	紀年銘鏡（兵庫県・群馬県）
呉（222~280）		赤烏元年（238）	紀年銘鏡
		赤烏7年（244）	紀年銘鏡
西晋（265~316）	泰始暦（265~420）	泰始2年（266）	台与入貢
		元康元年（291）	紀年銘鏡（京都府）
東晋（317~420）		泰和4年（369）	七枝刀百済王より献上
		義熙9年（413）	倭王讃遣使
宋（420~479）	永初暦（420~444）	永初2年（421）	倭王讃遣使、冊封体制入り
		元嘉2年（425）	倭王讃遣使
		元嘉7年（430）	倭王珍①遣使
		元嘉15年（438）	倭王珍②遣使、冊封体制入り
		元嘉20年（443）	倭王済遣使
	元嘉暦（445~509）	元嘉28年（451）	倭王済遣使
		大明4年（460）	倭王興遣使
		大明6年（462）	倭王興遣使
		泰始7年（471）	稲荷山古墳出土鉄剣銘
		昇明元年（477）	倭王武①遣使
		昇明2年（478）	倭王武①遣使
斉（479~502）		建元元年（479）	倭王武①遣使
梁（502~557）		天監元年（502）	倭王武②遣使
隋（581~618）			
唐（618~907）	儀鳳暦（665~728）	天武天皇がこの暦を採用、正式には文武元年（697）より70年余使用	

有坂隆道著『古代史を解く鍵』（講談社学術文庫）、倉西裕子著『日本書紀の真実』（講談社選書）を参考に作成

ようか。全国バラバラだった大陸王朝の暦も、唐の高祖李淵《りえん》は即位とともに傅仁均《ふじんきん》に命じ戊寅暦《ぼいん》をつくらせ、翌年より施行されています。それに続く麟徳暦《りんとく》（我が国では唐の儀鳳年間の六七五～六七八年に招来したことから儀鳳暦と呼ばれる）の画期的な特徴は、初めて定《てい》朔《さく》（実際の天体観測による暦の決定と予測）を採用したため、極めて正確な暦ができあがったことです。

その頃、我が国は大化の改新以降、隋・唐に倣《なら》い、中央集権国家へと法制度の整備を進めていきました。六六〇年の唐による百済の滅亡、六六八年高句麗の滅亡なども影響したものと思われますが、国力を固め、軍備の増強をはかるとともに、国の根幹である国史の編纂を進めたのです。朝鮮半島の百済の建国は西暦換算紀元前一八年、同じく新羅は紀元前五七年と、いずれも神話上の話ですが、建国年を定めています。我が国としても対面上から、国体の起源をハッキリさせる必要性が強く求められていた時代と考えられます。

我が国への儀鳳暦の到来は、これまで宋の元嘉暦（四四五年施行）に二百年以上頼ってきた日本人、特に中大兄《なかのおおえの》皇子（後の天智天皇）、大海人《おおあまの》皇子（後の天武天皇）を驚かせたに違いありません。儀鳳暦は、天智五年（六六六）に早くも我が国に伝えられ、（河内《かわち》野《や》中《ちゅう》寺《じ》所蔵金銅弥勒菩薩像造記による）、習得・研究が急がれ、大海人皇子は自ら天体観測機材を輸入し、実測による新しい暦の検証に全力を投入したと思われます。

またその当時、讖緯《しんい》思想という説が流行していました。「讖《しん》」とは予言、「緯《い》」は緯書で、一種の予言説です。中国では天文学や暦法が、道教の普及とともに王朝革命の理論の影響を受けたことで、多くの予言書が出されるようになります。この動きは、中国では漢時代以降南北朝時代も盛んで、辛酉《しんゆう》革命説などの存在は、天武天皇はじめ、『日本書紀』の編纂者たちも知っていたと考えられます。その辛酉説（辛酉の年には革命が起こるとする説）では、一元を六〇年、二一元＝一二六〇年を一蔀《ほう》とし、一蔀ごとの辛酉の年には大革命があるというのです。このような説が多くあるなかで、最新にして実測を伴った儀鳳暦による総法一三四〇という周数（周期数や循環する序数など）が、最も尊ばれたのでした。

「倭の五王」の時代

宋朝（四二〇～四七九年）の六十年間、倭国から五人の天皇が倭国王として遣使朝貢した記録が、『宋書』に残されています。そこには、倭王讃・珍・済・興・武と、五人の天皇に相当する名前が記されているのです。『日本書紀』によれば、この間に七名の天皇が在位していて、そのうちの二名の天皇は遣使していないことが分かります。そこで筆者は、これまで調査した数々の情報・資料をもとに、「倭の五王」と天皇の比定を図にまとめてみました。なお、「倭の五王」に関しては、『「倭の五王」の謎を解く』（ＰＨＰエディ

「倭の五王」と7名の天皇の時代

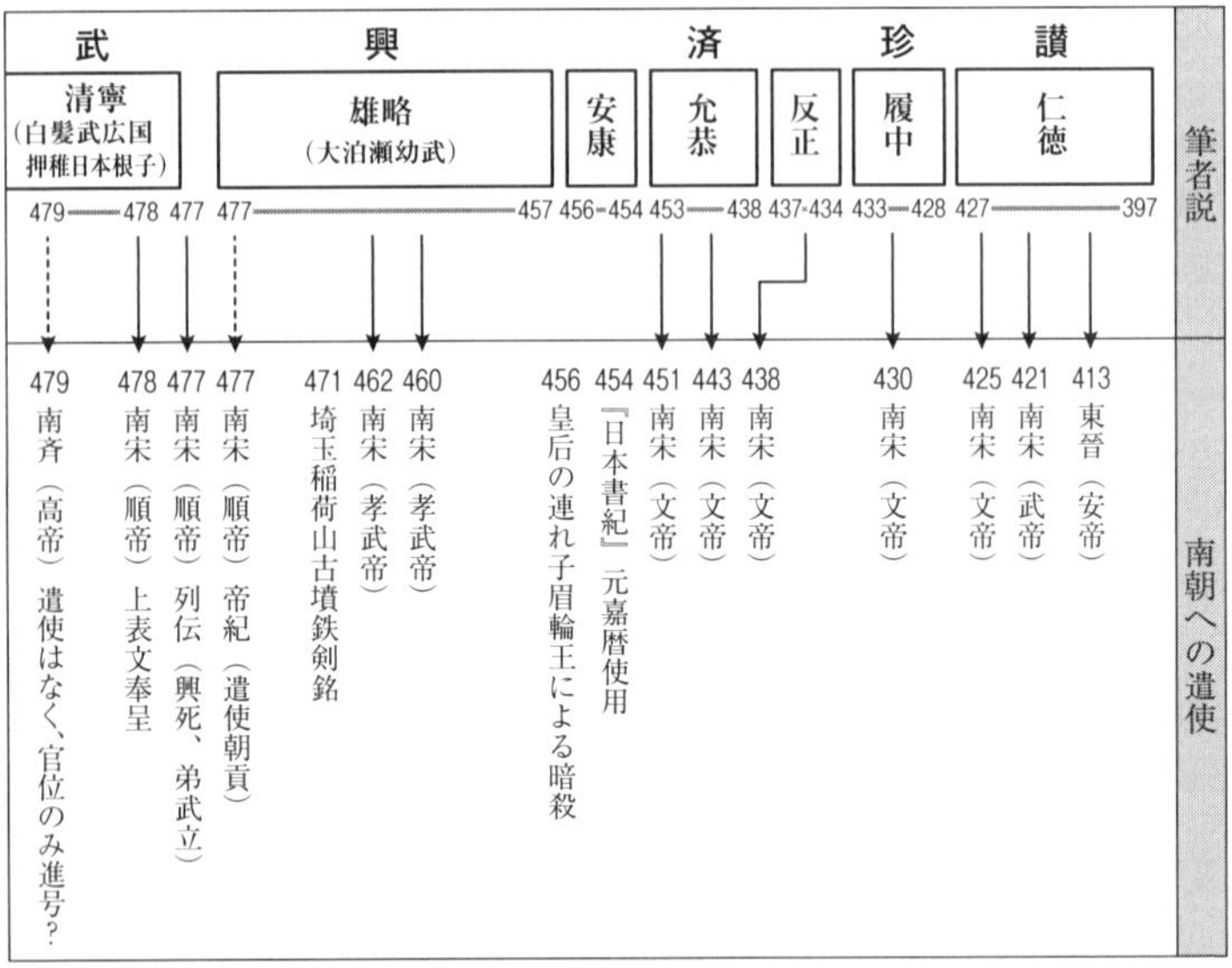

ターズ・グループ）に詳述しています。

「倭の五王」最大の問題点は、倭王武が、これまで江戸時代、新井白石の頃から、第二一代雄略天皇の和風諡号が、〝大泊瀬幼武《おおはつせわかたけ》天皇〟なので、雄略天皇に比定されていることです。ところが、次の第二二代清寧天皇の和風諡号も〝白髪武広国押稚日本根子《しらかのたけひろくにおしわかやまとねこ》天皇〟です。

倭王武の根拠となっている和風諡号の「武」という呼称は、雄略天皇だけでなく、次の清寧天皇にもつけられているのです。

そうしますと、倭王興はどの天皇に相当するのでしょうか。倭王興は、四六〇年と四六二年の二回、宋へ遣使朝貢しています。四七七年、『宋書』列伝には、「興死、弟武立」とありますので、この時に倭王興が崩御したことになります。少なくとも、四六〇〜四七七年に興が在位していたことになります。しかし、ほとんどの研究者は、倭王興を、安康天皇に比定していますが、安康天皇は、『日本書紀』によれば、四五四年から四五六年のたった三年間しか在位していません。しかも、この三年間は、皇位継承をめぐって混乱状態にありましたので、二回にわたる宋への遣使など考えられない状態でした。

そして、安康天皇が即位した四五四年という年は、たびたび述べたように、宋からもたらされた元嘉暦と『日本書紀』が使用した儀鳳暦、それにグレゴリオ暦が一致する年でもあります。そうしますと、雄略天皇の即位は四五六年となり、倭王興の四六〇年と四六二年の宋への遣使は、雄略天皇であることが明らかになるのです。

第二節　『日本書紀』雄略天皇紀年代の誤り
――雄略天皇と清寧天皇は父子関係ではなく兄弟関係である

興死、弟武立

『日本書紀』には、雄略天皇の即位は四五七年とあり、崩御は雄略二十三年（四七九）、清寧天皇の即位は、清寧元年（四八〇）となっています。

一方、『宋書』帝紀には、四七七年（順帝昇明元年）

・「冬十一月己酉、倭国遣使献方物」

列伝には、

・「興死、弟武立、自称使持節、都督倭百済新羅任那加羅秦韓慕韓七国諸軍事、安東大将軍、倭国王」

とあります。ここで注意しなければならないのは、後述しますように、興死は、雄略天皇崩御、弟武立は、弟清寧天皇即位を意味していることです。

そして、翌四七八年（順帝昇明二年）の帝紀には、

・「五月戊午、倭国王武遣使献方物、以武為安東大将軍」

とあり、列伝には、次のように記されています。

・「順帝昇明二年、遣使上表曰「封国偏遠、作藩于外、自昔祖禰、躬擐甲冑、跋渉山川、不遑寧処。東征毛人五十五国、西服衆夷六十六国、渡平海北九十五国、王道融泰、廓土遐畿、累葉朝宗、不愆于歳。臣雖下愚、忝胤先緒、駆率所統、帰崇天極、道逕百済、〔一三〕装治船舫、而句驪無道、図欲見呑、掠抄辺隷、虔劉不已、毎致稽滞、以失良風。雖曰進路、或通或不。臣亡考済実忿寇讎、壅塞天路、控弦百万、義声感激、方欲大挙、奄喪父兄、使垂成之功、不獲一簣。居在諒闇、不動兵甲、是以偃息未捷。至今欲練甲治兵、申父兄之志、義士虎賁、文武效功。白刃交前、亦所不顧。若以帝徳覆載、摧此強敵、克靖方難、無替前功。竊自仮開府儀同三司、其余咸各假授、〔一四〕以勧忠節。」詔除武使持節、都督倭新羅任那加羅秦韓慕韓六国諸軍事、安東大将軍、倭王。」

「順帝の昇明二年、〔倭王武〕使いを遣わして上表せしめて曰く、「封国《ほうこく》は偏遠《へんえん》にして藩《はん》を外に作《な》す。昔自《よ》り祖禰《そでい》躬《みずか》ら甲冑《かっちゅう》を擐《めぐ》らし、山川を跋渉《ばっしょう》し、寧処《ねいしょ》するに遑《いとま》あらず。

允恭天皇～清寧天皇系図

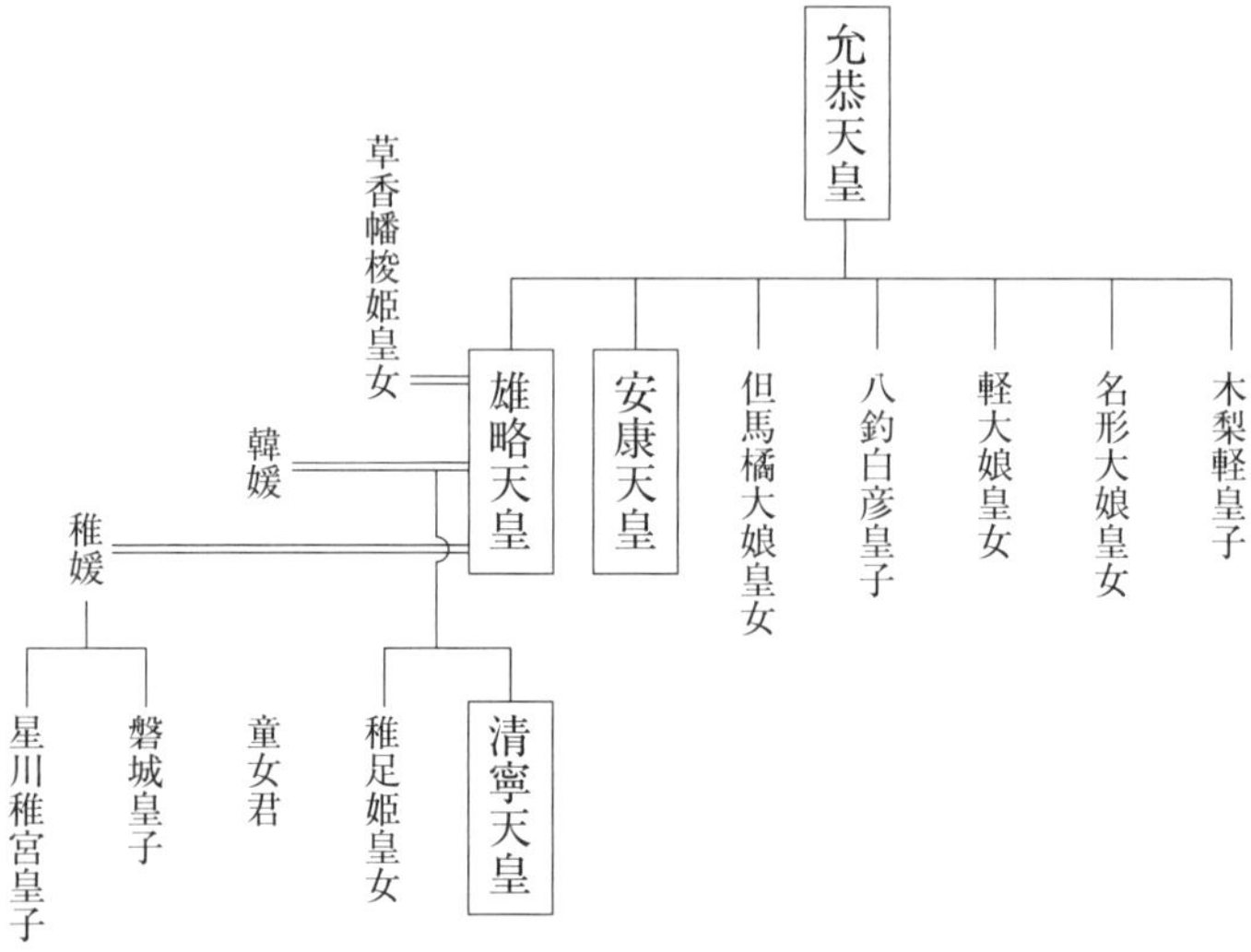

東のかた毛人《もうじん》五十五国を征し、西のかた衆夷《しゅうい》六十六国を服《ふく》し、渡りて海の北九十五国を平らぐ。王道融泰《ゆうたい》し、土を遐畿《かきき》に廓《かく》す。累葉《るいよう》朝宗《ちょうそう》することと歳ごとに愆《あやま》たず。臣《しん》は下愚なりと雖《いえど》も、忝《かたじ》けなく先緒を胤《つ》ぎ、統《す》ぶる所を駆率《くそつ》して、天極《てんきょく》に帰崇《きすう》す。道は百済《ひゃくさい》を逕《よぎ》り船舫《せんぼう》を装治す。

而《しか》るに〔高《こう》〕句驪《くり》は無道にして、見呑《みどん》を図り欲し、辺隷《へんれい》を掠抄《りゃくしょう》し、虔《けん》劉《りゅう》して已《や》まず。毎《つね》に稽滞《けいたい》を致し、以《も》って良風を失わしむ。路を進まんと曰《い》うと雖《いえど》も、或いは通じ或いは不《しか》らず。臣の亡考済《ぼうこうさい》、実に寇讎《こうしゅう》の天路を雍塞《ようそく》することを忿《いか》り、控弦《こうげん》百万、義声をあげて感激して、方《まさ》に大挙せんと欲せしも、奄《にわ》かに父兄を喪《うしな》い、垂成の功をして、一簣《いっき》を獲《え》ざらしむ。居《お》りて諒闇《りょうあん》に在《あ》れば、兵甲を動かさず。是《ここ》を以《も》って偃息《えんそく》して未《いま》だ〔高句麗に〕捷《か》たず。〔されども〕今に至りて、甲を練り兵を治め、父兄の志を申《の》べんと欲す。義士虎賁《ほん》、文武功を効《いた》し、白刃前に交わるとも亦《ま》た顧みざる所なり。若《も》し帝徳を以《も》って覆載《ふうさい》せば、此《こ》の強敵を摧《くじ》き、克《よ》く方難を靖《やす》んじ、前功に替《おと》ること無からん。窃《ひそ》かに自《みずか》ら〔には〕開府儀同三司《かいふぎどうさんし》を仮《か》し、其《そ》の余〔の諸将〕も咸《みな》各《おのおの》仮授《かじゅ》し、以《も》って忠節を勧《すす》められよ」と。
詔《みことのり》して武《ぶ》を使持節《しじせつ》・都督倭新羅任那加羅秦韓慕韓六国諸軍事《ととくわしんらみまなからしんかんぼかんりっこくしょぐんじ》・安東大将軍《あんとうだいしょうぐん》・倭王《わおう》に除《じょ》す。」（『倭国伝』〈講談社学術文庫〉）

ここで、下線を引いた、「臣の亡考済、実に寇讎の天路を壅塞することを忿り、控弦百万、義声をあげて感激して、方に大挙せんと欲せしも、奄かに父兄を喪い」から分かることは、清寧天皇（倭王武）である父は亡考済＝允恭天皇であり、倭王興は、にわかに亡くなった、父でもあり兄でもあった雄略天皇のことです。

最近刊行された安本美典《やすもとびてん》著『「卑弥呼の鏡」が解く邪馬台国』（中央公論新社）には、「古代の諸天皇のうち、その在位と、活躍の時期とを、ほぼ確定できるのは、倭王武とみられる第21代雄略天皇が、中国の宋の国へ使をつかわした478年である。古代の諸天皇の平均在位年数は、ほぼ同時期の中国の皇帝の平均在位年数である「十年」と、ほとんど変らないとみれば、第1代神武天皇の活躍の時期は、第21代雄略天皇の活躍の時期、478年から、20代＝200年をさかのぼって、西暦278年ごろと推定できる」と記していますす。これによりますと、安本氏は、『日本書紀』雄略天皇紀と、『宋書』帝紀と列伝を理解していないことになります。

また、最近親しくしている國學院大學の上野誠教授ですが、拙著『「倭の五王」の謎を解く』を献本して、これまで定説とされてきた倭王武を雄略天皇に比定するのは間違いで、倭王武は清寧天皇であるという筆者の説に対するご意見を伺ったところ、筆者の説は、「奇抜すぎて世間の人には分かってもらえないのですよ」と、破顔一笑されてしまいました。

清寧天皇は雄略天皇の弟である理由

清寧天皇は、雄略天皇の皇子ではなく雄略天皇の実弟であること、二人の年齢差が大きいことから、雄略天皇を父とも、また兄とも認識していたと考えられます。なお、『日中辞典』（岩波書店）によれば「父兄は家長の意」とあります。長年中国の小説家老舎《ろうしゃ》を研究している稲田直樹《いなだなおき》元三菱化工機株式会社専務取締役に、中国では「父兄」＝「父であり、兄である」という意味に使われることがあるのか質《ただ》したところ、次のような回答がありました。

「中国では〈父と兄〉を意味する以外に、〈父兄〉や文語で〈父（家長）〉の意味もある。（角川中国語辞典参照）。『宋書』の上表文では〈奄喪（突然失う）〉という以上、〈父と兄〉という複数ではなく、一人の人物を指していると考えられる。「済」（父）の死は四五三年、「興」（兄）の死は四七七年ですから、父兄を突然同時に失ったということは考えられないのです。」

　筆者の考えを補《おぎな》ってくれるのが、『日本書紀』雄略天皇紀の記事です。雄略天皇は、雄略元年に三人の妃を立てています。はじめの妃は、葛城圓大臣《かずらきつぶらのおおおみ》の娘韓媛《からひめ》で、白髪武広国《しらがたけひろくに》押稚日本根子《おしわかやまとねこ》（清寧天皇）と稚足姫《わかたらしひめ》皇女（栲幡《たくはた》皇女）をもうけています。ところが、雄略三年四月の条には、湯人《ゆえ》の廬城部連《いおきべむらじ》武彦が稚足姫皇女を奸《おか》して妊娠させたと、阿閉《あへ》臣国見が讒言《ざんげん》したことによって、稚足姫皇女が自死《じし》したとあります。

　雄略天皇が韓媛を娶った後に清寧天皇と稚足姫皇女の兄妹が生まれたとすると、稚足姫皇女と廬城部連武彦とのスキャンダルが起こるまでの間は、わずか三年ですから、稚足姫皇女の年齢は三歳ということになりますので、三歳の皇女ではなく、少なくとも十五歳から二十歳の皇女が奸されたと考えるのが常識的な考えではないでしょうか。ということは、稚足姫皇女は、雄略天皇の息女ではなく、妹であったことが判明します。したがって、清寧天皇も雄略天皇の皇子ではなく実弟であったことになります。この稚足姫皇女に関しての『日本書紀』の記事はかなり詳細に記していますので、当時はセンセーショナルな出来事であったに違いありません。

以上のことから、雄略天皇と清寧天皇は、父子継承ではなく、兄弟継承であったことになりますので、これまでの「皇統譜」の訂正を要する重大な事実といえます。これまでは、四七七年に清寧天皇が立太子、四七八年に雄略天皇崩御となっていますが、先に述べた『宋書』の上表文と『日本書紀』の稚足姫皇女の記事から、雄略天皇の崩御は四七九年ではなく四七七年となり、二年の延長が認められるのです。したがって、清寧天皇の即位も四七八年ということが証明され、『日本書紀』では、清寧天皇の即位が四八〇年となっていますが四七八年に、そして雄略天皇と清寧天皇が父子関係ではなく兄弟関係にあることも訂正の必要があります。

この誤りの原因は、四七五年に勃発した高句麗による、百済王都の攻撃です。『日本書紀』によれば、雄略天皇二十年（四七五）高句麗の大軍が来襲、百済の漢城を攻めること七日七夜、王城は陥落、国王および大后、王子らはみな敵の手で死んだことを記しています。大和朝廷はこの報せに驚愕《きょうがく》して、百済復興のために、大和に人質として滞在していた末多王（文周王の弟昆支《こんき》王の第二子）に兵士五〇〇人と兵器を賜い、百済に送り返す準備に追われていました。ところがその最中に雄略天皇は病に斃《たお》れ、雄略二十三年八月七日、後事《こうじ》を憂《うれ》え、案じながら崩御したのです。その憂いとは、妃の一人である吉備上道臣《きびのかみつみち》の娘稚姫《わかひめ》所生《しょせい》の星川皇子と、後の清寧天皇との後継者争いが始まっていたことです。このような事情で、『日本書紀』雄略天皇紀の二十二年、二十三年頃の記述に、混乱があったのではないかと考えられるのです。

第三節　安本美典の「天皇一代平均在位十年説」

安本美典は、天皇一代の平均在位について、

「奈良七代十年」などといわれるように、五〜八世紀の天皇の一代平均在位年数は、一〇・〇八年である。天皇の平均在位年数は、時代をさかのぼるにつれ、しだいに短くなる傾向がある。1〜4世紀の王の平均在位年数は、全世界的にみても、およそ十年である。

と述べています。この安本説には、筆者も大いに啓発されることが多かったのですが、先ごろ安本氏が刊行した『「卑弥呼の鏡」が解く邪馬台国』（中央公論新社）では、

古代の諸天皇の平均在位年数は、ほぼ同時期の中国の皇帝の平均在位年数である『十年』と、ほとんど変わらないとみれば、第1代神武天皇の即位は、第21代雄略天

皇の活躍の時期、四七八年から、二〇代×10年＝二〇〇年さかのぼって、西暦二七八年ごろと推定できる。

と述べています。

ここで安本氏は、神武天皇即位の年代の決定に当たって、その算出の起点を第二一代雄略天皇の活躍の時期を四七八年としています。ところが、本章の第二節で述べたように、雄略天皇の崩御は四七七年（『宋書』列伝順帝）ですから、活躍の時期としている四七八年は、すでに第二二代清寧天皇の治世に入っているのです。そうしますと、安本氏の、二〇代×一〇年＝二〇〇年は、二一代×一〇年＝二一〇年遡った二六八年となるべきで、先の二七八年にくらべ、安本氏は一〇年の間違いを犯してしまったのです。

さらに、安本氏は、雄略天皇から二五代前の天照大神の時代は、ちょうど魏の斉王芳《せいおうほう》（在位二三九～二五四年）の時代にあたる。そして、この斉王芳の時代の二三九年（景初三年）、二四三年（正始四年）に、卑弥呼は、魏に使いを出していると、述べています。すでに述べたように、雄略天皇より同天皇を含め天照大神までの代数は二六代であり、天照大神の即位は二一八年（四七八～二六〇年）となるので、魏の皇帝の在位云々は関係ありません。

安本美典による天皇の推定在位年表（神武天皇～雄略天皇）

	天皇名	年		在位（年）	『古事記』分注崩年干支
	天照大御神	230-248	在北九州	18	
	天忍穂耳尊	248-252		4	
	瓊瓊杵尊	252-264		12	
	彦火火出見尊	264-272		8	
	草葺不合尊	272-278		6	
1	神武天皇	278-298		20	
2	綏靖天皇	298-302		4	
3	安寧天皇	302-306		4	
4	懿徳天皇	306-310		4	
5	孝昭天皇	310-317		7	
6	孝安天皇	317-324		7	
7	孝霊天皇	324-332		8	
8	孝元天皇	332-338		6	
9	開化天皇	338-342		4	
10	崇神天皇	342-356		14	318
11	垂仁天皇	356-370		14	
12	景行天皇	370-386		16	
13	成務天皇	386-390		4	355
14	仲哀天皇	390-410		20	362
	神功皇后				
15	応神天皇	410-424		14	394
	（空位）				
16	仁徳天皇	424-436		12	427
17	履中天皇	436-440		4	432
18	反正天皇	440-444		4	437
19	允恭天皇	444-460		16	454
20	安康天皇	460-465		6	
21	雄略天皇	465-480		15	489

安本美典著『日本の建国』（勉誠出版）を参考に作成

ここで問題なのは、神武天皇の即位年、そして天照大神の即位年といった重大な年代の推測・推定に当たっては、雄略天皇の活躍時期、西暦にして四七八年を手掛かりとして単純に判断をするのではなく、考えられる数例を挙げ、その中から最も妥当な年を決定するのが手順ではないでしょうか。

そして、安本氏のいう清寧天皇を起点にした場合に、神武天皇即位は二七八年となります。次に雄略天皇を起点として考えてみますと、雄略天皇の即位は四五七年（『日本書紀』）ですから、先代第二〇代安康天皇の崩御は四五六年となりますので、二〇代×一〇年＝二〇〇年ですから、二〇〇年を差し引きますと、神武天皇の即位は、二五六年になってきます。さらに、第一五代応神天皇の即位（三九〇年）を起点にしたケースでは、先帝が第一四代の仲哀天皇ですから、三八九年マイナス（一四代×一〇年）で神武天皇の即位は二四九年となってきます。

ここで整理してみますと、

(1)第二二代清寧天皇を起点としたケース：先帝第二一代雄略天皇の崩年が四七七年なので、四七七年マイナス二一代×一〇年＝二一〇年。従って、二一代前となる神武天皇の即位年は二六七年となる

(2)第二一代雄略天皇を起点としたケース：先代第二〇代安康天皇の崩年が四五六年なの

で、二〇代×一〇年＝二〇〇〇年。従って、二〇代前となる神武天皇の即位年は二五六年となる

⑶第一五代応神天皇（即位三九〇年）を起点としたケース：第一四代仲哀天皇の皇后、神功皇后の崩年が三八九年なので、三八九年マイナス一四代×一〇年＝一四〇年。従って神武天皇即位は二四九年となる

です。

結果として、安本氏の述べている神武天皇即位二七八年説は、間違いと考えられます。なぜならば、神武天皇の即位から第一〇代崇神天皇の崩御三一八年（『古事記』分注崩年干支による）までは四十年間となり、あまりにも短すぎます。なお、『古事記』分注崩年干支に関しては、議論が分かれるところですが、崇神天皇崩御前後の天皇の在位を考えると、十年から十五年の違いしか考えられず、筆者の説が正しいと考えられるのではないでしょうか。

第七章

悲劇の皇子たち

現在我が国の天皇家は一二六代を数え、約千八百年近くの歴史を重ねてきました。その間、皇位継承者として順調に天皇に即位した太子、天皇・皇后に愛され太子として指名されながらも天皇位につけなかった太子、そして自ら努力をして他の皇子との戦いに勝利して天皇位についた太子・皇子たちが数多く名を残しています。

そのようななかでまず思い浮かぶのが、初代神武天皇の日向所生の第一皇子手研耳命《たぎしみみ》です。神武天皇の東征に日向から同行したものの、天皇の崩後は朝廷をほしいままに支配したと、『日本書紀』は伝えています。『日本書紀』は手研耳命没後、空位二年をあてていますが、これは手研耳命を擁する日向勢と皇后所生の皇子たちとの皇位継承の戦いを意味していたと考えられます。

このほか、第一三代景行天皇に酷使され、若き日の全てを戦場で過ごさざるをえなかった倭武尊、そして自ら父大海人皇子を援《たす》け、壬申の乱で勝利をもたらす働きをしたにもかかわらず、義母持統天皇に罪がないのに死に追いやられ、二上山の地に葬られた大津皇子など、枚挙にいとまがありません。

この章で取り上げる菟道稚郎子《うじのわきいらつこ》皇子、市辺押磐《いちべのおしは》皇子、大友皇子も、天皇位に就く境遇にありながら、さまざまな事情、環境の変化などによって、志なかばでその生涯を閉じています。

第一節　菟道稚郎子皇子

応神天皇、菟道稚郎子皇子を日嗣に

すべては、応神天皇の後継者選びの誤りから発しました。後継者選びに関しては、老齢による判断力の衰え、バランス感覚の喪失などが挙げられますが、筆者の思うところ、応神天皇の年齢はまだ三十余歳でしたので、耄碌《もうろく》とは考えられません。しかし、天皇の寿命（宝算）は、三十余歳が当時の平均ですから、応神天皇は、自身の後継者像について、年長の大山守命《おおやまもり》と大鷦鷯命《おおさざき》の二皇子に、『日本書紀』応神天応紀で次のように諮《はか》っています。

四〇年、春正月八日、天皇は、オオヤマモリ命、オオサザキ尊を召しだし、問うて、「汝《おまえ》たちは、子が愛《いと》しいか」といった。答えて、「たいそう愛《いと》しい」といった。また問うて、「〔年〕長〔の子〕と〔年〕少〔の子〕とでは、いずれがいちばんか」といった。オオヤマモリ命が、答えて、「長子におよぶものはございません」といった。

このとき、天皇に不悦〔快〕の色があった。オオサザキ尊は、いちはやく天皇の〔顔〕色を察し、答えて、「〔年〕長者は、多くの寒暑〔年〕を経て、もはや成人となっています。さらに不安はありません。ただ、〔年〕少の子は、まだその成否がわかりませんので、〔年〕少の子はたいそう気がかりでございます」といった。天皇は大いによろこび、「汝《おまえ》の言うところは、まことに朕の心に合っている」といった。このとき、天皇にはかねがねウジノワキイラツコを太子に立てようとの情《おもい》があった。それで二皇子の意〔向〕を知りたいと欲《おも》い、この問いを発したのである。こういうわけで、オオヤマモリ命の答言《こたえ》をよろこばなかったのだ。

結局天皇は、

二四日、ウジノワキイラツコを立てて、嗣《ひつぎ》とした。同日、オオヤマモリ命に任〔命〕して山川林野を掌《つかさど》らせた。オオサザキ尊には、太子の輔《たすけ》として、国事を執行させた。

と、天皇にとっては末子にあたる菟道稚郎子皇子を、太子から日嗣《ひつぎ》の尊へと勅命を発し、まもなく崩御を迎えることになります。天皇の亡くなった宮は明宮《あきら》ともいわれていますが、現在の大隅《おおすみ》宮で、大阪市東淀川区大桐にある大隅神社がその地と考えられます。

二帝並立

『日本書紀』の編纂者は、三九五年と三九六年の丸二年間を、天皇の空位としています。多くの歴史学者たちは、この二帝並立、皇位の譲り合いをまともに研究・検討することはありませんが、この二年間の空位は、いくつかの問題を孕《はら》んでいます。

『日本書紀』仁徳天皇紀は、天皇の即位に先立つ三年、菟道稚郎子太子と大鷦鷯尊の間の天皇位の譲り合いが続いていたことを、詳しく伝えています。応神天皇崩御の直後は、菟道稚郎子太子も明宮に居住していたと思われますが、間もなく宇治に宮室をおこしたとあります。残された三人の皇子たちのその後を、『日本書記』は、次のように伝えています。

大サザキ天皇は、ホムタ〔応神〕天皇の第四子である。母はナカツヒメ命という。〔景行の皇子〕イオキイリヒコ皇子の孫である。天皇は幼いときから聡明で英知があり、容姿は美麗であった。壮〔年〕になって仁慈であった。四一年春二月に、ホムタ天皇が崩じた。このとき太子ウジノワキイラツコは、〔天皇〕位をオオサザキ尊に譲り、まだ帝位に即かなかった。それでオオサザキ尊に諮《はか》って、「天下に君となって、万民を治める者は、天のように覆い、地のように容れるべきです。上がよろこぶ心で百姓を使うなら、百姓もよろこんで、天下は安らかです。いま我《じぶん》は弟です。また知識も賢さも足りません。どうしてそれでも〔日《ひ》〕嗣《つぎ》の位を継ぎ、天業〔の位〕に登ることができましょう。大王《おおきみ》は、容姿が幼いときから秀で、仁や孝〔の徳〕は遠くきこえ、また年長でもあり、天下の君となるのにじゅうぶんです。先帝が、我《じぶん》を太子に立てたのは、才能があるからではなく、ただ愛《いと》しがっただけです。また祖廟や国家に奉《つか》えるのは重い事〔業〕で、僕《じぶん》は不肖で、ふさわしくありません。兄が上で、弟は下、聖なるは君で、愚は臣、これが古今の通則です。どうか〔オオサザキ〕王よ、ためらうことなく、帝位に即くべきです。我《じぶん》は臣となって助けるだけです。」といった。大サザキ尊は答えて、「先〔の天〕皇は、『皇位は一日といえども空〔位〕にすべきではない』といいました。それで、あらかじめ明徳〔の人〕を選んで、〔ウジノワキイラツコ〕王を太子に立て、〔日〕嗣という幸《さいわい》を与え、民を授けたのです。その寵〔愛〕の章《しるし》をとうとび、国〔中〕に知らせました。我《じぶん》は賢ではないけれども、先帝の命〔令〕を棄てて、弟王の願いに従うことはできません」といった。固辞してうけず、それぞれが譲りあった。（中略）

さて、〔ウジノワキイラツコは〕もはや宮室を宇治におこし、そこに居たが、なお

〔天皇〕位を大サザキ尊に譲ろうとして、それで久しく皇位に即かなかった。そこで皇位が空〔位〕のまま、すでに三年がたった。ときに海人《あま》がいて、鮮魚の包みを持ち、宇治の宮に献上した。太子は、海人に〔命〕令して、「我は天皇《じぶん》でないから」といい、すぐさまひき返して難波〔のオオサザキ〕に進上させた。オオサザキ尊はまたひきかえして、宇治に献上させた。こうして海人の包は、往来のあいだにしおたれくさってしまった。もういちどたち返って、他の鮮魚を取って献上した。譲るのは前日とかわらなかった。鮮魚はまたくさった。海人はたびたび立ち返るのに苦しみ、鮮魚を棄てて泣いた。それで、諺に、「海人でもないのに、自分のものがもとで泣く」というのは、これが起源である。

太子は、「我《わたし》は、兄王の志をやめさせられないのを知っている。どうして長く生きて、天下を煩わそうか」といい、自殺した。オオサザキ尊は、太子が薨じたと聞き、驚いて難波から駆けつけ、宇治の宮についた。このとき太子が薨じて三日が経っていた。オオサザキ尊は、胸を打ち大声で泣き、どうしていいかわからなかった。と、髪を解き屍にまたがり、「わが弟の皇子よ」と三たび呼ぶと、たちまちにして活き、自分で起きてすわっていた。オオサザキ尊は、太子に語って、「悲しいかな、惜しいかな、なぜ自殺なぞしたのか。もし死者も知ることがあるとしたら、先帝は、我《わたし》に何というだろうか」といった。太子は兄王に、「天命です。だれがよくとどめるでしょう。もし〔先の〕天皇のおもとに向かうことがあれば、くわしく兄王が聖であって、しばしば〔皇位を〕譲ったことを、奏します。しかも聖王はわが死を聞いて、遠路を急ぎ馳けてきました。どうして労《ねぎら》わずにいられましょうか」と申し上げた。そして同母妹のヤタ皇女を進上し、「正妻には不足かもしれませんが、なんとか後宮の数に入れてください」といい、また棺に伏して薨じた。オオサザキ尊は、白衣をきて、発哀し、大いに慟哭した。そして宇治の山の辺に葬った。

菟道稚郎皇子は、応神天皇と宮主宅媛《みやぬしのやかひめ》の間に生まれた皇子で、一九名いた皇子のなかで応神天皇が後継者に指名したにもかかわらず、天皇の死後、兄の大鷦鷯尊に皇位を譲り、自死してしまった悲劇の皇子なのです。この事件に関して、梅原猛が朝日新聞一九九〇年十一月十二日の朝刊「百人一語」というコラムで、「豈久《あにひさし》しく生《い》きて、天下《あめのした》を煩《わずらわ》さむや　菟道稚郎子」と題して、菟道稚郎子は、王仁《わに》によって学んだ儒教の「長幼の序」を重んじ、「長子相続制」に従ったからこそ、兄の大鷦鷯尊に皇位を譲らざるを得なくなり、存在と理念の矛盾に耐えかねて自死したのだと書いています。また続けて、やむなく即位した大鷦鷯尊にこの悲劇の死をとげた異母弟の魂が乗り移り、大鷦鷯尊が「仁慈溢れる」

天皇・仁徳天皇になったのであるとも記しています。

天皇位に就いた宇治稚郎子太子

『日本書紀』と『古事記』も、二帝並立・皇位の譲り合いの経緯を、帝位を嗣《つ》ぐ資格までをからめながら、その過程を詳細に記しています。梅原猛が指摘する「長幼の序」、「長子相続制」はともかく、現実はどうであったでしょうか。筆者は次の点から、菟道稚郎子太子は、応神天皇崩後の一年余は、皇位についていたのではないかと考えています。これを補足してくれるのが、『風土記』「播磨国風土記」からの次の記事です。

上《かみ》の筥岡《はこおか》・下《しも》の筥岡《はこおか》・魚戸津《なべつ》・朸田《あふこだ》　宇治天皇《うぢのすめらみこと》（菟道稚郎子《うじのわきいらつこ》）のみ世に、宇治連《うぢのむらじ》らの遠祖、兄太加奈志《えたかなし》・弟太加奈志《おとたかなし》の二人が、大田の村の与富等《よふと》の土地を請い受け、田を開墾して種子を蒔こうとしてやって来るとき、召使が朸《あふこ》（天びん棒）で食べ物の道具類を担った。ところが朸が折れて荷が落ちた。それで奈閇《なべ》が落ちたところをすなわち魚戸津《なべつ》とよび、前荷の筥が落ちたところをすなわち上《かみ》の筥岡《はこおか》と名づけ、後荷の筥の落ちたところをすなわち下《しも》の筥岡といい、担っていた朸が落ちたところをすなわち朸《あふこ》田《だ》という。

この文章の前には、応神（品太天皇）、推古（小治田の河原の天皇）のみ世にという記述があるので、宇治天皇（菟道稚郎子）が播磨の国で認識されていた事実を伝えているのではないでしょうか。

応神天皇の崩後、長兄である大山守命は、次弟である大鷦鷯尊ではなく、末弟である菟道稚郎子太子に兵を挙げています。このことは、すでに皇位が菟道稚郎子太子と決まっていたからの行動としか考えられません。加えて問題なのは、大鷦鷯尊の対応です。弟の太子に大山守命の乱を告げながら、自らは高みの見物といった態度でした。本来ならば、菟道稚郎子太子に皇位を譲ったのであれば、少なくとも宇治の宮へ助勢の兵を多少とも送るべきと思われます。大鷦鷯尊の心根《こころね》が問われる場面といえます。

応神期における皇后・皇妃の出自について、これまで考察がなされた形跡はありません。菟道稚郎子太子の母の出自ですが、和爾《わに》氏の出ともいわれる日触使主《ひふれのおみ》を父としています。和爾氏の一族といえば、応神天皇が母神功皇后に抱かれ、武内宿禰の軍勢の畿内征圧に助力していたと伝えられていますが、和爾氏も各地に分かれ、どの分家になるのかは不明です。いずれにせよ応神天皇は宇治地方巡行の際、宮主宅媛を見染め入内させたので、その背後に大きな氏族が存在したという証拠は見当たりません。

菟道稚郎子太子を祭神として祀る宇治神社

一方、大鷦鷯尊の母は、景行天皇の皇子である五百城入彦《いおきいりひこ》皇子の孫である仲姫《なかつひめ》命の所生《しょせい》です。仲姫命の父は、皇統からいってても皇位を継いでもよい出自といえます。その上三人の息女を応神天皇に入内させていて、余程の親密な関係にあったのではないでしょうか。また、河内・摂津に勢力をもち、神功皇后、誉田別太子の畿内入りに力を貸した人物ではなかったかと、筆者は考えています。

第二節　市辺押磐皇子

出番のなかった市辺押磐皇子

市辺押磐《いちべのおしは》皇子は、第一七代履中天皇の第一皇子です。祖父は第一六代仁徳天皇ですから、まさに天皇家の嫡孫、神々しいばかりの存在です。その皇子の将来に暗雲が垂れ込めたのは、皇子が十歳未満であったと推測されますが、父履中天皇の即位直後のことです。本来であれば皇子にとって一番の慶事であり、しかも将来は広く高く開けてくるはずでしたが、なんと父履中天皇は即位二年にして実の弟である瑞歯別《みつはわけ》皇子を皇太子に任命してしまったのでした。その理由、詳細については後述しますが、あまりに早すぎる瑞歯別皇子の立太子礼でした。そもそも特別な例を除いて、天皇が重病で床《とこ》に臥《ふ》し、これ以上国政をみられなくなったと自覚した時に、初めて太子（日嗣の御子）を決めるのが習《ならわし》です。

市辺押磐皇子は物心ついた時に、この事態をどのように思ったのでしょうか。まだ機会はめぐってくると思ったかどうか、苦悩の日々を過ごしていたのか、武術を頼みとして鍛

応神天皇～武烈天皇系図

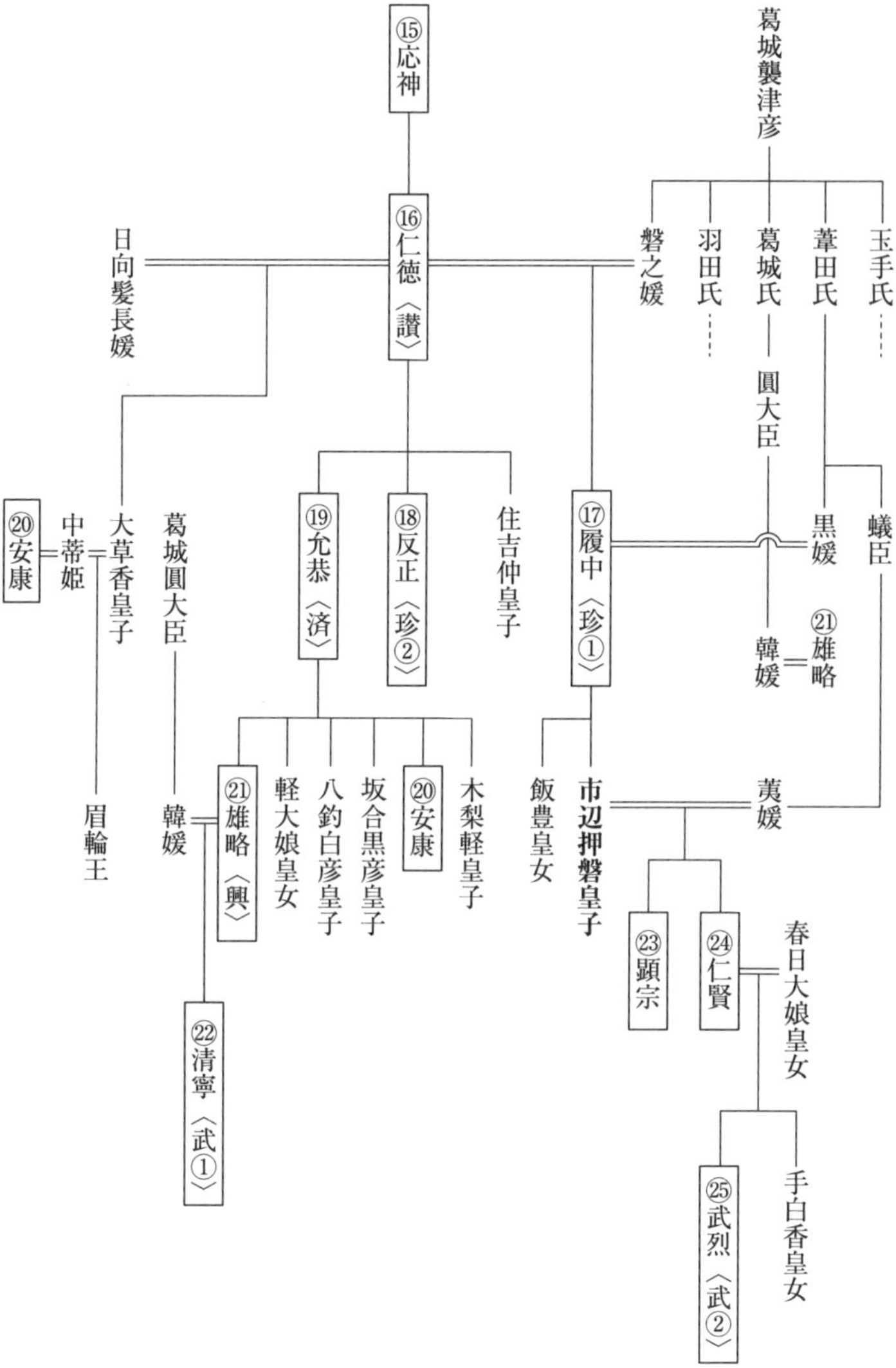
⑮応神
葛城襲津彦
⑯仁徳〈讃〉
日向髪長媛
磐之媛
羽田氏
葛城氏
葦田氏
玉手氏
圓大臣
⑳安康
中蒂姫
大草香皇子
葛城圓大臣
⑲允恭〈済〉
⑱反正〈珍②〉
住吉仲皇子
⑰履中〈珍①〉
黒媛
蟻臣
韓媛
㉑雄略
眉輪王
韓媛
㉑雄略〈興〉
軽大娘皇女
八釣白彦皇子
坂合黒彦皇子
⑳安康
木梨軽皇子
飯豊皇女
市辺押磐皇子
荑媛
㉓顕宗
㉔仁賢
春日大娘皇女
㉒清寧〈武①〉
㉕武烈〈武②〉
手白香皇女

錬していたのか、痛々しさを感じざるをえません。

さらに、市辺押磐皇子の胸中を騒がすような事件が勃発します。父履中天皇の崩御と反《はん》正《ぜい》天皇の即位でした。履中天皇の治世は僅か六年間で、磐余池に臨む稚桜宮での舟遊びをした記録が『日本書紀』に記されていますが、余りに早い崩御でした。そして反正天皇ですが、本来であれば自分を太子にしてもらった兄履中天皇の心中を思えば、恩返しではありませんが、甥の市辺押磐皇子を太子にして報いたらと思うのは、筆者ばかりではないでしょう。

反正天皇についてはもう少し詳しく述べますと、これも何ということか即位後五年で崩御してしまいます。『日本書紀』反正天皇紀には、先帝の崩御、天皇位即位、后と皇子・皇女、宮都に関する記事のほかには、「この当時、風雨が季節に順《したが》って、五穀が成熟した。人民は豊穣で、天下は太平であった」とあるのみで、「五年、春正月二三日、天皇が正殿で崩じた」で終わっています。短命であったので、何かの事件に巻き込まれたのか、その詳細は不明です。それはともかく、反正天皇は後継者について何も意志を遺さず、遺せない状況であったのかもしれませんが、崩御したのです。

問題はこれからで、朝廷内では当然大騒ぎになるとともに、次の天皇には誰が適任か、それも早く決めなくてはなりませんでした。『日本書紀』によれば、病弱で自ら登極《とうきょく》を辞退していた後の允恭《いんぎょう》天皇と、仁徳天皇の忘れ形見の大草香《おおくさか》皇子が候補にのぼったのですが、大草香皇子はまだ若いということで外《はず》されています。ここで、市辺押磐皇子を忘れているのではと、筆者は言いたいのです。允恭天皇の皇位継承には二～三年かかったと、『日本書紀』に記されていますが、少なくとも半年以上にわたったと考えられます。その間允恭天皇は、自分は病弱で天皇の任に耐えられないと、自らの恥までさらして後継は無理だと言い張っているのを、『日本書紀』は事細《ことこま》かに綴っているのにもかかわらず、第三の候補者市辺押磐皇子についてはなんら触れていません。

天皇位が履中天皇→反正天皇→允恭天皇と受け継がれるなか、すでに壮年になっていたはずの市辺押磐皇子はどうしていたのでしょうか。忘れ去られた市辺押磐皇子は、『日本書紀』によれば、現在の天理市石上《いそのかみ》神宮の近くの市辺宮《いちのへ》に暮らしていたのではないかと筆者は推測しています。『日本書紀』允恭天皇紀には、約十六年の治世の間、市辺押磐皇子のことは全く触れてはいませんが、四六〇年、雄略天皇即位前に再び登場することになります。

市辺押磐皇子のその後と最期

『日本書紀』允恭天皇紀には、允恭天皇の治世（四三八～四五三年）の十六年間、市辺押磐皇子の名はどこにも出てきません。最後に『日本書紀』にその名が出てくるのが、第二一代雄略天皇紀です。安康天皇三年の冬十月一日のことです。安康天皇の后《きさき》の連れ子眉輪《まよわ》王による安康天皇暗殺を知った雄略天皇は、眉輪王関係者を殺害、また、兄の八釣白彦《やつりのしろひこ》皇子と坂合黒彦《さかいのくろひこ》皇子までも手にかけてしまいます。そして、安康天皇がかつて市辺押磐皇子に「後事を委任したい」と思っていたのを逆恨みして、近江の来田綿《くたわた》の蚊屋野《かやの》に猪や鹿が多くいるので、冬の初めの朝に、野を逍遥して狩を楽しもうと誘い出したのです。そこで雄略天皇は弓を引き絞って馬を走らせ、「猪がいたと」と偽って、呼び寄せた市辺押磐皇子を射殺し、さらに、市辺押磐皇子に同行した帳内《とねり》の佐伯部売輪《さえきべのうるわ》（仲手子《なかちこ》）までをも殺してしまいました。悲劇の皇子のあまりにも惨《むご》い最期《さいご》でした。市辺押磐皇子が無念の死を遂げた場所は、『日本書紀』には「来田綿《くたわた》の蚊屋野《かやの》〔滋賀県蒲生町・日野町辺か〕」とあります。現在市辺押磐皇子の陵墓は、滋賀県東近江市市辺町、近江鉄道万葉あかね線市辺駅から徒歩二十分の場所にあり、地名・駅名ともに皇子にちなんだものだということが窺われます。

一方、市辺押磐皇子の変死を知った同母弟御馬《みま》皇子は、自分の思いを打ち明けるため、仲の良かった三輪身狭《むさ》のところへと向かった途中、三輪の磐井の近くで、待ち受けた軍勢に襲われ、捕えられ処刑されてしまいました。

市辺押磐皇子の遺児、弘計王と億計王の逃避行

石上布留《いそのかみふる》の林を下ったところにある市辺宮では、にわかに人々の出入りが慌ただしくなり、夕暮れが迫ってくる頃には、人々の顔には憂《うれ》いの色が濃くなり、交わす言葉には苛立《いらだ》ちが募《つの》ってきました。主人の市辺押磐皇子が帰宅しないからです。早朝、大泊瀬幼武皇子《おおはつせわかたけ》（後の雄略天皇）の迎えで近江の野津の辺りに猪狩に出掛けたのです。従者は一人、何名も連れていく余裕もなく、おそらく大勢の狩人を連れた大泊瀬幼武皇子の一行とは不釣り合いではあるが、市辺押磐皇子は後《おく》れを取ることなく、大泊瀬幼武皇子と並んで上ツ道を北上、木津川、宇治川沿いに近江路へ向かっていたのです。狩場までの長い道中、二人は何を想い、何を語っていたのでしょうか。

当時の大和朝廷は、重大な事態を迎えていました。三年という短い治世で不慮の死を遂げた安康天皇の後を、誰が継ぐかという重大局面にあったのです。安康天皇の崩御の原因もまともなものではなく、略奪してきた伯父大草香皇子の妃中蒂姫《なかし》の連れ子眉輪王の暗殺によるものです。しかし、まとめ役の不在で人々が動き出せないなか、一気呵成《いっきかせい》に物事を収束させてしまったのが大泊瀬幼武皇子でした。父允恭天皇の遺した皇子たちを物も言わせず殺害してしまい、挙句《あげく》の果てには従兄にあたる市辺押磐皇子とその弟御馬《みま》皇子にまで

刃《やいば》を向けたのです。(允恭天皇の治世)が文弱《ぶんじゃく》に溺《おぼ》れていたということからの反動もあったのかもしれませんが、雄略天皇の強烈な権力意欲と狂気が、すべてを物語っています。

市辺宮では、市辺押磐皇子が出かけた上ツ道を北に捜索に出ても、また大泊瀬幼武皇子の下臣に問い合わせても、はっきりしたことは分からず、深夜まで慌ただしさは変わりませんでした。そのようななか、最近の朝廷の理由なき殺人事件の内実を聞き及んでいた市辺押磐皇子の家臣たちの一部は、極秘に打ち合わせをした上、市辺押磐皇子の忘れ形見、弘計《をけ》皇子と億計《おけ》皇子を呼び、父が大泊瀬幼武皇子に射殺されたらしいこと、市辺宮にも危機が迫っていることを伝え、当分の間、難を避けるため伝手《つて》を頼って大和を離れることを決めたのでした。

そこでまず帳内《とねり》の日下部連使主《くさかべのむらじおみ》とその子吾田彦《あたひこ》は、二人を連れ丹波の国余社《よさ》郡に向かいます。何年後か分かりませんが、日下部連使主は逃避行に疲れ果て、奥山の岩屋の中で自死を遂げてしまいます。残された一行は貧困と苦悩にさいなまれながら、その後各地を転々とします。その間の皇子たちの動静に関して『日本書紀』雄略天皇紀は何も伝えていません。しかし、ほかに何か史料がないかと探したところ、なんと『風土記』「播磨国風土記」賀毛《かも》の郡「楢原の里」の条にありました。二人の皇子は、一時美嚢《みなぎ》の郡の志深《しじみ》の豪族に仕えたとあります。その間、妻問いの記事があり、その相手が、国造許麻《こま》の女根日女《ねひめ》命と、名前まで記されています。しかし、二人はお互いに譲り合い、結局結婚には至りませんでしたが、つらい逃避行のなかでの唯一明るい話題です。なおこの美嚢の志深の里は、祖父履中天皇が国の境を決めたとき、この地まで赴いて、「この土地の水流《ミナガレ》は非常に見事なことだ」とおおせられたので、美嚢と名づけられたという縁の地であったのです。

その後二人の皇子は、『日本書紀』顕宗天皇紀によれば、播磨の国の明石郡に移り、縮《しじ》見屯倉首《みのみやけのおびと》忍海部造《おしぬみべのみやつこ》細目に仕えていましたが、苦節二十余年にして、運命を天に問う絶好のチャンスがやってきたのです。たまたま二人が仕える屯倉《みやけ》の首《おびと》細目が家を新築、その祝いに播磨の国司が招かれやってきたのです。そこで皇子たちは、この機をとらえて、「乱を避けあまたの年を過ごしてきたが、名乗り出て殺されるか、このまま野垂れ死にするか、いずれかだ」と、宴席の最後に意を決し、弟の弘計皇子が、「市辺の宮に　天下を統治した／天万《あまよろず》国万押磐《おしわ》尊の御子だぞ／僕はよ」と舞い歌ったのです。宴席に侍《はべ》っていた全員が驚き、声を失ったことはいうまでもありません。動転した国司は畏《おそ》れ敬《うやま》い、ただちに柴の宮を建てて兄弟を安置奉り、早馬でその経緯を清寧天皇に奏上、それを聞いた清寧天皇は大いに喜び、「朕は子がない、日嗣にしよう」と迎え入れたのでした。

市辺押磐皇子と雄略天皇の陵墓

天皇位に就いた顕宗（弘計）天皇は即位後、前々から気になっていた父市辺押磐皇子の遺骨の行方を探しましたが、手掛かりがつかめませんでした。そこで物知りの老人を招集して、天皇自ら一人ひとりに尋問したところ、ある老女が「御骨を埋めた処を知っているのでご案内しましょう」と言うので、兄の億計王（後の仁賢天皇）とともに近江国の来田《くた》絮《わた》の蚊屋野に行き掘り出してみると、果たして老女の言ったとおりであったといいます。しかしその遺骨は、ともに殺された家臣の佐伯部仲手子《さえきべのなかちこ》の骨と混ざっていて分けることができなかったのですが、この時同道した市辺押磐皇子の乳母が、「仲子は上の歯が抜け落ちていました。これによって分けるのがいいでしょう」と言うので髑髏《どくろ》は区別できたのですが、他の手足などを分けるのは難しかったので、双陵を造立したといいます。

即位後二年秋、顕宗天皇は兄億計王に、雄略天皇は何の罪もない父を射殺した上に、骨を野に捨てるという非道を働いた。それを思うと怒りと歎きが収まらない、父の恨みを晴らしたいので、「雄略天皇の陵墓を壊し、骨を叩きおって投げちらしたいものだ」と訴えたのです。しかし億計王は、雄略天皇は正式に天皇位を継いでいるのだから、また、我々兄弟は清寧天皇の寵愛を受け、並々ならぬ恩にあずかってきた。その清寧天皇の父は雄略

市辺押磐皇子の陵墓（双陵の左側）

家臣、佐伯部仲手子の墓（双陵の右側）

市辺押磐皇子陵

天皇で、雄略天皇の陵墓をこっそり壊すのは、「恩を仇で返す、人倫にもとる行為である」と諄々《じゅんじゅん》と諭《さと》した。これにより、顕宗天皇は墓域の一部を削ることで納得し、破壊することを止めたのでした。しかし、この件で半ば正気を失っていた顕宗天皇です。現在宮内庁が雄略天皇の陵墓として治定している大阪府羽曳野《はびきの》市島泉の高鷲丸山《たかわしまるやま》古墳は、池の中の円墳と外側の方墳の間が切り離された奇妙な形の前方後円墳となっています。顕宗天皇によって手が加えられたのではないかというのは考えら

雄略天皇陵

雄略天皇陵地形図

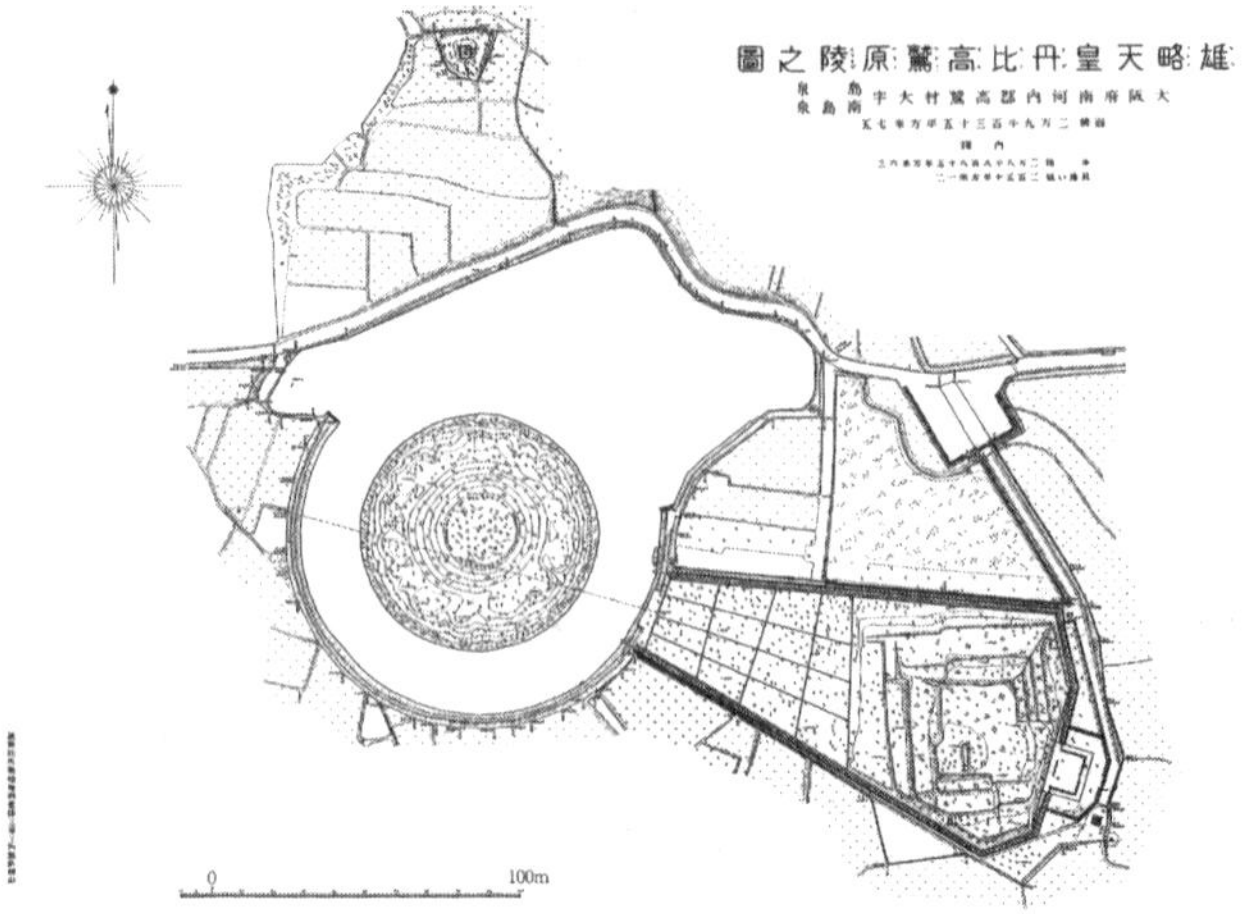

宮内庁書陵部陵墓課編『陵墓地形図集成〈縮小版〉』(学生社)より

れないことではありません。余りにも不自然であり、不気味な陵ですから。雄略天皇は、このような陵で今に至るまで静かな眠りを続けることができたのでしょうか。それに引き替え、市辺押磐皇子の遺された二人の皇子たちは、清寧天皇の後を継いで、顕宗天皇、仁賢天皇として即位することになり、この上ない喜びをもたらされたのです。

第三節　大友皇子

天智天皇の大津宮

時は流れて、話は天智天皇の皇子、大友皇子に移ります。天智天皇（在位六六二〜六七一年）の近江大津宮は、当時の湖岸線を推定すると、山側に陸地がえぐられ、琵琶湖岸に沿って「古西近江路」（北国街道）が走っていて、園城寺（三井寺）の下からは東海道（草津から東山道）、京都への逢坂路、そして東海道を少し下《くだ》って瀬田の唐橋から宇治川へと、東西南北の交通・軍事の要衝の地にありました。

大津はもともと湊《みなと》であり、琵琶湖の北端塩津を経て敦賀・北陸へ、また、東端の長浜からは美濃・尾張へ通じる交通役割を果たしてきたのです。『万葉集』で柿本人麻呂が、「さざなみの志賀の辛埼《からさき》幸《さき》くあれど大宮人の船待ちかねつ」と詠んでいますが、その辛埼（唐崎）は、肥前（佐賀県）の唐津と同様、遠く加羅・韓《から》・唐への出発の湊、韓埼でもあったのです。この「古西近江路」をはるか昔、第一〇代崇神天皇時代の四道将軍の一人大彦

近江大津宮とその周辺

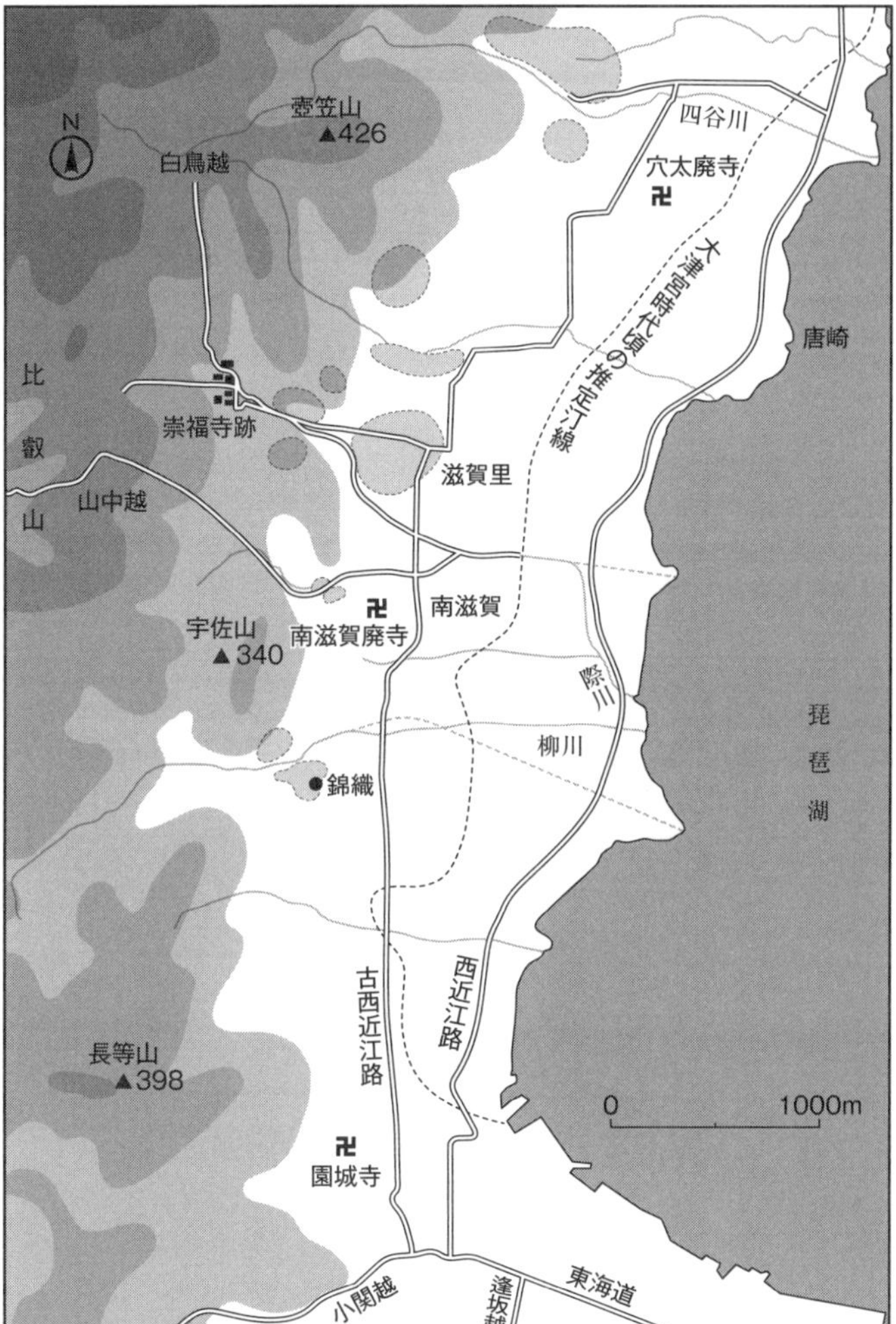

森公章編『倭国から日本へ』（吉川弘文館）を参考に作成

命、第一二代景行天皇と倭武尊、第一四代仲哀天皇、神功皇后、そして第二六代継体天皇が、皇子時代よく通っていたことが、『日本書紀』によって分かっています。

天智天皇は天智六年（六六七）三月九日に、いわゆる称制の七年を経て飛鳥から近江に遷都、翌七年正月この宮で正式に即位しています。この頃東アジアは、朝鮮半島をめぐり、動乱の最中で、

- 六六〇年、百済滅亡。大和朝廷は斉明天皇、中大兄皇子（後の天智天皇）以下軍をあげ、百済救援に難の津（博多）に向かいます。ところが斉明天皇が朝倉宮で崩御したため撤収。中大兄皇子は難の津に留まり、倭国に対する唐と新羅の動きを見守る。
- 六六三年、白村江の戦い。百済の旧王族の旧臣鬼室福信《きしつふくしん》からの要請を受け、大和に人質として滞在していた百済王豊璋《ほうしょう》を本国に送り、百済再興をめざし朝廷は乾坤一擲《けんこんいってき》、唐の水軍と戦いを交えるも敗退。倭国はこれより対馬に金田城、筑紫に大宰府防衛のための大野城・基肄《きい》城と水城《みずき》、吉備に鬼城、讃岐に屋島城、そして生駒山の南に高安城など、唐・新羅の来攻に備え、防衛拠点の強化を図ることになる。

近江京への遷都

- 六六五年九月、唐使劉徳高《りゅうとくこう》倭国入り。十月宇治で閲兵式、十一月天皇による招宴

・六六七年三月九日、近江に遷都

・六六八年正月、天智天皇として正式に即位

と、大和朝廷も慌ただしい動きをしています。さらに六六八年高句麗の滅亡。前国王を殺害し、国政を牛耳っていた蓋蘇文《がいそぶん》が死去し、遺された三人の兄弟が仲違いすると、そこにつけ込んだ唐によって、七百年余続いた東北アジアの強国高句麗が姿を消したのです。

この間、朝鮮半島の植民地化にこだわった唐と、これに反発、唐領となった百済の旧地に侵攻する新羅が対立します。唐と新羅が戦争の様相を呈してきましたが、泥沼化する朝鮮半島情勢に嫌気《いやけ》がさした唐も、やがて手を引くことになります。天智天皇は六六七年三月九日近江への遷都を強行、世間からも無用の遷都と非難の声が上がっていたことが『日本書紀』に記されていますが、筆者は、この遷都は、国防上必要であったと理解しています。中大兄皇子（天智天皇）は既に孝徳天皇の時代、天皇を一人残して難波長柄宮《なにわながらのみや》から宮廷人をすべて引き上げ飛鳥の河辺《かわら》の行宮に移り住んでいます。難波長柄宮は、明らかに大陸・朝鮮半島からの攻撃を受けた際、海路から直接攻撃を受ける地に位置していたためで、大和朝廷の中枢機関が、天皇はじめ難波宮に集中していたのでは、危険であると判断したに違いありません。

生駒山の南の高安城を整備・強化、備蓄の基地としていることから、飛鳥京も安全な場

所ではないと判断、畿内では、国防上最適地である近江の大津への遷都を実施したと考えられます。唐や新羅に対して、倭国は奥深い国であること、また北陸・東国をバックにした新しい宮を造営したという宣伝効果も狙ったものでした。

大友皇子の悲劇

天智天皇の太子大友皇子は六四八年に生まれ、生母は伊賀采女宅子娘《いがのうねめのやかこのいらつめ》です。生母の家系には大友皇子を支える豪族・氏族も見られず孤立した存在で、皇子の将来に不安を残すような出生でした。

天智天皇は、中大兄皇子時代を含め、終生後継者問題に悩まされ続けています。名門蘇我山田石川麻呂大臣の娘越智娘《おちのいらつめ》を娶り、建皇子《たけるのみこ》をさずかりますが、僅か八歳で夭逝《ようせい》してしまいます。この皇子は「唖でものを言うことができなかった」と『日本書紀』にありますが、それだけに憐《あわれ》み慈《いつく》しんだのが祖母である斉明天皇でした。同じく『日本書紀』斉明天皇紀には、孫の死を悼《いた》んで、次のような歌を詠んでいます。まず、斉明天皇四年、

五月、皇孫の建王《たける》が、年八歳で薨じた。今城（奈良県吉野郡大淀町今木）の谷の上に、殯《もがり》〔屋〕〔斎場〕を建てて、〔亡骸《なきがら》を〕収めた。天皇は、もとより皇孫がすなおな

のを珍重していた。それで哀れなのにたえきれず、このうえなく悲しみ嘆いた。群臣に詔して、「朕が死んだ後は、かならず朕の陵に合葬せよ」といった。そして歌を作って、
今城にある　小さな丘の上に
雲だけでも　目だつほど立ったなら
どうして嘆くことがあろう（其の一。）

射られた鹿猪《しし》を
追い求める川の辺の　若草のように
若かったと　私は思わないのに（其の二。）

飛鳥川の川面を
もりあがっては　流れる水のように
絶える間もなく　思い出されることよ（其の三。）

天皇は、ときどき唱っては、悲しみ泣いた。

とあります。その悲しみは深く、その年の冬、紀の国の白浜の温泉に行幸した時にも、追憶してつらい思いを、

山を越え　海を渡っても
おもしろい　今城《いまき》の中は
忘れられないだろう　（其の一。）

川口の　潮の流れや
海の流れは
後ろも暗く　置いて行くのでしょうか　（其の二。）

いとおしい　わが若い子を
置いて行くのでしょうか　（其の三。）

と詠い、秦大蔵造万里《はだのおおくらのみやつこまり》に、「この歌を世に伝えて忘れさせるな」と、詔したとあります。

建皇子の薨去以後、天智天皇は、剛毅で優れたパートナーでもあった実弟の大海人皇子に将来を託そうと考え、自身の皇女四名を下したのでした。大田皇女、鸕野讃良《うののささら》皇女（後の天武天皇皇后、持統天皇）、新田部《にいたべ》皇女、大江皇女ですが、下《くだ》す方も受ける方もどうかと思いますが、天智天皇としては弟をこれで籠絡したと思ったのであれば大間違いで、かえって弟としては次の皇位は自分に相違ないと本気で思ってしまったのではないかと解釈できるのではないでしょうか。天智天皇は大海人皇子を皇太子に任命することもなく、最後まで皇弟、大皇弟、東宮大皇弟大海人皇子と呼ばせていますが、それでは蛇の生殺しではありませんか。

大友皇子の漢詩

大友皇子の皇子時代、および太政大臣になってからの業績については全く史料がありませんが、唯一わが国最古の漢詩集『懐風藻』に、淡海朝大友皇子の五言絶句二首が収められています。その前書きには、皇子は唐の影響を受けた漢詩を若くして会得し、造詣が深かったこと、また当時大津京を訪れ宴席をともにした唐の使者劉徳高《りゅうとくこう》が、大友皇子について「この皇子、風骨《ふうこつ》世間の人に似ず、実《まこと》にこの国の分にあらず」と絶賛しています。『懐風藻』には、皇子の二首の論評・講釈を含めて次のような文章を載せています。

大友皇子は天智天皇の第一皇子である。逞ましく立派な身体つきで、風格といい器量といい、ともに広く大きく、目はあざやかに輝いて、振りかえる目もとは美しかった。唐からの使者、劉徳高は一目見て、並外れた偉い人物と見てこういった。「この皇子の風采・骨柄をみると世間並みの人ではない。日本の国などに生きる人ではない」と。

皇子はある夜夢を見た。天の中心ががらりと抜けて穴があき、朱い衣を着た老人が太陽を捧げもって、皇子に奉った。するとふとだれかが腋の下の方に現われて、すぐに太陽を横取りして行ってしまった。驚いて目をさまし、怪しさのあまりに内大臣の藤原鎌足公に事こまかに、この旨をお話になった。内大臣は歎きながら、「恐らく天智天皇崩御ののちに、悪賢い者が皇位の隙をねらうでしょう。しかしわたしは普段申し上げておりました。『どうしてこんな事が起こり得ましょう』と。わたしはこう聞いております。天の道は人に対して公平であり、善を行うものだけを助けるのです。どうか大王さま徳を積まれますようお努めください。災害変異などご心配に及びません。わたしに娘がおります。どうか後宮に召し入れて妻にし、身の廻りのお世話を命じて下さい」と申し上げた。そこで藤原氏と親戚関係を結び、親愛の仲になっていった。

皇子がようやく二十歳になられたとき、太政大臣の要職を拝命し、諸々の政治を取りはかられた。皇子は博学で、各種の方面に通じ、文芸武芸才能にめぐまれていた。はじめて政治を自分で執り行うようになったとき、多くの臣下たちは恐れ服し、慎み畏まらない者はいなかった。年二十三のときに皇太子になられた。広く学者沙宅紹明、塔本春初、吉太尚、許率母、木素貴子などを招いて顧問の客員とした。皇太子は生まれつき悟りが早く、元来ひろく古事に興味を持たれていた。筆を執れば文章となり、ことばを出すと優れた論となった。当時の議論の相手となった者は皇子の博学に驚嘆していた。学問を始められてからまだ日が浅いのに、詩文の才能は日に日に新たにみがかれていった。壬申の乱にあい、天から与えられた運命を全うすることができないで、二十五歳の年齢でこの世を去られた。

そして、「宴に侍す」と題して次のような詩を詠んでいます。

皇明光日月
帝徳載天地
三才並泰昌
万国表臣義

皇明《くわうめい》　日月と光《て》り
帝徳　天地に載《み》つ
三才　ならびに泰昌《たいしやう》
万国　臣義を表《あらは》す

天子の威光は日月の如く輝き
天子の聖徳は天地に満ち溢る
天・地・人ともに太平で栄え
四方の国は臣下の礼をつくす

この漢詩について、『懐風藻』（講談社学術文庫）の解説者は、「我国に伝わっている漢詩の中で、最も古いもの。五言絶句で、天子（天智天皇）の宴に侍したものであるから、主人公の天子の徳をたたえ、威光をのべ、隆昌を祝福している。しかもことばが宙に浮いてしまうようなところがなく、わずか二十語の漢字が、堂々として落ち着いている。父天皇の隆昌と、己の門地に誇りと喜びが漲っていたろう。天子の隆昌と宴に侍した喜びが、すなおに伝わってくる作品である。」と述べています。

また、大友皇子は「懐ひを述ぶ」と題して、

道徳承天訓　道徳　天訓を承《う》け
塩梅寄真宰　塩梅《あんばい》　真宰《しんさい》に寄す
羞無監撫術　羞《は》づらくは監撫《かんぶ》の術なきことを
安能臨四海　安《いづく》んぞ能《よ》く四海に臨まん

天の教えをいただいてこの世の教えとし
天の教えに基づき正しく国家を運営する
恥ずかしい事だが私は大臣の器ではない
どのように天下に臨んだらよいのだろう

と詠んでいます。この詩について同じく解説者は、「作者の人間像が垣間見られる。太政大臣としての自分に、謙虚に心情を述べるとともに、政治への真摯な熱情のあふれた作品である。なお、道徳・天訓・真宰などの語は老子・荘子の書に見える熟語である。儒教だけでなく道家思想の跡もみられる。」とも述べています。

「壬申の乱」の戦いでは、不破の関を破られれば近江朝廷の運命は風前の灯となります。東からは粟津《あわづ》まで侵入を許し、北は三尾（高島）が落ちると大友皇子は逃げる道を失い、山崎に隠れ自ら首をくったのです。同行したのは左右大臣のみでした。天下を統《す》べる道を採りながら、それを担う自身の未熟さを漢詩の中で憂えていたのです。人臣では最高の地位である太政大臣にのぼりつめながら、たとえ半年にも満たなかったとはいえ、鍛えられなかった自身を責め、世間の人々を救うことができなかった不甲斐なさを責め続けたのではなかったかと思います。行年《ぎょうねん》二十四でした。なお、明治三年（一八七〇）、大友皇子は和風諡号弘文天皇が贈られ、第三九代天皇として歴代天皇に列せられたのです。『懐風藻』の編者ははっきりしていません。候補としては淡海三船《おうみのみふね》、石上宅嗣《いそのかみのやかつぐ》などが挙げられますが、推測の域にとどまっています。淡海三船は平安初期の文人で、大友皇子の曾孫に当たる人物です。また三船は『日本書紀』の全天皇に和風諡号を名づけた人物で有名ですが、もし淡海三船が編者であれば、『懐風藻』は大友皇子に対して、最高の鎮魂の詩書であるのではないでしょうか。

壬申の乱

藤原家に代々伝えられてきた『藤氏家伝《とうしかでん》』の上「大職冠伝」に、興味ある記事があります。大海人皇子が起こした「長槍事件《ながやり》」です。天智天皇七年（六六八）、近江大津京に遷都後、内裏《だいり》で宴を催した時、突然大海人皇子が長槍で敷板を刺し貫いたのです。これは、大海人皇子の積年の鬱積《うっせき》が積もり積もった所業《しょぎょう》であったと思われます。これに天智天皇は激怒、殺害しようとしますが、中臣（藤原）鎌足の諫言《かんげん》で思い止まったとあります。中臣鎌足は「乙巳《いっし》の変」以来の天智天皇のパートナー・重臣であり、天智天皇・大友皇子と親しかったと思われますが、彼が間もなく死去しますと、天智天皇と東宮、皇太弟大海人皇子の間を取り持つ人物がいなくなってしまったのです。

ところで、「壬申の乱」というのは全国的な兵乱ではなく、たとえば近江朝廷が助勢を依頼した筑紫の国からは、「筑紫の兵は外国からの脅威に対応するもので、国の内部に応じるものではない」と、また吉備の国からは、元々国守が大海人皇子と親交があったために断られています。一方、大海人皇子が頼りにしたのは、東国勢といってもせいぜい美濃・尾張・伊勢と飛鳥京および北近江ぐらいでした。近江朝廷側も、大海人皇子側も遠く朝鮮半島での戦乱のことは聞いていたでしょうが、如何《いかん》せん国内での戦いの経験はありませんでした。そして、内乱といっても数千人ぐらいの規模でしたから、戦いというほどのものではなかったと思われます。

近江朝廷も正規軍などではなく、大津京、内裏の整備、大津京周辺の瀬田の唐橋、東西南北の要路の出入り口の警備などの兵が主だったと考えられます。まして東宮の警備を担当する者などは、存在したとしても限られた人数であったはずです。そうなりますと、兄天智天皇の崩後、大海人皇子を守る兵数は数十人から数百人だったといっても過言ではないでしょう。朝廷には、大海人皇子が頼りにする兵など殆んどいなかったはずです。

このような状況の中で、近江朝廷側は故天智天皇の遺徳をたよりに、大友皇子以下左大臣蘇我赤兄臣《そがのあかえのおみ》、右大臣中臣金《なかとみのかねのむらじ》、蘇我果安《はたやす》臣、巨勢人臣、紀大人《うし》臣ら御史大夫《ぎょしたいふ》は事態を時のままに任せ、いたずらに天下を死守する時間を費やしてしまいました。天智天皇の末期、天武天皇即位前期といえる一年間の動きを表にしてみました。ここで、問題となるのが天智天皇崩後、難を避けて大津京を大海人皇子一行が脱出する場面です。なんと近江朝廷の左右大臣、三人の御史大夫が瀬田の唐橋までではなく、菟道《うじ》（宇治）まで見送っているのです。美しい惜別の見送りなのか、間抜けな行動なのか、その中の一人が「虎に翼を着けて放した」ようなものだとつぶやいたと、『日本書紀』は伝えています。まさにその通りなのです。

いずれにせよ大海人皇子一行は虎口《ここう》を脱し、飛鳥嶋の宮から吉野宮へと急ぐことになります。「近江朝には、左右大臣と知謀の群臣とが共に議って〔事を〕定めている。今、朕は、ともに事を計る者がない。ただ幼少の子どもがいるだけだ」と嘆いたように、手勢の

天智天皇と大海人皇子の動向

年	天智天皇紀	天武天皇紀
671年	・春正月5日、大友皇子を太政大臣に任じ、左大臣に蘇我赤兄、右大臣に中臣金連、蘇我果安臣・巨勢人臣・紀大人臣らを御史大夫（大納言）とした	
	・同月6日、東宮太皇弟大友皇子が詔、冠位、法制を施行。天下に大赦	
	・天皇病臥	
	・10月17日、天皇東宮大海人皇子を呼び後事を託すも東宮は病と称して固辞、髪を剃り僧となる	・天皇に召されて大殿に入る際、蘇我安麻呂「注意して物を言って下さい」と忠告、陰謀を疑った東宮は皇位を受けることを辞退して出家
	・同月19日、東宮吉野での仏道修行を請い天皇これを許す。大臣らは菟道まで見送る	・東宮吉野の宮に、左右大臣、大納言蘇我果安ら菟道まで見送る。「虎に翼を着けて放した」と評した人があった。夕方、飛鳥の嶋の宮に到着
	・11月23日、大友皇子左右大臣、3御史大夫らと共に仏像の前で天皇の詔を奉じ団結を誓った	・11月20日、吉野到着、舎人を集め仏道に入り修行することを宣言
	・12月3日、天皇崩御	・12月3日、天智天皇崩御

兵は僅かでした。また、藤原鎌足といった中大兄皇子（天智）・大海人皇子（天武）の二人をよく識った重臣が亡くなり、骨肉の争いは避けられない状況になったのです。

そこで筆者がかねがね思い描いていたのは、天武天皇の皇后にして後の持統天皇となる鸕野讃良《うののさきら》皇女の存在です。実の父は天智天皇ですが、自らの夫を皇位に就けねば、最愛の皇子である草壁皇子に未来はめぐってこないことになります。優柔不断な近江朝廷、一時は去就《きよしゅう》に迷った大海人皇子を叱咤激励したのが鸕野讃良皇女でした。そこで大海人皇子は「式」（占いの道具）で自らの運命を占い、「天下が二分する祥《しるし》だ。しかし朕が最終には天下を得るだろう」といって、出撃を決意しています。

滅亡後の大津宮の地

大津宮はなくなり、大津という土地も古津《ふるつ》という地名となり、藤原京・平城京の時代は人々に忘れ去られた存在となりました。ようやく平安京を開いた桓武天皇の時代、大津の旧名が復活、平安京の発展とともに大津は平安京の姉妹都市として、賑わいを増したと伝えられています。

その後、宮人たちも風流を愛して大津に足をはこぶ人たちも増え、北宋時代の「瀟湘《しょうしょう》八景」になぞらえ次のような「近江八景」が選ばれています。

- 石山秋月《いしやまのしゅうげつ》　石山寺（大津市）
- 勢多《せた》（瀬田）夕照《せきしょう》　瀬田の唐橋（大津市）
- 粟津晴嵐《あわづのせいらん》　粟津原（大津市）
- 矢橋帰帆《やばせのきはん》　矢橋（草津市）
- 三井晩鐘《みいのばんしょう》　三井寺　園城寺（大津市）

近江国庁（政庁）復元図（大上直樹復元作成より）

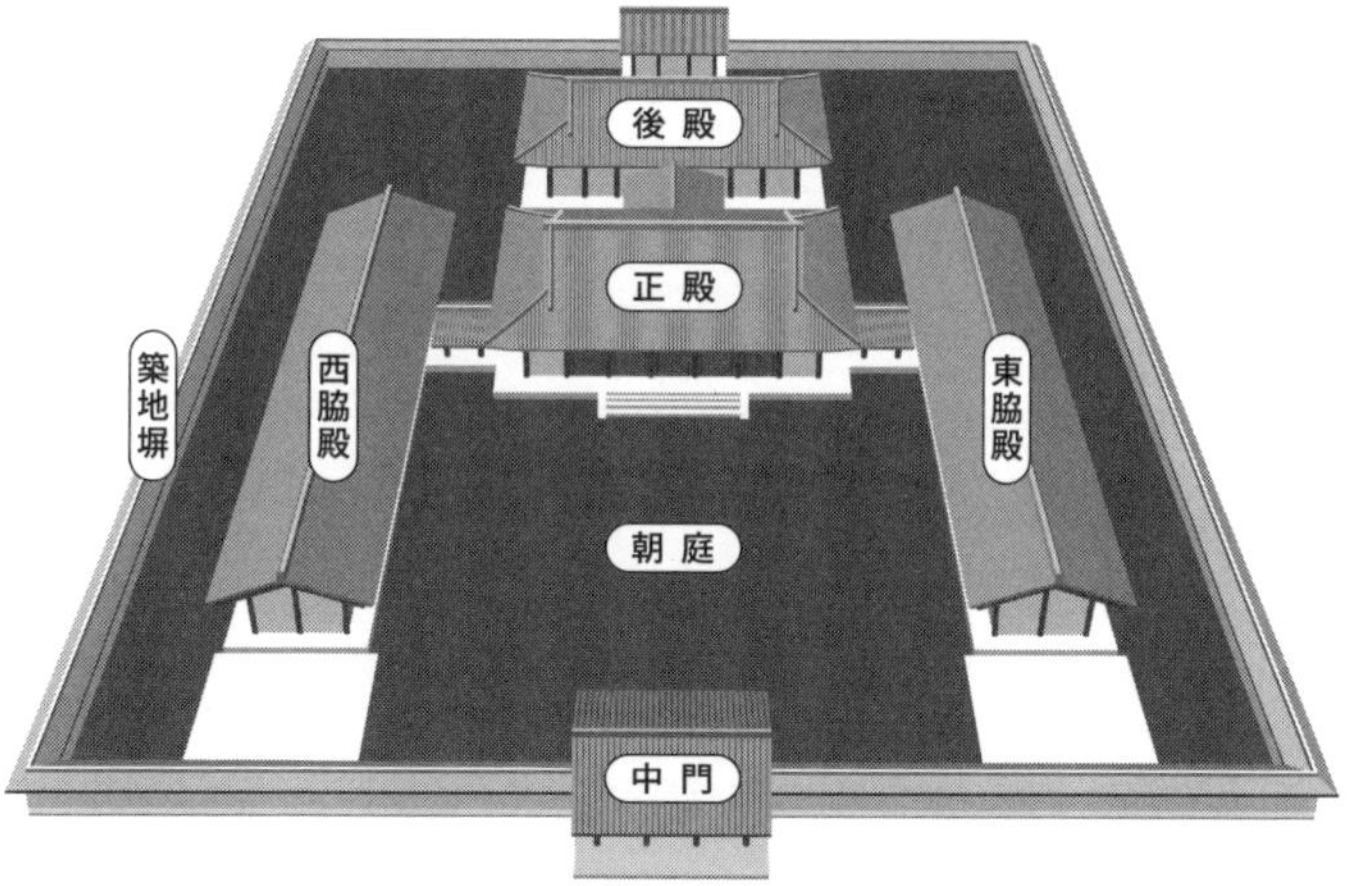

儀式空間である朝庭は、正殿と東西の脇殿に囲まれている。
平井美典著『藤原仲麻呂がつくった壮麗な国庁・近江国府』（新泉社）を参考に作成　イラスト：桔川シン

・唐崎夜雨《からさきのやう》　唐崎神社（大津市）
・堅田落雁《かたたのらくがん》　浮御堂《うきみどう》（大津市）
・比良暮雪《ひらのぼせつ》　比良山系

京都からは、粟田口《あわたぐち》より路面の京津《けいしん》電鉄沿いに逢坂を越えれば、蝉丸神社を左に、大津の郷は間近です。「瀟湘八景」は、横浜に「金沢八景」がありますが、「近江八景」は我が国でも最も初期に選定されたものです。

この交通の要衝であった大津の近く、瀬田川の東岸にあったとされる近江の国府《こくふ》（国庁）の中心施設国衙《こくが》の発掘が、昭和三十八年から四十年にかけて行われ、その壮大な全容が明らかになりました。これは住宅団地造成によって出土した大量の瓦によって、国府

トレンチ調査による近江国庁（政庁）遺構図

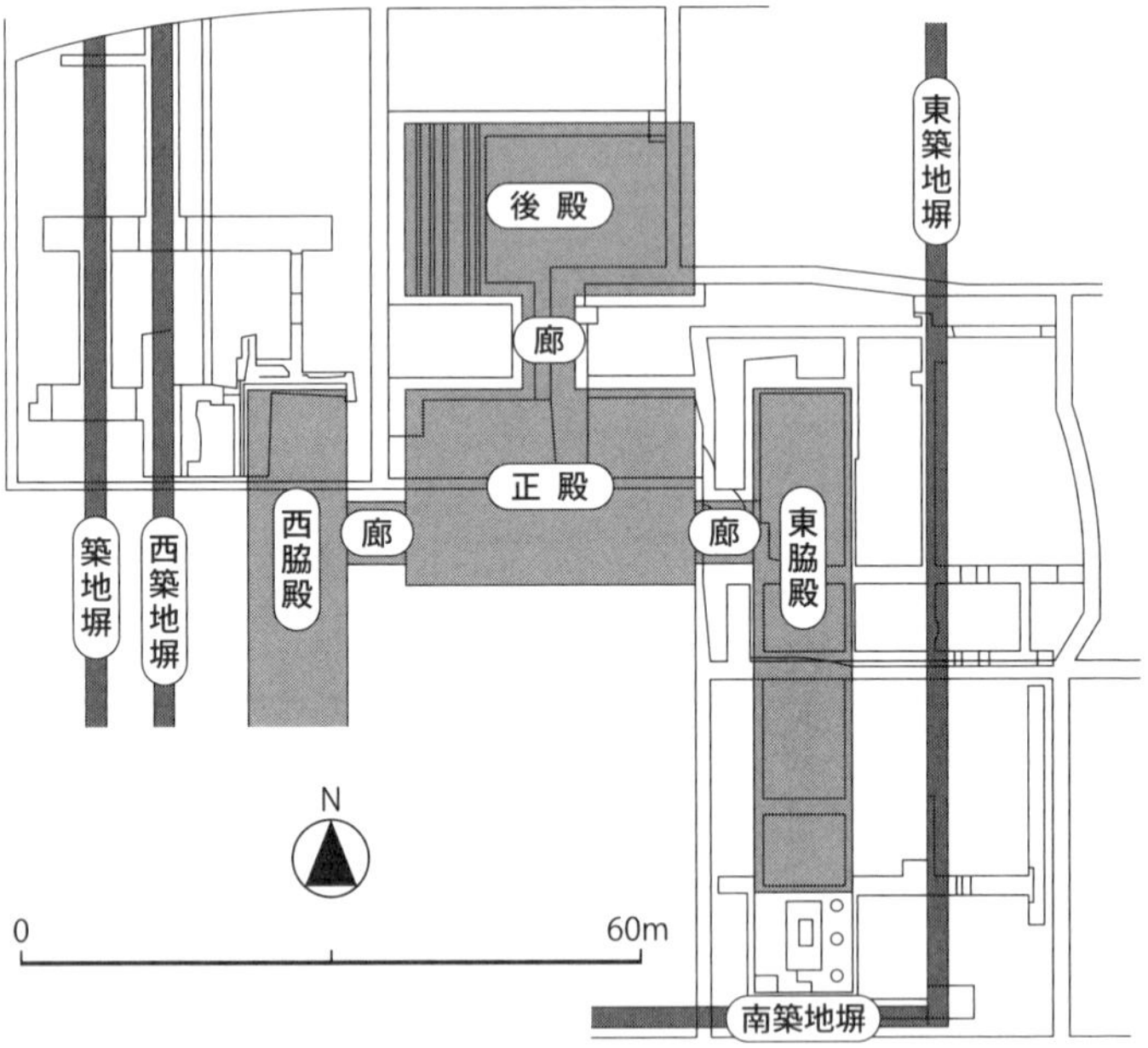

平井美典著『藤原仲麻呂がつくった壮麗な国庁・近江国府』（新泉社）を参考に作成　イラスト：桔川シン

の建物の配置が、中心建物の東西棟の正殿《せいでん》・正殿の北背面に並列する後殿《こうでん》、正殿の東西両側から南に長くのびる脇殿《わきでん》が左右対称に配置されていたことが判明したのです。

　また、近江国庁の南西五〇〇メートルの丘陵地にある寺院跡から、塔と金堂が南北に並ぶ四天王伽藍《がらん》配置の遺構が確認され、延暦四年の火災で全焼した寺院瀬田廃寺が近江国分寺の可能性が高いとされています。

延暦四年の火災の後に、対

建部大社

岸の国分の台地に移され、現在は晴嵐《せいらん》小学校の校庭の一角に「近江国分寺跡」の碑が建てられています。

ついでに、大津市神領《じんりよう》にある建部《たけべ》大社ですが、祭神は倭武尊です。神社の由緒書きによりますと、伊勢の能褒野《のぼの》で崩御した尊の死を嘆いた景行天皇が、名代として建部（武部）を定めその功名を伝え、これが建部の起源と記しています。そして、景行天皇四十六年、神勅により尊の妃両道入姫《ふたじのいりひめ》皇女（父は近江安国造）が、御子の稲依別《いなよりわけ》王とともに住まわれていた神崎郡建部の郷（名代の地）に尊の神霊を奉斎されたのが当社の草創であって、その後天武天皇白鳳四年（六七五）、当時近江国府の所在地であった瀬田の地に祀《まつ》られ、近江一宮として崇め奉ったのが現在の当大社である、と記しています。

第八章

「邪馬台国新聞」への寄稿

二〇一八（平成三十）～二〇二三（令和五）年の間に、全国邪馬台国連絡協議会発行の「邪馬台国新聞」に一〇点の原稿を寄稿してきました。筆者が長年疑問に思っている、邪馬台国が北九州にあったと主張する「邪馬台国北九州説」に対して、『魏志倭人伝』が伝えたルートや距離・方向など、実際に現地に赴いた結果からの疑問点を「邪馬台国北九州説の崩壊」と題してⅠとⅡとして発表したのです。そしてⅢを用意したのですが、寄稿の要請がなかったので掲載には至りませんでした。

邪馬台国北九州説の崩壊Ⅰ　第14号（2022年4月25日）

本題に入る前に指摘したいのは、いわゆる「邪馬台国」という国名、呼称についてです。やまとことばの「ヤマト（やまと）」、『後漢書（倭伝）』の「邪馬臺《たい》国」、『三国志魏書倭人伝』（以下『魏志倭人伝』）の伝える「邪馬壹《い》国」、そして『後漢書（倭伝）』の注釈、『隋書倭国伝』及び清朝時の『後漢書集解』のいう「邪馬堆《と》国」という四種類があるということです。殆どの学者たちは、これらのいきさつ、原典を見過ごし、『魏志倭人伝』を使用しながら同伝の「邪馬壹《い》国」を誤字として『後漢書』の「邪馬臺《たい》国（邪馬台国）」という国名をフルに使っているのです。

これは重要なポイントで、『後漢書（倭伝）』の注釈は六世紀、唐の高宗と則天武后の第二子、章懐《しょうかい》太子が指摘しているのですが、当時の中国からの使節が、本来「ヤマト」という「音」を誤って、「堆《と》」とすべきものを、「臺《たい》」の字を当ててしまったというものです。太子は『後漢書』の注釈者として有名な学者です。

筆者は「ヤマタイコク」という呼称は、日本語（やまとことば）には似つかわしくない言葉であり、章懐太子が指摘しているように、本来あるべき我が国の国名は「ヤマト（邪馬堆《と》）」に違いないと思っています。

もしこの説が正しいということになれば、まず、いわゆる「邪馬台国北九州説」は全く成り立たないということになります。福岡県みやま市には「山門《やまと》」という地名がありますが、これは発音の表記から「ヤマト（大和）」と同じ発音はないので、検討の対象から外れた言説です。

さて、本題に入りますと、筆者が「邪馬台国北九州説」崩壊の理由として、第一に問題として取り上げるのが、「夷守《ひなもり》」です。「夷守」とは、遠方の国境周辺に展開する防衛拠点、防衛組織及びその役職を意味する言葉ですが、なんと北九州には対馬国、一大（壱岐）国、奴国、不弥《ふみ》国に夷守が置かれていました。「夷守」というのは、遠くにあって国を守るという意味ですから、北九州、特に福岡県の甘木《あまぎ》、朝倉、夜須《やす》あたりが都であれば、東京都のすぐ真北に北海道防衛師団の本拠地を何カ所も抱えているようなもので、全く不合理な話で理に合わないことになります。

「夷守」という地名は、『延喜式』にも現在の博多の東方付近の官道沿いに「夷守駅」が記載されていて、平安時代にも都からの遠方を認識・記憶していたようです。また、第十二代景行天皇の九州巡行の際に訪れた襲《そ》の国との国境、現在の小林市に「夷守」が置かれていましたが、これは大和の地からは最南端の地の防衛拠点の跡で、肯《うなず》ける話です。

第二の問題は、不弥国についてです。『魏志倭人伝』には、不弥国は奴国（博多駅周辺）より東に百里進み不弥国に到着。長官は多模《たも》、次官は卑奴母離《ひぬもり》、千余戸の人家がある。不弥国から南へ水行二〇日すすむと投馬《とうま》国に到達とあります。しかし、博多から百里（約二〇キロメートル弱）相当の不弥国と思われる地、福岡県糟屋《かすや》郡宇美《うみ》町を筆者も訪れてみましたが、神功皇后ゆかりの宇美八幡宮があるのみで、山に囲まれた南に水行どころの場所ではありませんでした。

問題は、「邪馬台国北九州説」の方々も、不弥国の所在地、南に水行でスタートする場所については全く触れることはありません。筆者は、明らかに都「ヤマト」から一大率《いちだいそつ》に派遣された役人の間違いにしては、あまりにも距離的に一大率から離れたところではなさそうなので、聞き手である魏の帯方郡の役人の書き間違いであると考えています。しかし、奴国から海沿いに水行をスタートする地として、東西へ向かうのに便利な港を探しましたが、筆者にとって適当と思われる港は、博多から東北へ四五キロもある津屋崎《つやざき》しか見あたりませんでした。

不弥国の所在地が不明であるということは、南へ水行云々《うんぬん》以前の話で、これが解決しない限り、東への改変は駄目、南に行くべきという論争にもなり得ません。

第三は、「邪馬台国北九州説」の場合、東へ向かっても（畿内に相当する）国々があるの

関門海峡

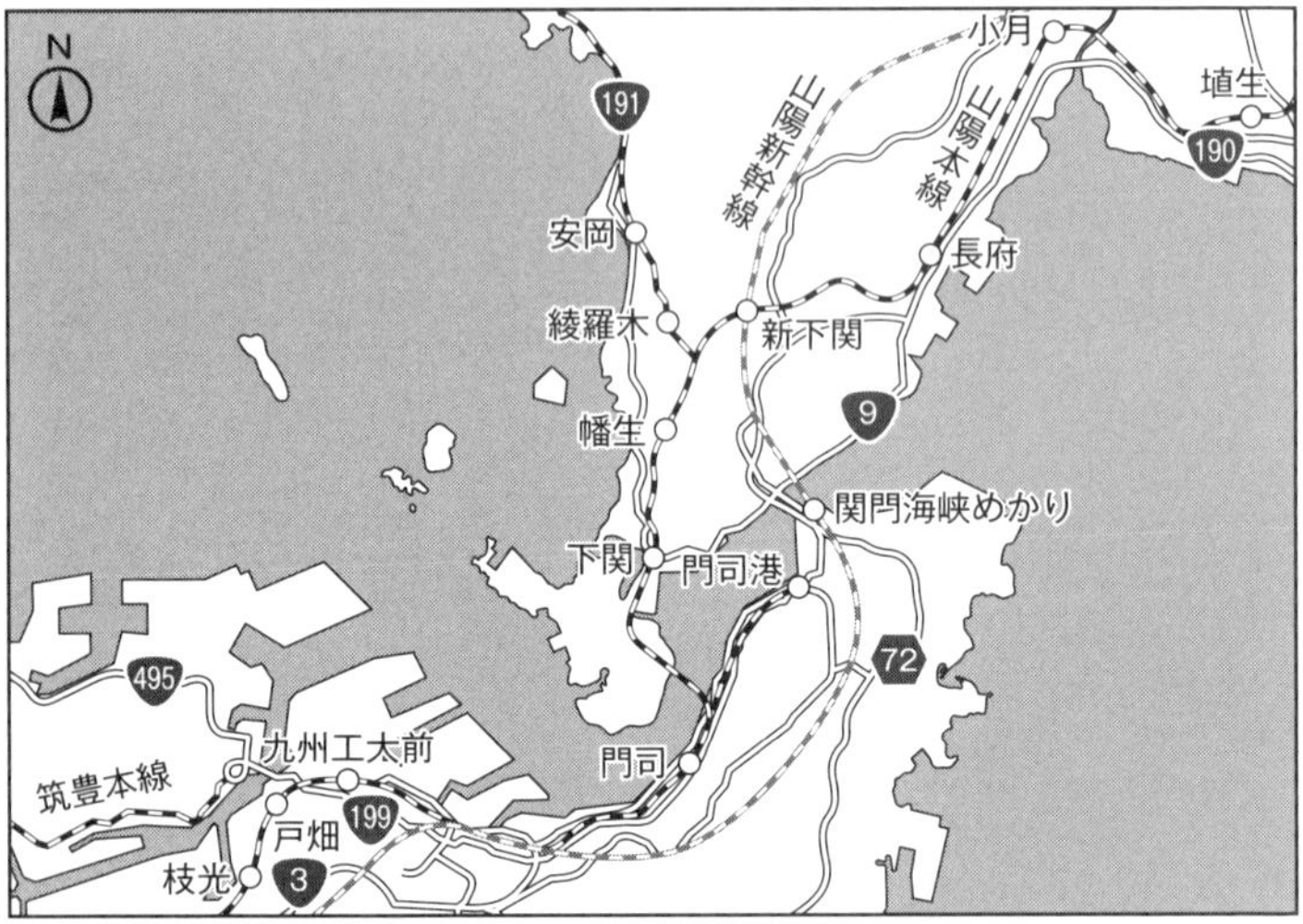

ではないかと、『魏志倭人伝』の「女王国の東、海を渡ること千余里のかなたに、また国がある。いずれも倭種の国である」云々を強調しています。これに対して筆者は、伊勢から東に三河へというルート、敦賀から北陸へのルートがあることを指摘してきました。そしてさらに指摘したいのは、北九州は関門海峡で中国地方と近接していることです。海峡は一番狭いところでは五〇〇メートルくらいしかありません。海の難所ではありますが、明らかに北九州とは別の文化圏に属していたとは思われません。長門、周防、石見、安芸といった国々について、「邪馬台国北九州説」の方々は、二地方のつながりについて誰も触れていないのが問題です。

第四は、人口問題です。『魏志倭人伝』には、対馬国千余戸、一大（壱岐）三千戸、末盧《まつろ》国四千余戸、伊都《いと》国千余戸とあります。続いて沿岸最大の奴国は二万余戸、不弥国千余戸とあります。一戸五人として、奴国は一〇万人の都市国家です。ついで投馬国は五万余戸、邪馬台国は七万余戸、それらを合計して一五万戸余りとなります。因みに「邪馬台国北九州説」では、現在の福岡県北部及び佐賀県北部の一部で一五万戸ほどを擁していることになりますが、このようなことがありうるのでしょうか。鬼頭宏著『人口から読む日本の歴史』（講談社学術文庫）によれば、奈良時代の推定人口は、北九州は約三四万人、山陽・山陰地方は約四三万人、畿内及び畿内周辺では約九六万人です。

次に『延喜式』「和名類聚抄」からの統計によりますと、田積（農地）は、筑前は一万八五〇〇町、吉備（備前・備中・備後）は三万二七一三町、畿内（山城・大和・河内・和泉・摂津）は四万五二九八町となっています。これらの数字がズバリ当時の経済力を表していることはいうまでもありません。奈良時代より更に五百年前となると難しい話ですが、これら三地方の基本的特性が逆になるとは考えられません。

第五の問題として、水行三〇日という日程数の話があります。『魏志倭人伝』には不弥国から南へ水行二〇日で投馬国に到着、そして投馬国から南へ水行一〇日、陸行三〇日で「邪馬壹国」に到着とあります。南、東の問題は別にして、不弥国から三〇日で邪馬台国

『延喜式』での各地への所要日数

地域	海路	陸路（上り）	陸路（下り）
播磨	8日	5日	3日
備前	9日	8日	4日
備中	12日	9日	5日
備後	15日	11日	6日
安芸	18日	14日	7日
周防		19日	10日
長門	23日	21日	11日
太宰府	30日	27日	14日

藤岡謙二郎著『国府』（吉川弘文館）を参考に作成

に到着することになります。これは『延喜式』に京都から大宰府までの所要日数、水行三〇日とほぼ一致するのです。北九州のしかも福岡県の北半分をグルグル回って三〇日かけて、海もないのに邪馬台国へとは、おとぎ話以外には考えられない話です。

また、水行が二〇日と一〇日に分かれ、そして後半、陸行三〇日ということについての疑義が多くあることは承知していますが、奴国近辺から投馬国（鞆の津、または玉野）まで二〇日、その投馬国は吉備の地と考えられます。吉備の国は後世の常識で考えれば、古代は大和に次ぐ大国であり、『魏志倭人伝』にも人口五万余戸とあるように、瀬戸内航路の最大の寄港地でした。ここからの水行では、投馬国以東の播磨灘、明石海峡、茅《ち》渟《ぬ》の海までは、それまでの水行に比べ、島々がほとんどなくなり、大海を横切ることになり、さらに海難の名所である明石海峡などを考えると、投馬国の位置が東西水行三〇日の航路を画す重要な地域であったことが考えられるのです。

以上、これまで筆者が主張してきた「邪馬台国北九州説」が成り立たない理由を、一部にしかすぎませんが述べてきました。戦後も八十年を目前としていますが、国の内外の社会経済情勢は激変をとげてきています。デジタル時代はこれまでの一方通行より双方向へ、そして双方向プラスデジタル所有になり、地上だけの思考だけでなく、宇宙からの思考が必要となる時代に入ってきました。現在、劇場型のロシアによるウクライナ侵略が進行中ですが、まもなくミサイル・戦車・軍艦などは不要になり、宇宙間を含めての戦いに変わりつつあります。デジタル技術の革命的進歩に日本は後れをとってきていますが、それどころか思考の根本である歴史への考え方も我が国の場合、他の分野に比べて後れをとっていて、特に文献歴史学にはそれが目立っています。

日本の古代史を振り返ってみますと、二、三世紀の歴史的記述は、いわゆる卑弥呼についての記述のみで、他の同時代の社会や人物については一切触れられていません。歴代天皇についても、第一五代応神天皇（三九〇年即位）の名が初めて日本史年表に出てくる有様です。今後の古代史を研究する若い学者たちに、大いに期待したいところです。

邪馬台国北九州説の崩壊II　第16号（2023年4月30日）

本誌14号で、筆者は「邪馬台国北九州説の崩壊」と題して、①「夷守」が置かれた場所、②不弥国の所在地、③『魏志倭人伝』に記されているルートについて、④『魏志倭人伝』から判明する人口問題、⑤不弥国から邪馬台国への距離・日数などの問題について述べました。

これは、「邪馬台国北九州説」の弱点を突いたものでしたが、それに対して安本美典氏は、『魏志倭人伝』に記されている「卑奴母離」という言葉の上代仮名遣いを問題にしてきました。これは倭人が、「ヒナモリ」と口頭で伝えた言葉を、帯方郡から来た魏の役人が聞き取り、母国語（漢字）で「卑奴母離」と表記したので、上代仮名遣いの甲類・乙類といった区別はありませんでした。

『魏志倭人伝』が収載されている『三国志』は、三世紀後半に編纂されたものですから、倭人が帯方郡の役人から問いただされたのは、西暦二二〇～二三〇年の頃だと思われます。一方、『万葉集』『日本書紀』『古事記』『風土記』が編纂されたのは八世紀の頃で、年代差は約五百年です。万葉仮名がない時代、魏の役人が「ヒナモリ」の「モ」に当てた

「母　モ」という漢字には、甲類、乙類の区別がないのに、仮名遣いの違いを論議することに何の意味があるのでしょうか？　漢字の「母」は二種類の意味があるならともかく、古代の倭人にとってはただ一字の「モ」にすぎず、安本氏のコメントには、何の意味があるのか、筆者にとっては理解できません。

本題に戻りますと、「邪馬台国北九州説」最大の弱点といえるのが、次の三点です。

(1)奴国（現在の博多近辺）から、安本氏が邪馬台国と提唱する福岡県の甘木、朝倉、夜須へは、地図上では直線で三〇キロメートルの距離で、現在の交通機関で、博多からＪＲと甘木鉄道では三六キロメートル、大回りの西鉄甘木線では五四キロメートル、約一時間半で到着できます。また、甘木、朝倉、夜須近辺には、平塚川添遺跡以外見るべき古代遺跡はなく、まして、甘木駅前に「日本発祥の地　卑弥呼の里」という石碑があるこの地が、西暦二〇〇～二五〇年頃に人口五万戸の大国があったとは到底考えられません。『魏志倭人伝』には、不弥国より南に水行二〇日で投馬国、投馬国から南に水行一〇日、陸行一カ月で邪馬台国に到着とあるので、邪馬台国には奴国から合計南に水行三〇日で到着しますので、博多から甘木、朝倉、夜須まで三〇キロメートルの距離と日数をどのように説明するのでしょうか。

(2)次に、奴国の北側に位置する福岡市早良区西新町遺跡や、同じく伊都国があった福岡県糸島市の三雲南小路遺跡群の地域からは、大和・河内製の庄内式土器が大量に出土しています。特に、博多湾に面する西新町遺跡には、大和・河内系の土器をもつ住居群が一つのグループを作って存在していました。庄内式土器というのは、二五〇～二九〇年間（纒向遺跡の土器編年によれば庄内古式は二一〇～二五〇年、新式は二五〇～二七〇年とかなりしぼられてきている）のもので、この時期は邪馬台国が一大率を伊都国に置き、諸国を検察させていた時期に当たり、畿内から多くの役人や従者たちが使い慣れた食器や甕《かめ》などを持ち込み、駐在生活を営んでいたに違いありません。一方、纒向遺跡出土の土器のうち、東海産（静岡・愛知・三重）が四九％を占め、残りは全国各地からのもので、注目すべきは、薩摩産の一点を除いて九州産の土器が見つかっていないことです。これは、ヤマト政権（『魏志倭人伝』が伝える邪馬台国）と九州中南部（狗奴国）とは交流が途絶え、戦闘体制にあったことが考えられます。

(3)もう一つ考古学的アプローチとして、銅鏡があります。西暦二〇〇～二二〇年頃、それまで日本列島では減少傾向にあった漢鏡の出土数が激増、それも九州ではなく九州以東で飛躍的に急増しています。さらに、「画文帯神獣鏡」になると、畿内に著しく集中し、前方後円墳から数面がまとまって出土することが多いのです。これは、それまでのように九州を経由してではなく、楽浪・帯方郡から畿内へ直接もたらされ、そこから分配されたものと考えられます。

以上、三つの論点を述べましたが、安本氏の見解をいただきたいと筆者は切に願っています。

邪馬台国北九州説の崩壊Ⅲ
―「天皇一代十年説」に拠《よ》る「北九州説」への反論―

安本美典氏は、これまで年代論に踏み込まなかった我が国の古代史学界に、「天皇一代十年説」という考え方を提唱し、一世を風靡しました。かつてベストセラーとなった鳥越憲三郎の『神々と天皇の間』（朝日文庫）は、今読んでも面白いものですが、残念なことは「年代」に関する記述はなく、神々と天皇はそれぞれ歴史的空間を自由に遊び、飛び、思いつくままに上代史を書いています。

しかし問題なのは、安本氏が女王卑弥呼を天照大神に比定し、「邪馬台国」の所在地を北九州の地に求め、卑弥呼（天照大神）の所在地を甘木、朝倉、夜須にしたことです。以下、安本氏作成の皇統譜の一部と治世年数の年表（第六章、二五八ページ）を参考に論を進めていきます。

まず気が付いたのは、卑弥呼（天照大神）の即位年が二三〇年ということです。そもそも、『後漢書』『魏志倭人伝』によれば後漢末桓帝・霊帝（一四七〜一八九年、『梁書』では光和年中〈一七八〜一八三年〉）の「倭国大乱」を経て女王卑弥呼（天照大神）の共立は、それから間もなくのことと考えられ、従って卑弥呼（天照大神）の即位は、一八〇〜二〇〇年の頃と考えられます。そして即位後、卑弥呼（天照大神）がまずやらなければならなかったのは、全国統一でした。「邪馬台国北九州説（以下「北九州説」）」では、南は薩摩から、東は山陰（出雲）、山陽（吉備）、瀬戸内諸国、そして畿内以東を、一方、「邪馬台国畿内説（以下「畿内説」）」では、まず山陰（出雲）、山陽（吉備）、狗奴国を含む北九州、東は北陸から北越、信州、東海、関東などを平定することでした。これだけの地域を五年や十年で平定するのはとうてい不可能なことで、卑弥呼（天照大神）の即位が二三〇年というのは、あまりにも遅すぎることになります。

さらに、安本氏は、卑弥呼（天照大神）はともかく、治世の記録がない天照大神の長子、正哉吾勝勝速日天忍穂耳《まさかあかつかちはやひあまのおしほみみ》尊、及び「日向三代」（天津彦彦火瓊瓊杵《あまつひこひこほのににぎ》尊、彦火火出見《ひこほほでみ》尊、彦波瀲武鸕草葺不合《ひこなぎさたけうがやふきあえず》尊）四名に、なんと三十余年を加えてしまったのです。九州の南で、隼人の人々の庇護のもとで時を過ごしていた三名の尊たちを皇統譜に列記するならばともかく、推定治世年数を挿入したのは間違いなのです。何故ならば、卑弥呼（天照大神）崩後、倭国は男王を立てたものの国中が服従せず、混乱したと『魏志倭人伝』にあります。

ということは、四名の尊たちは卑弥呼（天照大神）の在位の中に含まれると考えるのが常識なのです。

　ここで問題となるのは、卑弥呼（天照大神）の崩後、混乱の後擁立された台与（豊）の存在です。台与は『晉書』によれば、二六六年に西晉に遣使していますが、筆者は、台与（豊）を神武天皇の正妃媛蹈鞴五十鈴媛命に比定してます。一方、安本氏は、台与は、豊前の国京都《みやこ》郡（現在の福岡県京都郡および行橋市の地）を都として、その後三代を経て神武天皇に位をつなげたとしていますが、ここでも矛盾が生じています。

「北九州説」によれば、卑弥呼（天照大神）が二四七年まで、甘木、朝倉、夜須の地に存命し、その後台与が豊後の国に、そして三名の尊たちが遠く九州の南、隼人の地に居を移し、治世を重ねていたということになります。つまり、安本説（「北九州説」）によりますと、神武天皇の即位は二七八年ですが、それは、これまで述べたように、南九州での正哉吾勝勝速日天忍穂耳尊と「日向三代」の三十余年の年月を、「畿内説」に比べて二重に計上してしまった結果と考えられます。

　一方、「畿内説」では、卑弥呼（天照大神）崩御までには、四名の尊たちは次々と南で世を去り、次の王（後の神武天皇）の登場を待たねばならなかったのです。神武天皇の即位は、卑弥呼崩御後の二五〇年前後と考えられます。従って二五〇年前後というのは、次に述べるような事由によって重要な年代といえるのです。

まず考古学的見地からいいますと、古墳時代が始まるのが二〇〇年というのが、現在はほぼ定説となっていますが、すでに纒向の地には前期前方後円墳（石塚古墳・勝山古墳・ホケノ山古墳）が見つかっています。そして卑弥呼（天照大神）の陵と考えられる箸墓古墳の造営が、二四〇～二六〇年というのは、ほぼ定説となっているのです。

次に神武天皇の東遷に先立って、『日本書紀』によれば、天孫の一族とされる饒速日命《にぎはやひ》が河内の地に降臨し、地元の生駒山の南北に勢力を張っていた長髄彦《ながすねひこ》とともに大和平野をほぼ制圧していることを伝えています。一方『魏志倭人伝』は、卑弥呼没後、新しい国王が選ばれたが、国中は乱れ数千余人が殺され、そこで卑弥呼の宗女である台与（豊）という十三歳の少女が擁立され、国中がやっと治まったとあります。これら考古学による成果並びに『魏志倭人伝』『日本書紀』によって、神武天皇の即位は、二五〇年頃と考えられるのです。

ここで安本氏の「天皇一代十年説」から、神武天皇即位年を検討してみましょう。第二〇代安康天皇が崩御した安康元年、西暦四五四年は、宋の「元嘉暦」、唐の「儀鳳暦」そして「グレゴリオ暦」の三暦が合致する年なのです。これを安本氏の「天皇一代十年説」によって計算してみますと、二〇代×一〇年＝安康天皇の崩年は四五六年ですから安本氏の「天皇一代十年説」によれば、二〇代×一〇年＝二〇〇年ですから、神武天皇の即位は二五六年となります。これに対して、安本氏はなんと神武天皇の即位を二七八年としていますので、二十二年の差異が生じています。これは、たびたび述べたように、正哉吾勝勝速日天忍穂耳尊と「日向三代」の尊たちの在位年数を加えてしまった結果によるものです。

安本説の神武天皇の即位二七八年は台与（豊）の西晉への二六六年の朝貢を無視しているとともに、また、大きな問題として『古事記』分注崩年干支によれば、第一〇代崇神天皇の崩御が三一八年であることです。「天皇一代十年説」に従えば、即位は三〇八年となります。神武天皇崩御が二八八年、第一〇代崇神天皇の即位が三〇八年ですから、僅か二十年の間に九代の天皇が在位したことになりますから、安本説によればこの間は九十年が必要となります。以上のことから、これらの矛盾について、どのように考えられるのでしょうか。

おわりに

「磯城《しき》島（敷島）の大和の国」と詠われ、古来磯城島（敷島）は大和の枕詞として親しまれてきました。また、「八雲《やぐも》立つ出雲の国」「真金《まがね》吹く吉備の国」「神風吹く伊勢の国」という枕詞には、日本語のみが持つ魂を呼び起こす言葉の力と、奥ゆかしさが感じられます。

「磯城島（敷島）の大和」の磯城島（敷島）という枕詞は、古くは大和の磯城《しき》と呼ばれた土地で、『日本書紀』神武天皇紀に詳しく記されているように、その地には磯城家の一族が勢力を張っていました。そこで、神武天皇は磯城一族の協力を得て、その地に侵入してきた饒速日《にぎはやひ》命と長髄彦《ながすねひこ》の軍を討ち破ることに成功したと、『日本書紀』は記しています。

この戦いに勝利した神武天皇は、遠征で協力をした諸将への論功行賞を行い、まず、磯城黒速《くろはや》（弟磯城《おとしき》）を磯城県主に、葛城地域を治めていた剣根《つるぎね》を葛城国造に任命しています。そして、天皇は先を急ぐように各地を巡幸、国見を行い、神武天皇は重臣・諸将にすすめられ、当地で絶世の美女といわれていた媛蹈鞴《ひめたたら》五十《い》鈴媛《すずひめ》命を皇后として入内させているのです。媛蹈鞴五十鈴媛命は、摂津の豪族事代主命《ことしろぬし》と三嶋溝橛耳神《みしまみぞくいみみ》の娘玉櫛《たまくし》との間に生まれた娘で、父方の事代主命は大神《おおみわ》神社にも縁《えにし》のある、当時としては最高の出自を持つ女性でした。現在も大阪府茨木市五十鈴町にある、皇后媛蹈鞴五十鈴媛命を祀る溝橛《みぞくい》神社は、二〇〇メートルの松並木の参道が続く趣のある神社で、筆者もこの参道を歩きながら、往事を偲んだことを思い出します。

ここで筆者が問題とするのは、神武天皇と磯城家との関係です。磯城県主の当主黒速に関しては、神武東征以後の事蹟についてはは、全く伝えられていませんが、筆者がたびたび述べてきたように、磯城県主家が天皇家の外戚という立場で、第二代綏靖《すいぜい》天皇から第七代孝霊天皇まで、何人もの娘を皇妃、皇后として入内させているのです。また、第三代安寧天皇の和風諡号「磯城津彦玉手看《しきつひこたまてみ》天皇」に「磯城」という文字が入っていることからも、天皇家と磯城家との深い関係、天皇家の外戚としていかに大きな存在であったかが、クローズアップされてきます。

そしてもう一つ重大なことは、『日本書紀』の神武天皇紀の大和平定の記事は、『魏志倭人伝』が伝える女王卑弥呼（天照大神）の治世の最後の記事と次のように一致していることです。

・『魏志倭人伝』
卑弥呼崩御（二四七、八年）――男王擁立――国中服せず――戦乱で千余人戦死――台与の擁立、国中治まる
・『日本書紀』
天照大神崩御――饒速日命と長髄彦政権樹立――神武天皇東征軍との戦い――媛蹈鞴五十鈴媛命立后――神武天皇即位

『魏志倭人伝』には、神武天皇についても、卑弥呼崩御後、年少であった台与を支えた男王についても、また卑弥呼を補佐した男弟についてもなんら事蹟が語られていません。これは、『魏志倭人伝』の執筆者の関心が女王卑弥呼のみに集中していたことを物語っているのではないでしょうか。

ところが、『日本書紀』では、卑弥呼に相当する天照大神を補佐した高皇産霊尊《たかみむすひのみこと》が、高《たか》天原《まがはら》を天照大神とともに統治していたことが明らかです。さらに神武天皇は、媛蹈鞴五十鈴媛命という神性をおびた美少女を、皇后に迎えたことを記しているのです。

「欠史八代」「欠史九代」はもとより、今なお神武天皇ですらその実在が否定されていますが、本書一四九ページで述べた植村清二著『神武天皇』には、

伝承の批判の結果、神武天皇の物語が後の時代に作られたものであるとするならば、何故にそうした物語が作られたかということは、同時に新しい一つの課題となる。そして大和朝廷の存在ということが否定することのできない事実である以上、それがどうしてはじまったかということは、更に解明を要する問題となる。伝説上の神武天皇が歴史的に存在したか存在しなかったかということは、ただいくらか通俗的な興味をひくだけの問題に過ぎないが、日本の古代国家が、どのようにして成立したかということは、少なくとも多数の日本人にとっては知ることを要する、また知らんことを欲する重要な問題である。

と、戦後歴史学界の政治的偏向を論難しています。「伝承の批判」は大いに検討の余地があるとして、イデオロギー史観を排した科学的な研究に回帰すべきだとの指摘は、戦後八十年経った現在にも通じるものがあります。

今回、秦の「半両銭」、前漢の「五銖銭」、新の「王莽銭」と「貨布」ほか、貴重な史料の撮影を快諾許可してくださった、元日本航空株式会社主席機長の清田泰興氏に深く感謝を申し上げます。

本書刊行にあたって、視力の衰えた筆者を多くの方々が支えてくれました。井川茂樹、海野哲寿、清水範男、西村みゆき、松村克史、福本雅彦の諸氏の多大な協力によって、本書を刊行できましたことは、望外の喜びです。

また、出版にあたっては、ＰＨＰエディターズ・グループの佐藤義行編集長と菅原玲子氏に心からお礼申し上げます。

最後に、齋田晴一、小倉純二、石橋雄三の三氏には、いつも変わらぬ叱咤激励と助力をいただき、感謝のほかありません。

二〇二四年九月六日

大平　裕

参考文献

山田宗睦訳『原本現代訳　日本書紀　上中下』ニュートンプレス
藤堂明保・竹田晃・影山輝國全訳注『倭国伝』講談社学術文庫　講談社
倉野憲司校注『古事記』岩波文庫　岩波書店
井上秀雄他訳註『東アジア民族史1　正史東夷伝』東洋文庫264　平凡社
金富軾撰・井上秀雄訳注『三国史記1』東洋文庫372　平凡社
金富軾撰・井上秀雄訳注『三国史記2』東洋文庫425　平凡社
金富軾撰・井上秀雄・鄭早苗訳注『三国史記4』東洋文庫492　平凡社
吉野裕訳『風土記』平凡社ライブラリー328　平凡社
安部龍太郎著『日本はこうしてつくられた』小学館
有坂隆道著『古代史を解く鍵』講談社学術文庫　講談社
石野博信著『邪馬台国の候補地　纒向遺跡』新泉社
荊木美行著『古代天皇系図　初代神武天皇～第五十代桓武天皇』燃焼社
内田正男編著『日本書紀暦日原典〔新装版〕』雄山閣出版

岡村秀典著『三角縁神獣鏡《さんかくぶちしんじゅうきょう》の時代』吉川弘文館

倉西裕子著『日本書紀の真実』講談社選書メチエ２７０　講談社

平井美典著『藤原仲麻呂がつくった壮麗な国庁　近江国府』新泉社

藤田三郎著『ヤマト王権誕生の礎となったムラ　唐古・鍵遺跡』新泉社

森 公章著『天智天皇』吉川弘文館

森 博達著『日本書紀の謎を解く』中公新書　中央公論新社

安本美典著『「卑弥呼の鏡」が解く邪馬台国』中央公論新社

大野七三校訂・編纂『先代旧事本紀　訓註』批評社

装幀——本澤博子
カバー写真（半両銭）——アフロ
図版——ウエイド

〈著者略歴〉

大平　裕（おおひら　ひろし）

1939年、東京都出身。慶應義塾大学法学部卒業。古河電気工業株式会社入社。同社海外事業部第一営業部長、監査役、常任監査役を経て2001年に退社。現在は、公益財団法人大平正芳記念財団の理事を務める。

著書に『日本古代史 正解』『日本古代史 正解 纒向時代編』『日本古代史 正解 渡海編』（以上、講談社）、『知っていますか、任那日本府』『天照大神は卑弥呼だった』『卑弥呼以前の倭国五〇〇年』『暦で読み解く古代天皇の謎』（以上、ＰＨＰ研究所）、『古代史「空白の百五十年間」の謎を解く』『「倭の五王」の謎を解く』『白村江』（ともにＰＨＰエディターズ・グループ）などがある。

公益財団法人大平正芳記念財団　https://ohira.org/

磯城《しき》島の大和の国
大陸王朝の国史につながる『日本書紀』神代紀・神武天皇紀

2024年10月17日　第1版第1刷発行

著　者　大平　裕

発　行　株式会社ＰＨＰエディターズ・グループ
〒135-0061　東京都江東区豊洲5-6-52
☎03-6204-2931
https://www.peg.co.jp/

印　刷
製　本　シナノ印刷株式会社

 ISBN978-4-910739-61-8